Prof. Dr. Milan Rýzl

Der Tod ist nicht das Ende

Von der Unsterblichkeit
geistiger Energie

Bechtermünz

Der Autor
Prof. Dr. Milan Rýzl studierte an der Universität Prag Physik und Chemie und arbeitete schon in Prag als Parapsychologe. Seine Forschungs- und Lehrtätigkeit führte ihn durch die ganze Welt. 1963 gewann er den »McDougall Award for Distinguished Work in Parapsychology«. Sein parapsychologisches Schrifttum wurde in aller Welt veröffentlicht.

Genehmigte Lizenzausgabe für
Verlagsgruppe Weltbild GmbH, Steinerne Furt, 86167 Augsburg
Copyright © 1981 und 2001 by
Heinrich Hugendubel Verlag, Kreuzlingen/München
Umschlaggestaltung: KURZE DESIGN, Düsseldorf
Umschlagmotiv: photonica/Hisota, Hamburg
Gesamtherstellung: Clausen & Bosse GmbH, Birkstraße 10, 25917 Leck
Printed in Germany

ISBN 3-8289-4901-0

2005 2004 2003 2002
Die letzte Jahreszahl gibt die aktuelle Lizenzausgabe an.

Alle Rechte vorbehalten.

Einkaufen im Internet: www.weltbild.de

Inhaltsverzeichnis

Einführung in die Parapsychologie 9
1. Theorie des Bewußtseins 33
2. Der Tod – und was kommt danach? 61
3. Notwendiges Bekenntnis 67
4. Mediumistische Phänomene 75
5. Außerkörperliche Erfahrungen 103
6. Erscheinungen 117
7. Erlebnisse Sterbender 141
8. Erinnerungen an frühere Leben 153
9. Alte Täuschung oder neue Wahrheit? 165
10. Anatomie des Todes 177
11. Kennenlernen der »höheren Welt« 185
12. Während wir leben 201
    Anhang I: Unsichtbare Komponenten der menschlichen Persönlichkeit 211
    Anhang II: Mein schönstes Erlebnis war mein Tod 217

Einführung in die Parapsychologie

Viele Schlußfolgerungen im vorliegenden Buch beruhen auf Entdeckungen und Erkenntnissen der Parapsychologie. Manche Leser werden verständlicherweise mit den jüngsten Fortschritten auf diesem Wissensgebiet nicht vertraut sein, mit den modernen ASW-Forschungen und mit den weitgespannten Erwartungen der Parapsychologen im Hinblick auf ihr Fachgebiet und seine möglichen Auswirkungen auf die menschliche Gesellschaft von morgen. Da dieses Buch sicher auch einigen kaum informierten und deshalb skeptischen Lesern in die Hände kommen wird, sollen einführende Erläuterungen für alle jene vorangestellt werden, die in ihrem Leben und ihrem Beruf zu beschäftigt waren, um sich einem Wissensgebiet zuzuwenden, das für die allgemeine Öffentlichkeit noch immer einen Anstrich des Übernatürlichen hat und für viele mit dem alten Makel von Okkultem, Aberglauben, Leichtgläubigkeit und Scharlatanerie einerseits sowie unreifer metaphysischer Spekulation andererseits behaftet ist. Will man die Parapsychologie heute wirklich verstehen, muß man sich als erstes darüber klarwerden, daß ihr angejahrtes Image nichts mit moderner Parapsychologie zu tun hat – genausowenig kann man die Alchimie unserer modernen Chemie gleichsetzen.

Es lassen sich hier unmöglich sämtliche Gründe anführen, die für die Überzeugung vieler Parapsychologen sprechen, daß ihr Gebiet eines Tages zur wichtigsten aller Wissenschaften werden könnte. Ich will jedoch versuchen, einen kurzen Überblick über die Parapsychologie und ihre Zukunftsaussichten zu geben; wer detaillierte Informationen sucht, den muß ich auf andere Werke verweisen.* Der

---

* Eine wissenschaftliche Gesamtschau auf das Gebiet und Hinweise auf andere Informationsquellen bietet: B. Wolman, *Handbook of Parapsychology,* 1977.
   Auch frühere Veröffentlichungen Dr. Rýzls (Hauptwerke: *Parapsychologie,* 1970, *Hellsehen in Hypnose,* 1971, und *ASW-Training,* 1975, sämtliche Ariston Verlag, Genf) sind im Zusammenhang mit dem Thema dieses Buches wichtig. Es setzt in der Tat einige Kenntnis des in seinen anderen Büchern behandelten Materials voraus und sollte zusammen mit ihnen durchgearbeitet werden.

gründliche Leser wird zweifellos feststellen, daß sich die Parapsychologie zu einer experimentellen Wissenschaft ausgewachsen hat – wenn auch vielleicht einer noch immer nicht ganz entwickelten, in der es mehr Fragen als Antworten gibt und zahlreiche Probleme, fachliche Kontroversen, nur unzulänglich bestätigte Hypothesen und relativ wenig unumstößliche Tatsachen. In diesen Punkten durchläuft die Parapsychologie natürlich dieselbe Entwicklung wie andere Wissenschaften; sie muß gegen die gleichen Probleme kämpfen wie ältere und besser etablierte Wissenszweige in ihrer Frühzeit. Wichtig ist jedoch, daß sie ihre Antworten durch Experiment und Beobachtung sowie durch kritische Analysen der Forschungsdaten sucht. Darin ist sie nicht weniger streng und kritisch als jede andere experimentelle Wissenschaft.

Wir dürfen deshalb hoffen, daß Leser, die sich mit dem vorhandenen Beweismaterial vertraut gemacht haben, zumindest mit uns darüber einig sind, daß dieses Wissensgebiet ernsthafte Beachtung verdient. Sofern dies zutrifft, werden die in diesem Buch gezogenen Schlußfolgerungen, auch wenn sie noch so kühn klingen, in überzeugenderem Licht erscheinen.

Bei unseren Schlußfolgerungen wollen wir versuchen, die Feststellungen der Parapsychologie ins wissenschaftliche Bild der Welt zu integrieren und plausible Antworten auf jene (bisher nur von den Religionen aufgeworfenen) Fragen zu geben, bei denen die Naturwissenschaften bislang den Wissensdurst der Menschen nicht zu befriedigen vermochten.

Die parapsychologische Forschung machte in den letzten Jahrzehnten bedeutende Fortschritte. Auf experimenteller Ebene sammelte sich beeindruckendes Wissen über die Realität der parapsychologischen Phänomene an, und die Versuche, diese gesetzmäßig unter experimentelle Kontrolle zu bringen, sind zunehmend erfolgreicher. Auf Bildungsebene schlagen sich diese Fortschritte in einer wachsenden Zahl von Vorlesungen über Parapsychologie nieder, die an zahlreichen Universitäten vieler Länder angeboten werden. Einige Universitäten offerieren bereits besondere Schulungsprogramme für Parapsychologen, andere verleihen an Gelehrte als Anerkennung für ihre parapsychologischen Studien akademische Grade oder lassen ihnen wissenschaftliche Ehrungen zuteil werden.

Die wichtigste Feststellung ist natürlich, daß parapsychische Phänomene, das heißt ASW und PK (außersinnliche Wahrnehmung und Psychokinese), tatsächlich auftreten. Dies bedeutet, anders ausgedrückt, daß der menschlichen Psyche gewaltige, bislang unbekannte Möglichkeiten innewohnen. Der Mensch kann Informationen über die Welt um uns durch einen von den herkömmlichen Sinnesorganen unabhängigen Kanal erlangen (vermittels ASW, die oft in Telepathie und Hellsehen * unterteilt wird), und er kann unter gewissen Bedingungen objektive Veränderungen unserer Umwelt ohne Anwendung der herkömmlichen energetischen Einflüsse herbeiführen (Psychokinese, PK).

Lange Zeit hindurch war die bloße Existenz dieser Phänomene aus mehreren Gründen umstritten. Die wichtigsten sind:

1. Die Phänomene verhalten sich sehr eigenartig (ASW wird zum Beispiel durch materielle Abschirmungen oder durch eine Entfernung in Raum oder Zeit nicht behindert); und sie stehen aufgrund ihres seltsamen Verhaltens *scheinbar* im Widerspruch zur gesamten übrigen Wissenschaft. Doch trotz ihrer Seltsamkeit widersprechen die Phänomene tatsächlich keiner einzigen Tatsache, die aufgrund anderer Wissenschaften erwiesen wurde. Sie zeigen vielmehr auf, daß es in der Natur eine Reihe Gesetzmäßigkeiten gibt, die mit speziellen Bedingungen der Gehirntätigkeit zusammenhängen und von den anderen Wissenschaften bisher vernachlässigt wurden. Das Verständnis der parapsychischen oder schlicht psychischen Phänomene macht unsere wissenschaftlichen Kenntnisse nicht ungültig; es ergänzt sie.

2. Die Phänomene scheinen von Launen abhängig zu sein und lassen sich nicht leicht wiederholen. Dieser Einwand hat auf den ersten Blick einiges für sich, ist aber dennoch nicht gerechtfertigt. Die parapsychischen Phänomene laufen vollkommen gesetzmäßig ab. Parapsychologische Experimente sind wiederholbar, wenn alle wichtigen Bedingungen eingehalten werden – in gleichem Maße, wie andere Experimente mit variablem Material wiederholbar sind (beispielsweise Experimente in der Biologie oder der Psychologie).

Das Problem der Parapsychologie ist einfach dadurch gekennzeichnet, daß sie als Wissenschaft noch am Beginn steht – etwa wie die Physik zur Zeit Newtons. Das Wirken von ASW und PK hängt von einer Reihe komplexer, insbesondere psychologischer Bedingungen ab, von denen einige noch immer unbekannt sind, während andere, bereits bekannte, in ihrer Komplexität nur schwer herbeigeführt

---

* Nach der eingebürgerten Definition gilt Telepathie als ASW, die zur Erlangung von Informationen über subjektive Erfahrungen, Gedanken, Gefühle usw. einer anderen Person eingesetzt wird; und Hellsehen ist ASW, mit deren Hilfe Informationen über objektive Ereignisse in unserer Umwelt erhalten werden.

werden können. Das erschwert natürlich die Wiederholbarkeit der Experimente; als Vergleich mögen Experimente mit statischer Elektrizität dienen, die sich bei unterschiedlicher Luftfeuchtigkeit nicht zuverlässig wiederholen lassen.

Voraussetzungen für eine erfolgreiche ASW-Leistung sind richtige Stimmung der Versuchsperson, Motivation, Selbstvertrauen, Glauben an Erfolg. Man kann aber nicht auf Verlangen oder »auf Befehl« begeistert, glücklich oder erfolgsgläubig sein. In dieser Hinsicht ähnelt die ASW-Darbietung eher einem Rekordversuch als simplem Jogging, eher der Schriftstellerei als dem Auswendiglernen eines Gedichts, eher einer einzelnen künstlerischen Schöpfung als der Massenproduktion dekorativer Gegenstände.

Für einen Physiker oder Chemiker ist die Vorstellung, daß Glauben an Erfolg das Ergebnis eines Experiments beeinflussen kann, schlechthin abstoßend. Doch jeder Psychologe weiß, wie sehr Vertrauen oder Motivation menschliches Verhalten zu beeinflussen vermögen. In der Parapsychologie kennen wir sogar das Phänomen der Psi-Umkehr bzw. des Psi-bedingten Fehlers: aufgrund mangelnden Erfolgsglaubens wird die Leistung der Versuchsperson drastisch umgekehrt, so daß sie ihre ASW dazu einsetzt, richtige Antworten zu vermeiden und Fehler zu machen.*

Außerdem ist die ASW, wie man sie heute beobachtet, eine schwache, nur unvollkommen entwickelte Fähigkeit. Wenn wir ihren bisher erreichten Wirkungsgrad betrachten, müssen wir zugeben, daß er bei weitem nicht an die Zuverlässigkeit der normalen Sinneswahrnehmung herankommt, wie beispielsweise die des Sehens. Man muß ihn vielmehr mit dem Sehen bei schlechter Beleuchtung vergleichen. Es ist, als sollte man weiße und hellgelbe Karten bei trübem Licht sortieren: Man schafft es, solange man wach und sehr aufmerksam ist; aber wenn man müde oder infolge Langeweile unaufmerksam wird, begeht man Fehler. Oder stellen Sie sich vor, Sie sollen in einem stockdunklen Raum ein Zielobjekt erkennen, das nur für einen Sekundenbruchteil beleuchtet wird; Sie haben keine Zeit, alle Einzel-

---

* Im Verlauf dieses Buches werden wir noch oft aufzeigen können, daß Erkenntnisse der Parapsychologie mit jenen anderer Wissenschaftszweige vergleichbar sind. Verweisen wir hier nur darauf, daß eine solche Umkehr keineswegs ein besonderes Merkmal der Parapsychologie ist. In der Psychologie sehen wir uns ähnlichen Fehlleistungen aufgrund innerer Motivation gegenüber, indem wir nämlich infolge einer seltsamen Verdrehung der unterbewußten Aktivität Dinge tun, die unserer bewußten Entscheidung genau entgegengesetzt sind (wir vergessen beispielsweise einen Brief aufzugeben, den wir im tiefsten Inneren nicht abschicken möchten).

heiten aufzunehmen, bemerken vielleicht nur ein einziges Detail, und alles andere entgeht Ihnen; Sie versuchen dann, sich zu erinnern, was Sie gesehen haben, und bringen dies bei Ihrer Deutung in Bezug zum übrigen. Wenn die ASW auch noch unvollkommen und in der Einzeldarbietung sehr unzuverlässig ist, so hat sie doch einen viel größeren Anwendungsbereich als die anderen Sinne. Bedenken Sie: keine Behinderung durch Wände und Entfernungen! Es gibt auch Beweise dafür, daß diese Fähigkeit auf vielen unterschiedlichen Gebieten genutzt werden kann, beispielsweise in der Kommunikation, Archäologie, Geologie, als Ersatz des Gesichtssinns bei Blinden, zur Durchsetzung von Gesetzen, bei Marktanalysen und geschäftlichen Entscheidungen, medizinischen Diagnosen, zur Unfall- und Verbrechensverhütung, Familienberatung und in unzähligen anderen Bereichen.

Die Parapsychologen glauben sogar, daß eine verbreitete, zuverlässigere Nutzung der psychischen Kräfte eines Tages unsere Zivilisation dramatisch verändern wird. Viele Funktionen, für die heute komplizierte technische Instrumente nötig sind, werden in Zukunft möglicherweise durch bloße geistige Konzentration erfolgen. Es hat freilich wenig Sinn, jetzt schon darüber zu spekulieren. Immerhin: Als die Elektrizität entdeckt wurde – wer hätte da gewagt, ihre Anwendungsmöglichkeiten vorauszusagen? Niemand erwartete, daß sie zwei oder drei Jahrhunderte später ungeheuren Einfluß auf unsere Zivilisation haben und daß ein Leben ohne sie undenkbar sein würde.

Hier und jetzt zählt vor allem, daß ASW eine gesetzmäßige Fähigkeit ist, eine normale Funktion der normalen menschlichen Persönlichkeit, ein neuer, in jedem Menschen potentiell (wenn auch in unterschiedlichem Ausmaß) vorhandener Sinn. Sie läßt sich vervollkommnen, und es wurden bei den Versuchen, sie zu aktivieren und zu trainieren, auch schon beachtliche Fortschritte erzielt. Die PK ist weniger erforscht als die ASW, aber wir wissen, daß ihr Verhalten denselben Gesetzmäßigkeiten unterliegt.

Auch unser heutiges Verständnis der Funktionsweise der ASW ist beträchtlich gestiegen. Leider gelang es bisher nicht, den Träger aufzuspüren, der bei ASW die Informationen übermittelt. Normalerweise werden Informationen von Signalen übertragen, die auf irgendeiner Energieform basieren (Licht beim Sehen, Schallwellen beim Hören, Elektrizität beim Telefon); doch der Träger von ASW-Signalen verhält sich völlig anders als irgendeine der uns bekannten physikalischen Energien. Dies zeigt sich in der Tatsache, daß die

ASW materielle Hindernisse jeder Art durchdringt und von Entfernungen im Raum unabhängig ist sowie in ihrer Fähigkeit, sogar die Zeitschranke zu überwinden. Bei der sogenannten Präkognition (ASW in die Zukunft) werden Informationen über künftige Ereignisse erhalten; das verweist auf die Existenz von Signalen, die Informationen durch die Zeit tragen – was physikalische Energie nicht vermag.

Dies führt uns zu dem Schluß, daß ASW-Signale von einem Faktor übertragen werden, der unserer gegenwärtigen Physik unbekannt ist. Wir können ihn als »Psi-Faktor« bezeichnen oder auch als »Psi-Energie«, wenn wir dabei nicht vergessen, daß er keineswegs dem entspricht, was wir in der Physik unter »Energie« verstehen. Die seltsame Natur des Psi-Faktors wurde oft als Argument gegen die Möglichkeit seiner Existenz aufgeboten; doch die Parapsychologen sehen darin das Versprechen, daß ihre Forschungen zu Entdeckungen führen werden, die sogar für die Physik von großem Wert sein können.

Hat das Zentralnervensystem eine Information empfangen, hängt deren weitere Verarbeitung von der Psychologie des Empfängers ab. Die Information kann sich in einem bewußten Erlebnis widerspiegeln (das die normale Sinneswahrnehmung stimuliert), sie kann unbewußt als Verhaltensimpuls wirken oder zu einem Erlebnis führen, das unter Umständen symbolisch verzerrt ist. Die Einzelheiten einer solchen Verzerrung werden durch die psychologischen Merkmale des wahrnehmenden Menschen bestimmt, seine Interessen, Wünsche, Ängste, Erinnerungen oder Gedanken.* Es gibt fast unbegrenzte Möglichkeiten für die phantastische Dramatisierung von ASW-Erlebnissen; sie wird von dem unterbewußten Mechanismus vorgenommen, der auch an dem manchmal phantastischen Charakter unserer Träume schuld ist.

ASW funktioniert gewöhnlich am besten, wenn man sich in einem herabgesetzten Bewußtseinszustand wie Schlaf, Trance, Hypnose befindet oder sich zumindest Tagträumen hingibt. Dann löst die ASW erkennbare bewußte Erlebnisse aus. Sie kann auch im normalen Wachzustand auftreten, doch dann wird der Wahrnehmende sich ihrer gewöhnlich nicht bewußt. Ihr Wirken ist sporadisch, oft fehlerhaft, meist spontan und unterliegt nicht der Willenskontrolle.

---

* Eine ausführlichere Erörterung dieser Gesetzmäßigkeiten finden Sie in *ASW-Training – Psi-Methoden zur Weckung und Aktivierung des sechsten Sinnes* von Dr. M. Rýzl, erschienen im Ariston Verlag, Genf, 1975.

(In ihrer Halb- oder Unbewußtheit ähnelt die ASW ein wenig der unterschwelligen Wahrnehmung.) Jüngste Beobachtungen jedoch zeigen an, daß ihr Funktionieren im täglichen Leben, auch wenn es unbewußt und sehr erratisch erfolgt, viel häufiger ist, als man bisher annahm. Sie kann – unbewußt und unbemerkt – unser Verhalten und unsere bewußten Entschlüsse beeinflussen, gelenkt von den augenblicklichen Bedürfnissen und der Motivation eines Menschen.* Somit hilft sie uns wie die anderen Sinne und zusammen mit diesen, die Situationen des täglichen Lebens zu meistern.

Zugegeben, in der heutigen Gesellschaft wirkt die ASW noch auf sehr unvollkommene Weise. Doch wenn wir sie uns als vollkommene Funktion vorstellen, können wir die ungeheuren Vorteile gar nicht übersehen, die ihre Anwendung jedem Menschen bringen würde, weit größere Vorteile sogar, als der Sehende gegenüber dem Blinden hat. Solche Betrachtungen gaben gelegentlich Anlaß zu der Science-fiction ähnlichen Spekulationen; man fürchtete beispielsweise, daß ein Mensch mit vollkommener ASW diese für egoistische Zwecke mißbrauchen könnte, etwa zur Erlangung politischer Macht. Natürlich bedeutet jedes Wissen Macht. Aber angesichts der Schwierigkeit, eine an Vollkommenheit grenzende Zuverlässigkeit zu erreichen, sind derartige Befürchtungen unbegründet.

Vielleicht steht eher das Gegenteil zu fürchten. Der Möglichkeit, ASW beherrschen und nutzen zu lernen, wohnt natürlich ein Machtpotential inne. Wenn nun jemand auch nur über unvollkommene ASW verfügt, könnte er leicht in Gefahr geraten, weil die Träger der Macht sich in ihrem Machtanspruch und in ihren Positionen bedroht fühlen würden. In der Geschichte finden sich zahlreiche Beispiele dafür; man denke nur an die strengen Maßnahmen gegen die Trance-Propheten des *Alten Testaments* oder an die Hexenverfolgungen im Mittelalter, bei denen freilich noch andere soziologische Faktoren mitspielten.

Hin und wieder wurde auch verlangt, die ASW-Forschung sollte wegen eines möglichen Mißbrauchs der ASW eingestellt werden. Das

---

* Die Beobachtung der sogenannten Psi-vermittelten Instrumental-Reaktion (PVIR) zeigt in der Tat, daß wir die ASW unterbewußt einsetzen, um unsere Umwelt nach wichtigen Informationen zu durchforschen. Natürlich sind wir ständig an Informationen interessiert, die beispielsweise für unser Wohlergehen oder für das Wohlergehen eines uns nahestehenden Menschen wichtig sind. In den seltenen Fällen, in denen eine solche Information in unser Bewußtsein aufsteigt, sprechen wir von spontanen ASW-Erfahrungen. Sind wir jedoch nicht bereit, solches Wissen bewußt zu empfangen, kann die ASW auf unterbewußter Ebene wirken und unser Verhalten, unsere Interessen oder Entscheidungen beeinflussen (siehe Seite 53).

ist unrealistisch: Fortschritt läßt sich nicht aufhalten. Niemand käme auf den Gedanken, das Lesen und Schreiben zu verbieten, weil jemand etwas lesen könnte, das er besser nicht erführe, oder weil jemand einen beleidigenden Brief oder ein anstößiges Buch schreiben könnte. Die Menschheit muß einfach lernen, mit dieser neu entdeckten Fähigkeit zu leben, die letztlich ein großer Vorteil für die menschliche Spezies sein wird.

Man darf erwarten, daß zu gegebener Zeit Schulen entstehen, in denen Menschen in der ASW-Anwendung ausgebildet werden, genau wie heute die Kinder in den Schulen lesen und schreiben lernen. Die Aktivität dieser Zentren und das generell geschärfte Bewußtsein für die Existenz und die Möglichkeiten der ASW werden auf lange Sicht zu einer verbreiteteren und zuverlässigeren Anwendung der ASW führen. Eine Integration der ASW ins Leben jedes einzelnen und in die Gesellschaft wiederum wird dramatische Veränderungen in der menschlichen Zivilisation zur Folge haben, vielleicht größere als die verbreitete Nutzung der Elektrizität. Die ersten Schritte in dieser Richtung wurden bereits unternommen, wie uns vereinzelte Berichte über die inzwischen erreichte praktische ASW-Nutzung zeigen.

Bis jetzt hat die Parapsychologie jedoch keinen so großen Eindruck auf die menschliche Gesellschaft gemacht, wie unsere Erörterung der Anwendungsmöglichkeiten von ASW vermuten lassen könnte. Der Grund liegt darin, daß sich die ASW noch im Stadium der grundlegenden theoretischen Forschung befindet – und es ist immer ein weiter Weg von einer Entdeckung bis zu ihrer breiten technischen Anwendung.

Zu allem Übel sind wegen des nach wie vor deutlichen Mißtrauens gegenüber diesem Wissensgebiet und wegen geringer Hoffnung auf unmittelbare praktische Anwendbarkeit der Forschungsergebnisse die verfügbaren Forschungsgelder sehr beschränkt. Die Knappheit der Mittel wiederum verlangsamt den Fortschritt und mindert die Hoffnungen auf eine umfassendere praktische Anwendung in naher Zukunft.

So groß die praktischen Möglichkeiten dereinst auch sein mögen, noch größer dürfte die Bedeutung der Parapsychologie in weltanschaulicher Hinsicht werden, ihr Einfluß auf unser philosophisches Verständnis der Welt, in der wir leben. Die in diesem Zusammenhang relevante Erkenntnis ist, daß sich die parapsychologischen Phänomene allen Anzeichen nach nicht anhand von Gesetzen und Gesetzmäßigkeiten der Physik erklären lassen (das heißt der Physik, wie wir sie heute kennen; wir können keine Spekulationen darüber anstellen, wie sich die Physik in Zukunft – als Folge der Entdeckungen auf dem Gebiet der Parapsychologie – entwickeln wird). Diese ziemlich kühne Behauptung darf nicht so verstanden werden, als herrsche ein Konflikt zwischen Parapsychologie und Physik. Die parapsychologischen Phänomene widersprechen der Physik keineswegs; es besteht zwischen beiden ebensowenig ein Widerspruch wie zwischen den durch die Forschungen der Astronomie erkannten Gesetzen und den biologischen Gesetzen der Fotosynthese. Es sind zwei verschiedene – doch möglicherweise zusammenhängende – Forschungsgebiete. Die vorstehende Feststellung ist im selben Sinne zu verstehen wie die Aussage, daß das Newtonsche Gravitationsgesetz das Verhalten der Elementarteilchen nicht zu erklären vermag.

Die Unzulänglichkeit des alten Bildes bei der Erklärung neuer Fakten deutet an, daß von der Parapsychologie in Zukunft Entdeckungen von weitreichender Bedeutung erwartet werden dürfen. Der nichtphysikalische Charakter der ASW und aller Gesetze, denen sie unterliegt, führt uns zu dem Schluß, daß es Gesetzmäßigkeiten gibt, die über die Gesetze der modernen Physik hinausgehen – tatsächlich eine ganze neue Welt an Gesetzmäßigkeiten, deren Gültigkeit jenseits der materiellen Welt liegt, wie wir sie aus den von unseren Sinnen und physikalischen Meßinstrumenten gelieferten Daten verstehen. Die physikalische Welt (nach unserem derzeitigen Verständnis) ist also *nicht die einzige Realität* im Universum.

Beachten Sie, daß dieses Bild aus einer mit aller Vorsicht und mit gebührender Achtung vor der wissenschaftlichen Methode durchgeführten Forschung erwächst. Ironischerweise stimmt es mit einer uralten, allerdings etwas anders formulierten Behauptung überein, nämlich daß jenseits der physikalischen Welt der Materie noch eine andere Wirklichkeit existiere. Die Religionen aller Zeiten verkündeten, es gebe eine solche »jenseitige Wirklichkeit« (die sie »Gott« nannten) und unsere materielle Welt habe einen tieferen Sinn, tatsächlich könne man diese nur ganz verstehen, wenn man sie in Bezug zu jener »höheren Wirklichkeit« und als deren Teil sehe.

Das Problem ist nur, daß die Religionen von ihren Anhängern blindes Einverständnis mit autoritativen Verkündigungen der jenseitigen Welt verlangen (Glaubensartikel). Zu folgen fällt einem wissenschaftlich geschulten Menschen begreiflicherweise schwer, denn er lehnt es ab, gesagt zu bekommen, was er glauben muß; er vertraut seinem kritischen Urteil und will seine Überzeugungen auf persönlichen Erfahrungen aufbauen.

Die Parapsychologie bietet neue Wege zum Verständnis der jenseitigen Welt, Erkenntnisse, die auf empirischem Beweismaterial beruhen. Sie hilft bei der Einführung der wissenschaftlichen Methode in die Untersuchung von Themen, die bislang ausschließlich religiösem Glauben vorbehalten waren. Religiöse Lehren und Traditionen erlangen in der Tat eine neue, natürliche Bedeutung, wenn man sie vom Standpunkt des gesicherten Wissens der Parapsychologie aus betrachtet. In einem späteren Kapitel werden wir Gelegenheit haben, den Beitrag der Psychologie zur Beantwortung einer für den religiösen Ausblick ungeheuer wichtigen Frage eingehender zu analysieren, der Frage, ob die menschliche Persönlichkeit weiterlebt und ihre Existenz nach dem Tod des physischen Körpers fortsetzt.

❧

Nach dieser abstrakten Einführung ist es vielleicht ratsam, an einem konkreten Beispiel zu veranschaulichen, wie ASW wirkt, wie sie mit anderen psychologischen Funktionen verbunden ist und welche aufregenden Probleme und Lösungen selbst aus den einfachsten Beobachtungen der ASW in Aktion erwachsen.

Eine verbreitete Technik, mit der es häufig gelingt, die ASW zu stimulieren, trägt die (nicht sehr glücklich gewählte) Bezeichnung Psychometrie * oder Psychoskopie. Jemand – ein »Sensitiver« – nimmt einen Gegenstand in die Hand, dessen Herkunft er nicht kennt. Es kann ein beliebiger Gegenstand sein, doch Dinge mit einer interessanten Geschichte führen oft zu besseren Ergebnissen. Der Sensitive entspannt sich, und wenn er seine Gedanken beruhigt hat, beginnen sich ihm Bilder und Ideen aufzudrängen. Diese haben eine bedeutsame Verbindung mit der Geschichte des Gegenstands und mit den Eigenschaften von Menschen, die mit dem Gegenstand in Berührung gekommen sind.

Tatsächlich beziehen sich nicht alle so erhaltenen Bilder auf die Vergangenheit des Gegenstands. Viele betreffen eher die Vergangenheit des sie wahrnehmenden Menschen, also des Sensitiven, und widerspiegeln seine Gedanken, Assoziationen, Reminiszenzen, Wün-

---

* Dieses parapsychologische Fachwort ist nicht zu verwechseln mit dem gleichlautenden Begriff der Psychologie, unter dem man die Messung der psychologischen Charakteristika des Menschen zu verstehen hat.

sche, Befürchtungen oder logischen Überlegungen; solche Bilder sind rein psychologischen Ursprungs und sozusagen Spiegelbilder des Denkens der wahrnehmenden Person. Sie können interessant sein, sind aber bedeutungslos im Hinblick auf die uns interessierende ASW. Aufgrund einiger Erfahrung jedoch kann man diese irreführenden Bilder ausscheiden, und der Rest enthält Erfahrungen, die sich auf die Geschichte des Gegenstands beziehen. Wenn nun jemand solches häufig und mit einem solchen Reichtum an Einzelheiten aufzuspüren vermag, daß man es mit Zufall nicht erklären kann, müssen wir einräumen, daß die betreffende Person irgendwie Informationen über die Geschichte des Gegenstands bekam und diese Informationen in ihrem Erlebnis offenbar wurden.

Meist widerspiegelt nur ein Bruchteil derartiger Erlebnisse die vergangene Wirklichkeit genau. In der Regel sind richtige Informationen über die Vergangenheit hinter einem Schleier aus Verzerrungen und Dramatisierungen verborgen. Diese können von einer Person zur anderen sehr variieren und reflektieren letztlich ebenfalls das Denken der erlebenden Person. Zur Erläuterung ein Beispiel: Wenn der unbekannte Eigentümer des Gegenstands Arzt ist, erhält der Sensitive durch einen unbekannten Prozeß von dieser Tatsache Kenntnis, aber die Information kann auf verschiedene Weise erfahren werden. Ein Sensitiver kann Eindrücke erhalten, die einfach mit einem Krankenhaus zusammenhängen, oder er riecht vielleicht Medikamente; ein anderer kann an seine eigene, früher durchlittene Krankheit erinnert werden; wieder ein anderer kann einen Sanitätswagen im Einsatz sehen usw. Dieselben psychologischen Gesetze, welche die Einzelheiten solcher Verzerrungen bestimmen, sind auch für das Auftreten unserer Traumbilder verantwortlich.

Vom Standpunkt der ASW-Untersuchung aus ist jedoch nur wichtig, daß der Sensitive irgendwie die richtige Information erhielt: »Jemand, der mit dem Medizinerberuf zu tun hat.« Die Art des informationsbringenden Erlebnisses dagegen ist von psychologischem Interesse. Sie hängt vom augenblicklichen psychischen Zustand des Sensitiven ab, im vorstehenden Beispiel davon, welches seine vorherrschenden Erfahrungen und Assoziationen in Verbindung mit dem Arztberuf sind.

Die Trennung der bedeutsamen Eindrücke von den Phantasiebeimischungen ist schwierig. Grundsätzlich jedoch steht fest, daß sich der Einsatz der ASW trainieren und zuverlässiger machen läßt. Ist dies geschehen, liefern die subjektiven Erfahrungen des Sensitiven Informationen über die Vergangenheit des Gegenstands. Beachten Sie, daß die Informationen von der Definition her über die normalen Sinne unzugänglich sind und durch logisches Überlegen oder Folgern nicht erhalten werden können – der Sensitive kennt die Geschichte des Gegenstands nicht; deshalb bezeichnet man ja den Prozeß der Erlangung solcher Informationen als **außersinnliche Wahrnehmung** (ASW). Diese Funktion ist von größter Wichtigkeit für unsere Überlegungen im vorliegenden Buch.

Hatten mehrere Personen Kontakt mit dem psychometrischen Gegenstand, und sei es nur kurz, ist deren ganzes Leben für die ASW zugänglich – zumindest im Prinzip. In der Praxis allerdings erhält der Sensitive aus der Vielfalt verfügbarer Informationen oft nur einzelne Blitze ausgewählter Bilder, nicht unähnlich der Bildauswahl einer Programmvorschau im Kino. Die Auswahl wird unbewußt vom Sensitiven getroffen, der natürlich keine Zeit hat, sämtliche Ereignisse im Leben aller Zielpersonen zu betrachten und zu berichten. Er wird vorzugsweise Informationen über Menschen bekommen, die aus dem einen oder anderen Grund interessant für ihn sind, und über Ereignisse, die in irgendeiner assoziativen Verbindung mit seinem eigenen Leben stehen.

Wie lassen sich die Erfolge der Psychometrie erklären? Eine interessante Lektion lernen wir, wenn wir einen Blick in die Geschichte tun. Genau wie andere Wissenschaften im Lauf ihrer Entwicklung hatte auch die Parapsychologie ihr Quantum an Fehlern und falschen Auffassungen.

In den frühen Erklärungen der Psychometrie tendierte man dazu, irgendeinen Träger von Informationen über vergangene Ereignisse zu postulieren. Der aus der indischen Philosophie übernommene Begriff »Akasha-Chronik« wurde populär, man verstand darunter einen »Speicher« von Informationen über alle Ereignisse, die je im Universum stattgefunden hatten. Viele westliche Denker (wie H. Driesch, T. K. Österreich und W. James) meinten, die Informationen seien im »kollektiven Bewußtsein« – oder auch, wenn Sie wollen, in dem von C. G. Jung beschriebenen »kollektiven Unbewußten« – gespeichert, worunter man sich ein substantielles Medium vorstellte, das alle Menschen miteinander verband (ähnlich wie Inseln durch den Meeresboden verbunden sind). Der Gedanke war, daß der Geist jedes einzelnen von uns Teil dieses »kollektiven Bewußtseins« sei, so daß wir uns an die dort gespeicherten Informationen einfach »erinnern« könnten. Eine Variante derselben Vorstellung war, die Informationen seien im Gedächtnis eines »Universalgeistes« oder einer »Weltseele« gespeichert, wo man sie telepathisch ablesen könne. (In dem Begriff »Universalgeist« erkennen Sie sicher das Synonym für Gott.) Oder man glaubte, die Informationen über die Vergangenheit seien dem psychometrischen Gegenstand irgendwie aufgeprägt, er sei damit imprägniert.*

Das beharrliche Bemühen, für ein zu erklärendes Phänomen irgendeinen konkreten »Träger« auszumachen, scheint einem charakteristischen Irrtum des menschlichen Geistes zu entspringen. Es resultiert offenbar aus unserer angeborenen Neigung, die Dinge so zu betrachten, wie wir sie normalerweise mit unseren Sinnen wahrnehmen (aus der sensorischen Sicht der Welt).

Physiker erinnern sich in diesem Zusammenhang sicher an die historischen Versuche, das Licht zu erklären. Als man den Wellencharakter des Lichts entdeckt hatte, konnte man sich seine Verbreitung ohne irgendeinen Träger nicht vorstellen. Die Menschen brauchten etwas wie eine Wasseroberfläche, um sich ein visuelles Bild von einem Wellenträger machen zu können. Also ersann man die – falsche – Hypothese vom »Lichtäther«, um einen Träger für elektromagnetische Wellen zu haben.

Oder zu Zeiten Newtons, als die Menschen unfähig waren, permanente Bewegung (wie die der Planeten um die Sonne) zu begreifen, hielt man einen »Urantrieb«, den man in seiner Unerklärlichkeit auf Gott zurückführte, für nötig, um die Aufrechterhaltung der Bewegung zu erklären. Das Rätsel löste sich, als man die Vorstellung von Trägheit und Impuls entwickelte.

In ähnlicher Weise meinte man, zweckorientiertes Verhalten von Lebewesen beweise das Vorhandensein einer geistigen Komponente, weil es natürlich schien, daß das Verhalten durch einen »Antrieb« ausgelöst werden müsse. Und wenn das Verhalten intelligent war, mußte auch der Antrieb intelligent sein. Man meinte, eine substantielle Entität als Träger der Fähigkeit, eine gewisse Reaktion auszuarbeiten, sei notwendig. Heute erklärt natürlich die Psychophysiologie das Verhalten voll und ganz als Funktion des Nervensystems; wir verstehen es besser, wenn wir die Gehirnfunktion mit dem Computer vergleichen.

---

* Achtung: Diese »Imprägnation durch vergangene Ereignisse« darf nicht verwechselt werden mit der geistigen Imprägnation beim Fokaleffekt, die eine »Imprägnation durch vergangene Gedanken« ist (siehe Seite 45).

Die zu ziehende Lehre ist klar: In der Parapsychologie brauchen wir, genau wie überall sonst in der Wissenschaft, den Mut, radikal neue Wege zu revolutionär neuen Entdeckungen zu beschreiten. Die Geschichte der modernen Wissenschaft, besonders der modernen Physik, zeigt, daß es unerläßlich war, neue Ideen zu entwickeln, die von den gewohnten sensorischen Modellen abgingen. Genauso muß jetzt die Parapsychologie die Kühnheit aufbringen, sich radikal von simplen visuellen Erklärungskonzepten zu lösen. Die Befreiung von konventionellen Betrachtungsweisen führt oft zu neuen, fruchtbaren und überraschend einfachen Lösungen.

Zwar ist die Natur der Signale, die ASW-Informationen übermitteln, noch unbekannt, aber dem Modell nach, das sich mit unserem derzeitigen Wissen in der Parapsychologie am besten vereinbaren läßt, erkennt man, daß die ASW-Signale in der Zeit reisen können. Dies ist in der Tat etwas Revolutionäres, weil keine physikalische Energie in der Zeit zu reisen vermag. Signale, die von physikalischen Energien übertragen werden (Licht, Schall, Elektrizität usw.), gelangen von einem Punkt im Raum zu einem anderen. Zusätzlich dazu können ASW-Signale allem Anschein nach auch von einem Punkt in der Zeit zu einem anderen reisen. Ein Astronom richtet sein Teleskop auf einen fernen Stern; in ähnlicher Weise richtet der um psychometrische Wahrnehmung bemühte Sensitive sein »psychisches Teleskop« auf die Vergangenheit, auf ein herausragendes Ereignis in der Geschichte eines Gegenstands.

Dieses Bild, das darauf schließen läßt, daß Vergangenheit, Gegenwart und Zukunft in einer Art höherer Realität gleichzeitig existieren, ist den modernen Physikern nicht ganz fremd. Und die Parapsychologen gehen mit den Physikern darin einig, daß wir, um unsere Welt besser zu verstehen, unsere gewohnten Vorstellungen von Raum und Zeit revidieren müssen.

Nach dem vorstehend entworfenen Bild sind Zeit und Raum in einem Raum-Zeit-Kontinuum vereint, etwa, als wäre die Zeit die vierte Dimension des Raums. Doch wegen der besonderen Bedingungen unserer physischen Existenz nehmen wir dieses Bild verzerrt wahr. Wir nehmen Gegenstände wahr, als befänden sie sich im dreidimensionalen Raum und bewegten oder veränderten sich in der Zeit. Wir nehmen sie wahr, als existierten sie im gegenwärtigen Moment, als sei die Vergangenheit bereits verschwunden und die Zukunft noch nicht »geschaffen«.

Das neue Bild der Realität befaßt sich mit »Ereignissen« (anstatt mit »Gegenständen«), die im vierdimensionalen Raum-Zeit-Kontinuum existieren. Darin ist die Vergangenheit nicht verschwunden, und die Zukunft wird nicht geschaffen, sondern Vergangenheit, Gegenwart und Zukunft bestehen gleichzeitig als Komponenten einer höheren Realität. Unser physischer Körper in seinem gegenwärtigen Zustand ist dann nur eine dreidimensionale Komponente dieser höheren vierdimensionalen Realität. Die Zukunft ist »da«, wartet auf uns, und wir begegnen ihr, wenn wir in der Zeit voranschreiten.

Mit unseren physischen Körpern sind wir Gefangene des »gegenwärtigen Augenblicks« und werden, zusammen mit allen anderen physischen Objekten, zur Zukunft »gezerrt«, da der »gegenwärtige Moment« sich weiterbewegt und die Zukunft erst nach und nach zur Gegenwart wird. In unseren physischen Körpern können wir nicht in der Zeit reisen (beispielsweise die Vergangenheit besuchen) – außer vielleicht im Erlebnis einer utopischen Phantasie. Doch der Träger von ASW-Informationen kann genau das: im Raum *und* in der Zeit reisen, die Vergangenheit und, wie wir später sehen werden, sogar die Zukunft besuchen.*

---

* Von diesem Prozeß können wir uns drei Modelle vorstellen, die einander nicht widersprechen, sondern sich ergänzen:
1. Die einfachste Vorstellung ist, daß ASW-Signale wirklich in Zeit und Raum reisen. Diese Situation läßt sich mit dem vergleichen, was geschieht, wenn wir in einem fahrenden Zug sitzen. Mit unseren physischen Körpern sind wir sozusagen im Waggon eingeschlossen. Die ASW wäre in unserem Bild mit den Signalen gleichzusetzen, die den Zug verlassen, zum Ausgangsbahnhof zurückkehren und auf dem Rückweg Informationen mitbringen. In unserem Zug-Beispiel gäbe der Funkverkehr mit dem Ausgangsbahnhof und den durchfahrenen Stationen ein gutes Modell ab. Doch um ASW zu verstehen, müssen wir uns einen Zug denken, der nicht von Norden nach Süden oder von Osten nach Westen fährt, vielmehr *aus der Vergangenheit in die Zukunft.*
2. Wir können uns auch eine zusätzliche fünfte Dimension des Universums vorstellen. Die im vierdimensionalen Raum-Zeit-Kontinuum stattfindenden Ereignisse würden dann sichtbar gemacht, indem man sie aus der fünften Dimension betrachtet, »von oben«, genau wie man eine zweidimensional sich darbietende Landschaft aus einem aufgestiegenen Ballon überschauen kann.
Als Modell für diesen Vorgang könnten wir uns vorstellen, daß wir nachts mit dem Auto auf einer Straße fahren. Die Scheinwerfer beleuchten nur einen Straßenabschnitt. Was wir in jedem Augenblick im Scheinwerferlicht sehen, steht für die Gegenwart, die Straße vor uns ist die Zukunft und die Straße hinter uns die Vergangenheit. Während wir fahren, werden immer neue Straßenabschnitte erleuchtet: die Zukunft wird zur Gegenwart und im Weiterfahren zur Vergangenheit. Polizeihubschrauber jedoch, die über uns schweben, können die ganze Straße überblicken – Zukunft, Gegenwart und Vergangenheit.
3. Bei unserem dritten Modell möchten wir eine Überlegungsrichtung einschlagen, die aus der relativistischen Physik abgeleitet ist (leider wird sie, wie alle Theorien der modernen Physik, nicht sehr anschaulich sein):
Die Relativitätstheorie erwies sich als überaus erfolgreich in der Beschreibung von

Dieses Bild macht es auch erforderlich, daß wir unsere Auffassung von Kausalität revidieren und vor allem das philosophische Problem der freien Willensentscheidung neu überdenken. Kausalität erscheint als regelmäßiges Muster bestimmter Ereignisse, die in der Zeit aufeinander folgen. Und was wir subjektiv als freie Entscheidung erleben können, weicht dem Determinismus: Meine vergangenen Lebenserfahrungen haben meine Entscheidungen vorprogrammiert und bestimmen somit, wie diese in irgendeiner konkreten Situation ausfallen werden; und die Folgen meiner Entscheidung sind bereits »da«, in der Zukunft, warten darauf, daß ich ihnen begegne.

Jedes Lebewesen und jeder Gegenstand haben folglich im Raum-Zeit-Kontinuum eine Lebenslinie, die mit der Existenzwerdung (Geburt) beginnt, durch alle in seiner Lebensspanne auftretenden

Ereignissen im Raum-Zeit-Kontinuum (im physikalischen Universum), indem sie alle Maße zu einer der universellen Konstanten in Bezug setzte: zur Lichtgeschwindigkeit. Während die Physiker früher das Universum getrennt in Entfernungs- und Zeiteinheiten maßen, sind diese Einheiten in der Relativitätstheorie in einer einzigen universellen Raum-Zeit-Einheit kombiniert. Diese neue Sicht führte zur Entdeckung wichtiger, im physikalischen Universum gültigen Beziehungen. Es dürfte vernünftig sein anzunehmen, daß in der Natur eine gewisse Konformität besteht und daß analoge Beziehungen auch im Bereich der ASW existieren. Wenn dem so ist, können interessante Schlüsse gezogen werden; wir wollen versuchen, sie in folgender Beschreibung einigermaßen anschaulich zu machen:

Wenn ein Lichtquant von einem Atom ausgesendet und von einem anderen Atom aufgenommen wird, sehen wir dies als eine Folge getrennter Prozesse: Aussendung, Reise, Aufnahme. Doch für die relativistische Darstellung gibt es hier *vom Standpunkt des Lichtquants* nur ein einziges Ereignis: Energieübertragung von einem Atom zum anderen. Sogar wenn die Atome Millionen Kilometer voneinander entfernt sind und das Licht nach unseren Messungen in langen Zeiträumen über weite Entfernungen gereist ist, stellt der ganze Vorgang vom Standpunkt des Lichtquants nur ein einziges Ereignis dar, welches an einem einzigen Punkt im Raum und an einem einzigen Punkt in der Zeit stattfindet. Die Aussendung des Lichtquants ist identisch mit dessen Aufnahme anderswo. Wir können uns den Vorgang vergegenwärtigen, wenn wir sagen, daß vom Gesichtspunkt des Lichtstrahls das Raum-Zeit-Kontinuum gekrümmt ist (wie eine Linie gekrümmt und zu einem Kreis geschlossen sein kann) und beide Atome zusammenbringt.

Dann können wir spekulieren, daß beim ASW-Vorgang vielleicht vom Gesichtspunkt reisender Signale die Raum-Zeit gekrümmt ist und das Ereignis, das als Informationsquelle dient, in direkten Kontakt mit dem Informationsempfänger bringt. Wenn wir sagen, daß die ASW-Signale (oder der Psi-Faktor) in Raum und Zeit *reisen*, könnte dies genausogut bedeuten, daß sie einfach »überall und jederzeit« vorhanden sind.

Dieses Bild scheint einer verwegenen Idee zu entspringen, aber es entspricht voll und ganz der Denkrichtung der relativistischen Physik. Man kann sich vorstellen, daß die vierdimensionale Raum-Zeit im (fünfdimensionalen) Psi-Faktor enthalten ist – ähnlich wie die zweidimensionale Erdoberfläche ein Bestandteil der dreidimensionalen Erdkugel ist. Welchen wirklichen Wert diese Überlegung hier auch haben mag, sie zeigt zumindest, daß die seltsamen Eigenschaften der ASW durchaus mit der modernen Physik vereinbar sein können.

Ereignisse führt und am Punkt seiner Vernichtung (dem Tod des Lebewesens) endet.

In der Psychometrie reist demgemäß die ASW-Fähigkeit irgendwie an der Lebenslinie des Gegenstands entlang – ähnlich wie wir entgegen der Richtung des fahrenden Zuges am Geleise entlang zum Ausgangsbahnhof zurückgelangen können. Wenn der Sensitive dies tut, wird er vor allem jene Ereignisse aus der Geschichte des Gegenstands bemerken, die besondere Bedeutung für ihn haben, und zwar infolge ihres emotionalen Wertes der Assoziation mit vergangenen Erfahrungen, eines speziellen Interesses usw. Der Vergleich mit der Zugfahrt macht auch das persönliche Engagement des Sensitiven in der Auswahl der Erfahrungen klar: Wenn wir reisen, werden wir nicht alles bemerken und behalten, was wir unterwegs sehen könnten; wir beachten in erster Linie jene Einzelheiten, die aus irgendeinem Grund unsere Aufmerksamkeit besonders auf sich ziehen.

Wir sehen also, daß die ASW – abgesehen von dem seltsamen Phänomen, daß ASW-Signale in der Zeit reisen – sich als weiterer Sinn in die menschliche Persönlichkeit als Ganzes integriert. Der psychometrische Gegenstand dient als Wegweiser (als Landkarte oder Ariadnefaden*, da er die Wahrnehmungsfähigkeit des Sensitiven zur Informationsquelle führt. Abgesehen davon hat der Gegenstand keine funktionelle Bedeutung. Tatsächlich ist er auch als Wegweiser entbehrlich, obwohl er sich für manche Sensitive einfach als sehr praktisch erweist. Aber andere Wege zur Informationsquelle erwiesen sich als ebenso oder sogar als besser gangbar.

Wenn sich beispielsweise ein Mensch in hypnotischem Zustand befindet, ist es nicht allzu schwer, in ihm eine **außerkörperliche Erfahrung** (AKE) auszulösen. Der Hypnotisierte hat dann das Gefühl (wir könnten auch sagen: er hat einen lebhaften Traum), daß er seinen Körper verlassen habe und seine Umgebung von einem anderen, günstigen Punkt aus sehe. Mit Versuchspersonen, die sich in Hypnose befinden, kann man interessante Experimente in **reisendem Hellsehen** machen. Hat Ihre Versuchsperson erst einmal das Gefühl, an einem anderen Ort zu sein, können Sie sie mit verbalen Instruktionen in ihrer lebhaften Imagination zur Informationsquelle führen, die räumlich und bzw. oder zeitlich weit entfernt sein kann. Die Instruktionen geben Sie genau so, wie Sie einem Fremden, den Sie zur selben Stelle schicken möchten, den Weg beschreiben würden.

---

* Ariadne, in der griechischen Mythologie die Tochter des Minos, die Theseus das Garnknäuel gab, mit dessen Hilfe er aus dem Labyrinth herausfand.

Oft wirkt in einer solchen Situation ASW, und die Versuchsperson schildert Ereignisse an dem fernen Ort richtig, selbst wenn Sie keine Ahnung haben, was dort geschieht.

In den Händen eines erfahrenen Hypnotiseurs hat dieses Verfahren außerdem deutliche Vorteile gegenüber der Verwendung des psychometrischen Gegenstands. Die hypnotische Suggestion kann dazu benutzt werden, die Einstellung und Motivation der hypnotisierten Versuchsperson positiv zu beeinflussen und sie weniger abhängig von spontanen unterbewußten Motivationsfaktoren zu machen. Auf diese Weise läßt sich eine zuverlässigere Auswahl an Informationen erreichen, eine Auswahl, die nicht von den »Launen« des Unterbewußtseins der Versuchsperson bestimmt wird, sondern von den Erfordernissen der Situation und von den der Versuchsperson erteilten Instruktionen. Wir können noch ein weiteres Beispiel für den Empfang von Informationen über künftige Ereignisse anführen. Dieses Phänomen, das, wie gesagt, Präkognition genannt wird, ist eines der seltsamsten, auf das man in der ASW-Forschung stößt. Nehmen wir für unser Beispiel an, die Informationen würden in einem Traum empfangen. Es ist eine wohlbekannte Tatsache, daß Träume psychologische Prozesse, die sich im Geist des schlafenden Menschen abspielen, widerspiegeln. Wie die Psychologen uns erklären, werden diese Prozesse bestimmt: erstens vom Denken des Schlafenden (von dem, womit er sich in letzter Zeit gedanklich beschäftigte, zum Beispiel sind bestimmend seine vorherrschenden Sorgen, Wünsche, Ängste, Erinnerungen an wichtige Ereignisse oder gefühlsgeladene Erlebnisse usw.); zweitens von seinen Persönlichkeitsmerkmalen (ob er schüchtern, mitteilsam, introvertiert, optimistisch usw. ist); drittens von den eingehenden Sinnesreizen (die den Schlafenden beeinflussen, auch wenn er bewußtlos zu sein und sie nicht zu bemerken scheint). Den Feststellungen der Parapsychologen zufolge können Träume manchmal, viertens, von ASW-Reizen beeinflußt werden. Natürlich beinhaltet sowohl die Sinneswahrnehmung als auch die ASW den Empfang von Informationen über unsere Umwelt; ASW spielt praktisch also die Rolle eines zusätzlichen Sinnes.

Träume können natürlich nur bloße Phantasien sein. Stellen wir uns einmal vor, jemand knalle eine Tür zu. Beim schlafenden Menschen löst dies unter Umständen einen Traum des Inhalts aus, daß jemand auf eine andere Person schießt. Hat der Schläfer vor dem Zubettgehen einen Krimi gelesen oder einen Gangsterfilm gesehen, wäre ein solcher Traum geradezu wahrscheinlich. Die Einzelheiten des Traums hängen davon ab, wie der Schläfer normalerweise denkt: Ist er ein scheuer, schüchterner Mensch und fürchtet für seine persönliche Sicherheit, kann er träumen, daß jemand ihn erschießt; ist er dagegen eher aggressiv, wird er (oder möglicherweise jemand anderer) auf jemanden schießen, vielleicht auf eine Person, die er nicht mag oder die ihm irgendwie geschadet hat.

Bis zu diesem Punkt war der vom Zuschlagen der Tür ausgelöste Traum voll und ganz ein Produkt des Unterbewußtseins der schlafenden Person. Doch lassen Sie uns nun annehmen, der Schläfer habe kurz vor dem Traum durch ASW die Information erhalten, daß seine Mutter am folgenden Tag in ernste Gefahr gerate; während sie mit dem Wagen auf einer kurvenreichen Straße fahre, platze in einem kritischen Moment ein Reifen. Dies ist ein erfundenes Beispiel, das unsere Erklärung anschaulich machen soll. Doch so etwas könnte im wirklichen Leben ohne weiteres tatsächlich passieren. Viele Parapsychologen haben schon ähnliche Fälle beobachtet. Auch wenn die Vorstellung, eine Information aus der Zukunft zu erhalten, uns unangenehm berühren mag, die ASW wirkt tatsächlich in derartigen Situationen. Ungeachtet des Zeit-Paradoxons können wir, wenn wir die psychologischen Gesetze der ASW kennen, sehr wohl den Empfang einer solchen Information erwarten. Die Gefühlsbeziehung des Schläfers zu seiner Mutter bewirkt, daß er sich – sogar im Unterbewußtsein – dafür interessiert, was sie tut oder tun wird, und daß er sich um ihre Sicherheit sorgt. Dies trägt dazu bei, daß er eine derartige Information eher beachtet als irgendeine andere. Außerdem bieten durch einen glücklichen Zufall die Umstände (wie der vom Zuschlagen der Tür ausgelöste Traum) einen geeigneten Träger für die ASW-Information und deren Auftauchen ins bewußte Erleben. (Natürlich könnte auch der durch den präkognitiven Wahrnehmungskanal kommende Ton eines platzenden Reifens den Schieß-Traum auslösen.)

Die erhaltene Information über den Reifendefekt kann den ursprünglichen Traum ändern, so daß der Schläfer beispielsweise träumt, eine an der kurvenreichen Straße versteckte Person schieße auf den Wagen seiner Mutter und treffe den Reifen genau in dem Moment, in dem sich der Wagen der scharfen Biegung nähere. Er kann im Traum sehen, daß der Wagen außer Kontrolle gerät und von der Straße abkommt.

Wenn sich der Schläfer an den Traum erinnert und ihn richtig deutet, hat er Vorauswissen von der Gefahr und kann seine Mutter warnen. Sie wird dann vorsichtiger fahren und vielleicht der Gefahr entgehen. Auf der kurvenreichen Straße, genau an der Stelle, wo ihr Sohn den Schützen sah, wird ein Reifen platzen, und der Wagen wird ins Schleudern geraten, wie vorhergesagt, aber weil sie langsamer und aufmerksamer fährt, wird sie einen Unfall vermeiden können.

Die Frage ist hier vor allem, wie es möglich ist, Informationen über künftige Ereignisse zu erhalten.* Für die Parapsychologen von heute lautet die plausibelste Erklärung, man müsse sich Signale vorstellen, die von einem unbekannten Träger übermittelt werden und die Informationen durch die Zeit tragen, direkt von der künftigen Informationsquelle her. Diese Auffassung ist nicht so abwegig, wie sie im ersten Moment klingen mag. Elektromagnetische Wellen (Licht) tragen Informationen durch den Raum. Vor hundert Jahren fiel es den Physikern schwer, sich Signale vorzustellen, die von einem unsichtbaren Träger durch den leeren Raum (Vakuum) getragen werden. Seit Jahrtausenden sehen die Menschen Gegenstände um sich – dennoch wurde die Natur des Trägers der visuellen Signale erst vor etwas mehr als hundert Jahren entdeckt. Heute geht es uns so mit dem Träger von ASW-Informationen; wir kennen seine Natur nicht, beobachten ihn nur anhand seiner Wirkungen. Und eine dieser Wirkungen ist, daß wir unter gewissen Bedingungen mittels ASW Informationsfragmente über künftige Ereignisse erhalten können.

Unser Beispiel gibt uns auch Gelegenheit, ein schwieriges philosophisches Problem zu erörtern, das eng mit der Präkognition verbunden ist. Tatsächlich drängen sich uns, wenn wir einmal akzeptiert haben, daß ein Vorhersehen der Zukunft möglich ist (das heißt durch direkten Einblick, ohne daß man aus gegenwärtigen Ursachen folgern muß), verwirrende Fragen auf: Existiert die Zukunft wirklich »dort«, wartet sie auf uns – oder trifft eher zu, was unsere tägliche Erfahrung

---

* Die Verfechter einer der heute überholten Hypothesen, die nicht wagten, in der Zeit reisende Signale zu akzeptieren, vertraten den Standpunkt, wir würden ASW einsetzen, um alle gegenwärtigen Ursachen zu ermitteln, von denen künftige Entwicklungen beeinflußt werden könnten, und dann unterbewußt etwas Ähnliches tun wie Astronomen, wenn sie künftige Positionen der Planeten errechnen: Aus der Kenntnis aller gegenwärtigen Ursachen und ihrer Auswirkungen würden wir Schlüsse über künftige Ereignisse ziehen. Diese Hypothese erklärt jedoch die beobachteten Fakten nicht. Wie man feststellte, wirkt die Präkognition oft Jahrzehnte in die Zukunft. In einem solchen Fall ist die Kette von Ursachen, die zur Erfüllung des Vorhergesehenen führen, überaus kompliziert, und die Erklärung durch einfaches Folgern aus gegenwärtigen Fakten ist schlechthin absurd.

uns glauben macht, nämlich daß die Zukunft ständig aus gegenwärtigen Ursachen geschaffen wird? Gibt es vielleicht mehrere verschiedene Zukünfte – verschiedene mögliche Ereignisabläufe, vielleicht mit verschiedenen Möglichkeiten der Verwirklichung –, und wir wählen durch unser Tun eine davon aus? Wenn ein bestimmter Ablauf der Ereignisse vorhergesagt wird, ist es dann möglich, den Lauf der Dinge zu ändern und etwas Unerwünschtes zu vermeiden? Und verändert in unserem konkreten Beispiel, in dem der Schläfer hellseherisch einen Unfall seiner Mutter sieht und sie warnt, so daß sie nach erfolgter Warnung der vorher erkannten Gefahr entgeht, die Mutter die Zukunft?

Die Antwort, die sich am besten mit dem gegenwärtigen Wissensstand der Parapsychologie verträgt, ist totaler Determinismus: Die Zukunft ist da, wartet auf uns, es gibt nur *eine* Zukunft, und der Ablauf von Ursachen und Ereignissen, der letztlich zum Schlußergebnis führen wird, ist ebenfalls festgelegt. Sogar unsere scheinbar »freien« Entscheidungen werden von unserer psychologischen Veranlagung bestimmt und sind als Komponenten ins Muster der Ereignisse und Ursachen aufgenommen, die zum Schlußergebnis führen.*

---

* Hier sollte erwähnt werden, daß Präkognition zwar vorkommt und daß zuverlässig Vorausgesehenes sich auch verwirklichen muß, daß aber nicht *alles* Zukünftige zuverlässig vorhergesehen werden kann. Es scheinen Einschränkungen zu bestehen, die ein zuverlässiges Vorhersehen *einiger* Ereignisse verhindern. So gibt es beispielsweise Beobachtungen, die darauf hindeuten, daß Ereignisse, wenn sie von der freien Entscheidung eines einzelnen Menschen abhängen, nicht zuverlässig vorhergesehen werden können. Wir sind versucht, solche Einschränkungen mit Heisenbergs Unschärferelation zu vergleichen, die in der modernen Physik eine wichtige Rolle spielt.
Wenn wir uns diese Ähnlichkeit zwischen Gesetzmäßigkeiten der Parapsychologie und den Gesetzen der Physik vergegenwärtigen, werden wir auf eine weitere Analogie aufmerksam. Den Parapsychologen fällt es schwer, experimentell zwischen Präkognition und Psychokinese zu unterscheiden. Das folgende Beispiel wird das Problem veranschaulichen. Stellen Sie sich vor, daß Sie eine Münze werfen wollen und vorherzusagen versuchen, welche Seite nach oben zu liegen kommen wird. Sie haben Erfolg und behaupten nun, daß Sie Ihre Fähigkeit der Präkognition einsetzten, um herauszufinden, welche Seite oben liegen würde. Ein Dritter dagegen kann behaupten, Sie hätten Ihre PK-Fähigkeit eingesetzt: Als Sie Ihre Aussage machten, die Sie für präkognitiv hielten, hätten Sie Ihre PK benutzt, um das Fallen der Münze zu beeinflussen, und so errreicht, daß die von Ihnen gewünschte Seite nach oben zu liegen kam. Nun taucht die Frage auf: Steht der Dualismus Präkognition gegen Psychokinese in Beziehung zum Dualismus in der Atomphysik, Wellen gegen Teilchen?
Diese Überlegungen können wir noch weiter führen: Wir dürfen damit rechnen, daß die Menschen in Zukunft zunehmende Kontrolle über die Natur und über ihr Leben erlangen werden – aufgrund der weiter fortgeschrittenen Technik oder vielleicht auch infolge des Einsatzes von PK. Erinnern wir uns nun daran, daß Ereignisse, die von der freien Willensentscheidung des einzelnen abhängen, der Präkognition meist nicht zugänglich sind. Bei wachsender Möglichkeit individuellen Eingreifens (größerer Macht jedes einzelnen) würde der Einsatzbereich immer kleiner.

Der vorstehend geschilderte Traum vermag uns weitere Erklärungen zu liefern. Träume können phantastisch sein, und es besteht kein Grund, warum der Traum unseres Schläfers mit dem Platzen des Reifens enden sollte. ASW-Informationen werden demgegenüber manchmal als genaue Beschreibung der Wirklichkeit in den Traum eingefügt. Häufig aber, sehr häufig sogar, werden die Informationen auf dramatische Weise verzerrt, und was der Schläfer schließlich erfährt, ist nur ein phantastisches Bild oder ein Symbol der Wirklichkeit. Die Verzerrung unterliegt denselben psychologischen Gesetzen, die generell die einzelnen Merkmale der Traumbilder bestimmen.

Der Traum unseres Schläfers könnte so weitergehen: Der Reifen ist geplatzt, der Wagen gerät außer Kontrolle und kracht in einen Baum, die Mutter trägt schwere Verletzungen davon. Bedeutet eine solche Fortsetzung des Traums, daß die Mutter verunglücken muß? Selbst wenn sich der erste Teil (das Reifenplatzen) verwirklicht, heißt dies noch lange nicht, daß der zweite Teil (der Unfall) zwangsläufig auch wahr werden muß. Und es heißt ebensowenig, daß die vorgewarnte Mutter, wenn sie der Gefahr entrinnt, den vorherbestimmten Lauf der Ereignisse in der Zukunft ändert. Der vorbestimmte Lauf der Ereignisse ist vielmehr: Der Sohn wird einen Traum haben, er wird die Mutter warnen, und sie wird deshalb fähig sein, das Tempo rechtzeitig zu reduzieren. Die Mutter ändert die Zukunft nicht, sondern tut genau, was vorherbestimmt ist. Ihre wirklichen Aktionen unterscheiden sich nur von dem, was ihr Sohn im Traum gesehen hat. Der phantastische Traum über den Unfall ist nur eine Kette in der vorbestimmten Folge von Ereignissen, die zum vorbestimmten Ergebnis führen: Die Mutter wird der Gefahr entrinnen. Vielleicht bewirkt nur die dramatische Vision des wirklichen Unfalls, daß der Sohn seine Mutter überhaupt warnt; folglich ist sogar das Wirken seines Unterbewußtseins, das ihn träumen läßt, was er träumt, ein Teil der vorbestimmten Kette von Ereignissen. Somit bildet auch die Warnung, die seine Mutter zu größerer Vorsicht veranlaßt, einen Teil der vorbestimmten Kette von Ereignissen.

Der Traum ist also teilweise echtes Wirken von ASW (soweit er das Platzen des Reifens betrifft), teilweise aber auch reine Phantasie (was den Rest anbelangt). Ein Fehler passiert erst, wenn der Sohn sein Traumerlebnis falsch deutet, wenn er nicht erkennt, daß der Unfall nur eine Phantasie oder bestenfalls ein Gefahrensymbol ist, und ihn als in der Zukunft wirklich stattfindendes Ereignis nimmt.

Der Sohn müßte entschuldigt werden, denn es ist nicht leicht, in einem einzigen Traum echte ASW-Elemente von bloßen Phantasien zu unterscheiden. Ein wirklich guter Hellseher mit zuverlässigerer ASW-Fähigkeit allerdings würde sein Erlebnis genauer beobachten und vollständiger berichten, er würde besser darauf achten, wie er die Einzelheiten der Szene erlebt hat. Er könnte zum Beispiel sagen: »Ich sah in meiner Vision meine Mutter in ihrem Wagen fahren, und als sie in die Kurve kam, platzte ein Reifen. Diesen Teil sah ich sehr klar, und ich bin sicher, daß meine Vision diesbezüglich korrekt ist. Außerdem schien mir, es kauere jemand am Straßenrand, schieße auf den Wagen und treffe den Reifen. Dieses Detail sah ich jedoch nicht klar genug; möglicherweise spiegelte mir dies nur meine Phantasie vor, weil ich vor kurzem einen Film sah, in dem ein Gangster in einer ähnlichen Situation auf ein fahrendes Auto schoß. Nach dem Platzen des Reifens sah ich, daß meine Mutter verunglückte und verletzt wurde. Aber auch dieses Detail war weniger klar. Sofort nach dem Platzen des Reifens sah ich den Wagen schlingern, und genau in diesem Moment wurde die Vision unschärfer. Aus all dem schließe ich, daß der Reifen mit Sicherheit platzen wird, aber hinsichtlich des übrigen bin ich mir nicht so sicher. Vielleicht bildete ich es mir nur ein, und meine Phantasie stellte für mich dar, was man in einer solchen Situation logischerweise erwarten könnte.«

Es ist natürlich äußerst schwierig, flüchtige subjektive Impressionen wie Träume oder andere ASW-Erlebnisse in allen Einzelheiten derart aufmerksam zu beobachten. Doch das trifft nicht nur auf die ASW zu: Dem Zeugen eines Verbrechens wird es kaum gelingen, alle wichtigen Einzelheiten zu beachten und zu berichten. Wir sind in der Nutzung unserer ASW weit weniger geübt als im Einsatz unserer anderen Sinne, deshalb ist es im Fall von ASW besonders schwer, gültige Impressionen von symbolischen Verzerrungen und von reinen Phantasien zu unterscheiden. Man kann leicht Fehler machen – sowohl bei der Beobachtung als auch bei der Interpretation. Das wirkliche Ereignis kann später ganz anders aussehen als das, was ein Traum- oder ein anderes ASW-Erlebnis anzukündigen scheint. Künftige Entwicklungen können unerwartet an dem Punkt, wo der Beobachter ein wichtiges Detail übersieht, einen anderen Lauf nehmen.

❧

Doch sei dem, wie dem wolle, unser Ziel in dieser Einführung war es nicht, rasche Antworten auf alle Fragen zu geben, sondern zu zeigen, daß die ASW völlig gesetzmäßig als integraler Bestandteil der normalen menschlichen Persönlichkeit funktioniert. Vor allem aber wollten wir demonstrieren, welche interessanten Perspektiven ihre Erforschung für den wißbegierigen menschlichen Geist eröffnet.

1. Theorie des Bewußtseins

Immer wieder wird moniert, daß die Parapscholoie mit keiner umfassenden Theorie aufwarten könne, die alle parapsychischen Phänomene einheitlich interpretiere. In diesem Kapitel werden wir versuchen, eine solche Theorie aufzustellen – oder wenigstens eine plausible Richtung aufzuzeigen, in die eine solche Theorie führen kann. Und weil die psychischen Phänomene eng mit den Bewußtseinszuständen verbunden sind, interpretiert unsere Theorie diese Phänomene und das Bewußtsein auf einer gemeinsamen Basis.

Vielleicht sollte als erstes eine Definition gegeben werden: Wenn wir von Bewußtsein sprechen, denken wir an den *spezifischen »bewußten« Charakter des subjektiven Erlebens*. Tatsächlich ist das Erkennen der wirklichen Natur dessen, was uns bewußt und wach macht, überaus wichtig für unsere Überlegungen. Leider wissen wir zum gegenwärtigen Zeitpunkt noch zuwenig, um eine erschöpfende Erklärung geben zu können, und der Disput geht weiter, ob Bewußtsein als Funktion von Materie (im physikalischen Sinn) erklärt werden kann oder ob ein nichtmaterielles Prinzip im Spiel ist.

Was gewisse Philosophen auch sagen mögen, eines ist sicher: Wir haben reichlich Beweismaterial dafür, daß das Bewußtsein eng und unwandelbar mit der ungestörten Funktion des lebenden Gehirns verbunden ist, das heißt mit den materiellen Prozessen, die sich im lebenden Gehirn des Menschen und, so müßten wir wohl einräumen, in vagerer Form auch im Gehirn höherentwickelter Säugetiere abspielen.

Wird die normale Aktivität des Gehirns gestört, verschwindet unweigerlich der bewußte Charakter des Erlebens – ob die Störung nun durch Drogen (Narkotika, Intoxikation) erfolgt, durch Unfall (Erschütterung), durch Elektroschock oder schließlich durch den Tod. Die Abhängigkeit ist so stark, daß schon eine kurze Unterbrechung der nährenden Sauerstoffversorgung des Gehirns zum Verlust des Bewußtseins führt, und währt der Entzug nur ein paar kurze Minuten, ist der Verlust irreversibel. Die Bewußtheit des Erlebens fällt sogar während des Schlafs aus; aber in Perioden der teilweisen Wiedererlangung der Bewußtheit können Träume auftreten.

Jede annehmbare Theorie des Bewußtseins muß diese Tatsache berücksichtigen, oder sie gerät mit den gesicherten wissenschaftlichen Tatsachen in Konflikt. Das Gehirn wurde oft als Musikinstrument bezeichnet, auf dem die Seele spielt. Dabei wurde gewöhnlich die Unabhängigkeit des Seelenmusikers und die Unwichtigkeit des Instruments hervorgehoben. Soviel wir wissen, könnte die Bezeichnung richtig sein, auf jeden Fall aber müssen wir das Gehirn als ziemlich *einmaliges* Musikinstrument ansehen, das für den Musiker unentbehrlich ist. Ohne das Gehirn-Instrument gibt es nichts von der Musik, die wir »Bewußtsein« nennen.

Wollen wir das Bewußtsein verstehen, muß uns zuerst klar sein, daß ein beträchtlicher Teil der Hirntätigkeit auf unbewußter Ebene stattfindet. Als Beispiele mögen die Bewegungen des Körpers im Schlaf oder, im Wachzustand, die automatische Aktivität beim Fahren eines Autos ohne bewußte Aufmerksamkeit, beim Maschineschreiben, Klavierspielen usw. dienen. Diese unbewußte Tätigkeit läßt sich sehr gut mit der Funktion des Computers vergleichen.

Die grundlegende funktionale Einheit des Nervensystems ist ein Reflex: Das Sinnesorgan empfängt eine Information, von dort geht das Signal an das Neuron weiter und wird zu dem für die richtige Reaktion zuständigen Effektor-Organ geleitet.

Wenn ich mir den Finger an einer Flamme verbrenne, wird der Sinnesreiz (Schmerz) vom Nerv meinem Gehirn (oder Rückenmark) übermittelt, und von dort wird das Signal an die Muskeln geleitet, die meinen Finger mit einem schnellen Ruck von der Flamme wegziehen. Dieser ganze Vorgang läuft sehr rasch ab, noch bevor ich Zeit habe, den Schmerz bewußt zu erfassen und zu beschließen, den Finger zu bewegen. Die Bewußtwerdung des ganzen Vorgangs erfolgt erst später, als sekundärer Prozeß, wenn ich die Bewegung meines Fingers beobachte.

In Wirklichkeit ist der ganze Vorgang viel komplizierter als in unserem einfachen Modell mit nur einer Zelle des Sinnesorgans, einem Neuron und einer Muskelzelle. Tatsächlich sind sogar an der Übertragung eines so einfachen Signals viele untereinander verbundene Neuronen beteiligt. Die Weitergabe des Signals kann dann durch die Aktion verschiedener Kontrollmechanismen beeinflußt werden.

Führen wir das vorstehende Beispiel weiter. Halte ich einen kostbaren, zerbrechlichen Gegenstand in der Hand, wird in meinem Gehirn ein Programm zum Schutz dieses Gegenstandes erstellt. Wenn ich mich dann brenne (und der Schmerz nicht unerträglich ist), beginnt das Signal seinen Weg durch die Nervenbahnen zum Muskel, doch der vorbereitete Blockiermechanismus stoppt das Signal unterwegs oder lenkt es ab. Die Folge ist, daß meine Hand nicht zurückzuckt. Ich kümmere mich zuerst um den Gegenstand, auch auf die Gefahr hin, an meiner Hand Schmerz zu erleiden und schlimme Verbrennungen abzubekommen. Erst dann wird das Signal auf seinen ursprünglichen Weg zurückgelenkt und darf mit dem Befehl, meinen Finger zu bewegen, zum Muskel weitergehen.

In der Praxis sind solche kontrollierte Vorgänge sehr kompliziert und sehr häufig. Sie beruhen auf einem komplexen Muster untereinander verbundener Fasern im Nervengeflecht: Impulse folgen ihrer Bahn, gabeln sich und breiten sich aus, stoßen auf andere Impulsketten, stimulieren oder blockieren sie oder lenken sie in andere Bahnen. Die Kanalisierung, das heißt die Auswahl der zu folgenden Bahn, wird von vergangenen Erfahrungen des Menschen bestimmt.

Anatomisch gesehen stellt die Hirnstruktur ein ungeheuer komplexes Netzwerk aus Milliarden Nervenzellen dar, die durch ein immenses Geflecht aus Nervenfasern miteinander verbunden sind. Die Tätigkeit des lebenden Gehirns besteht aus Ketten von Nervenimpulsen. Diese vollziehen sich als komplexe elektronische Prozesse mit der besonderen Eigenschaft, sich als Signale an den Nervenfasern entlangzubewegen. Die Verbindung zwischen den Fasern wird durch Synapsen hergestellt, winzige Gebilde mit der Eigenschaft, selektiv den Durchgang von nervösen Impulsen zu blockieren oder zu erlauben (damit verhalten sie sich sehr ähnlich wie die Halbleiterelemente im Computer).

Bei der endgültigen Ausarbeitung von Verhaltensreaktionen spielt die Informationsrückmeldung (Feedback), die auch aus der Kybernetik bekannt ist, eine wichtige Rolle. Stellen Sie sich ein zum Ziel fliegendes Geschoß vor. Auf seiner Flugbahn wird es durch Instrumente überwacht, die Informationen über seine Position, Richtung und Geschwindigkeit sammeln und diese Informationen an den Steuer-Computer zurückmelden. Wenn es nötig ist, wenn das Geschoß von der gewünschten Bahn abweicht, sendet der Computer Signale aus, um den Flug zu korrigieren.

Genauso kontrollieren wir bei allen Aktionen, bewußten wie unbewußten, den Verlauf und ergreifen notfalls Korrekturmaßnahmen. Wenn wir beispielsweise versuchen, einen Gegenstand zu berühren, überwachen wir mit den Augen die Position der Finger und senden Impulse aus, die sie in die richtige Richtung lenken. (Versuchen Sie einmal, einen Gegenstand mit geschlossenen Augen zu berühren.) Wenn wir beim Gehen die Balance zu verlieren drohen, wird ein Signal ausgeschickt, rasch, automatisch und unbewußt, das eine Korrektur der Spannung oder Bewegung der entsprechenden Muskeln bewirkt. Wenn wir ein Auto durch eine Kurve steuern, drehen wir das Lenkrad und achten auf die Reaktion des Wagens (dies tun wir unbewußt, doch als wir Autofahren lernten, taten wir es sehr bewußt); stellen wir fest, daß der Wagen sich zu weit oder zuwenig dreht, bringen wir das Lenkrad in die richtige Position.

Das ständige Ineinanderspiel der Netze nervöser Impulse, ihre Veränderungen durch die selektive Aktion der Synapsen, ihre Abwandlungen durch weitere Impulse von den Sinnesorganen (die ständig neue sensorische Informationen bringen), die Verarbeitung der Informationen anhand von Daten und Programmen, die von früher her im Gehirn enthalten sind, und schließlich die Ausarbeitung und Ausschickung von Signalen an Muskeln und Drüsen zur Steuerung der Reaktionen des Organismus – dies alles bildet den somatischen Hintergrund dessen, was wir als Folge wechselnder Bewußtseinsinhalte (Gedanken) erleben.

Doch wir haben nur *ein* Gehirn, und die Hirntätigkeit – sei sie bewußt oder unbewußt – muß als Einheit verstanden werden: sie ist ein ständig laufendes und sich ständig veränderndes raumzeitliches Muster von Netzen nervöser Impulse, die ständig durch neu eingehende Impulse und durch die selektive Aktion an den Synapsenstellen geändert werden.

Dieser Prozeß findet nicht nur auf der Bewußtseinsebene statt, wo wir ihn als bewußtes Erleben der sich ändernden Folge von Gedanken wahrnehmen. Die Bewußtheit von Gedankenabläufen ist vielmehr wie die Spitze eines Eisbergs. Ähnliche Abläufe gehen auf unbewußter Ebene vor sich, vielleicht in viel größerem Ausmaß als auf der bewußten. Prozesse, denen jenes spezifische Merkmal fehlt, das sie ins Bewußtsein heben würde, bleiben unbewußt, unterschwellig, sind aber deshalb nicht weniger wirklich. Sie laufen genauso ab wie die bewußten, werden ständig verändert durch Schaltungen an Synapsen und durch unterschwellige sensorische Impulse (die zu schwach sind oder nicht lange genug dauern, als daß sie bewußt erlebt werden könnten).

Der Charakter von Hirnprozessen – bewußten wie unbewußten – wird natürlich von den eingehenden Sinnesreizen und von der inneren Programmierung des Gehirns bestimmt. Die Programmierung des Gehirns wiederum hängt von vergangenen Erfahrungen ab oder, genauer gesagt, von früheren Prozessen – bewußten wie unbewußten –, die im Gehirn stattgefunden hatten.

Die innere Programmierung ist für das Gedächtnis verantwortlich. Das Gedächtnis funktioniert nicht nur als statischer Informationsspeicher, sondern auch als dynamische Instruktion, die, gleich dem Programm in einem Computer, ein gewisses Muster festlegt, nach welchem das Gehirn in Zukunft Informationen verarbeiten wird.

Netze nervöser Impulse, die bereits in der Vergangenheit vorkamen, tendieren dazu, in Zukunft wieder aufzutreten. Wir können sie mit einem Fußpfad durch Wildnis vergleichen, der leichter passierbar wird, wenn wir ihn öfter gehen und ihn dabei vielleicht durch Entfernung einiger Hindernisse gangbarer machen; nachdem viele Menschen ihn beschritten haben, wird er zu einem regelrechten Weg, auf den sich der Verkehr von weniger gangbaren Pfaden in der Nähe verlagert.

Einige Pfade für Nervenimpulse im Gehirn werden wegen der chemischen Veränderungen, die vorausgegangene Impulse bewirkt haben, vor allem auf den Synapsen, besser gangbar. Nachfolgende Impulse wählen dann automatisch den gangbarsten Weg. Dies ist die biologische Basis für Gedächtnis und Schulung.

Bestimmte Impulsnetze neigen dazu, sich stets von neuem zu wiederholen, und zwar ohne oder nur mit geringen Veränderungen, wann immer sich die Gelegenheit ergibt. Subjektiv können wir das erleben, wenn wir irgendeine Tätigkeit lernen: ein Kind lernt Gehen oder Schreiben, ein Erwachsener lernt Autofahren, Basketballspielen, Maschineschreiben, Klavierspielen und alle möglichen anderen Aktivitäten. Anfangs ist bei jeder Aktion starke bewußte Anstrengung erforderlich, doch nach hinreichender Übung geht alles automatisch, und wir brauchen nicht mehr an die Aktion zu denken. Ähnlich verhält es sich beim Denken selbst: wenn gewisse Situationen wiederholt auftreten, lernen wir, in Stereotypen zu denken oder in Klischees zu reden.

Das Training motorischer Aktivitäten ist ein anschauliches Beispiel, das uns auch hilft, die beim Denken stattfindenden mentalen Prozesse zu verstehen. Andere funktionale Elemente des Gehirns können beteiligt sein, aber der Grundprozeß ist derselbe wie bei Aktionen: Netze von Nervenimpulsen. Die Wiederholung der Stimulation (Übung, Lernen) macht gewisse Pfade leichter gangbar. Schließlich werden gut fixierte Reaktionsketten (oder Gedankenmuster) errichtet, die dann mehr oder weniger automatisch funktionieren. Solche Reaktionsmuster können permanent bestehen bleiben, sich aber auch durch späteres Erleben verändern.

Das Kind lernt zuerst einfache grundlegende Denkmuster, Ketten von Nervenimpulsen, die von seinen frühen Sinneserlebnissen ausgelöst werden. Gleichzeitig damit entwickelt es die Sprache, die eine verbale Expression von Denkmustern ist. Funktionell gesehen erzeugen die Gedanken im Sprachapparat (Segment des Gehirns plus Stimmbänder) Netze von Nervenimpulsen, die ihnen mehr oder weniger entsprechen. Diese Netze haben ein bestimmtes raumzeitliches Muster (die Sprache ist ein Prozeß, der aus festgelegten Schritten in der Zeitfolge besteht). Das Sprachmuster widerspiegelt den ursprünglichen Gedanken, verschlüsselt in den gewohnten Formen der gegebenen Sprache (Vokabular, Grammatik und Syntax).

Die Denkmuster und die Sprachmuster laufen parallel, deshalb beeinflussen sich Denken und linguistischer Ausdruck gegenseitig. Denkmuster beeinflussen die Sprachformen, während die verbale Äußerung einen flüchtigen Gedanken konkreter macht und das Denken präziser und geordneter werden läßt.

Aufgrund späterer Erfahrung in der Schule und im Leben kommen zu den bestehenden Denkmustern neue hinzu, verfeinern sie und weiten sie aus, so daß sie sich für kompliziertere Situationen eignen. Damit wird eine bessere Differenzierung der Reaktionen erreicht, jede wird abgewogen und bemessen, so daß sie genau den einzelnen sich verändernden Situationen angepaßt ist.

Dazu ein Beispiel: Die ursprüngliche Eßreaktion wird durch Eßgewohnheiten ersetzt, durch gutes Benehmen am Tisch, Auswahl einzelner Speisen entsprechend besonderer Vorlieben oder anderer Erwägungen wie beispielsweise Diäteinhaltung, Meidung schädlicher Speisen und Getränke, Geschick in der Zubereitung unterschiedlicher Gerichte, im Beschaffen notwendiger Zutaten, in der Behandlung von Verdauungsstörungen usw.

Schließlich werden infolge besonderer Schulung (Handelsschule, Universität usw.) neue, reichere und feinere Denk- und Verhaltensmuster entwickelt, die neue Fertigkeiten repräsentieren, wie sie der

Mensch für Spezialaufgaben in seinem Beruf braucht. Kaufmännischer Verstand, juristischer Scharfsinn, wissenschaftliches Denken, logische Denkmuster – dies alles sind Beispiele für jene komplexen Programme, die bewirken, daß das Gehirn in bestimmten Spezialsituationen adäquat reagiert.

Vergleichen Sie nun folgende drei Situationen:
A) Eine einfache Situation aus dem täglichen Leben: Ein Mann fährt an einem Regentag zu einem Freund (nach der Karte zu einer Adresse, die er kennt).
B) Eine beruflich-geistige Aufgabe: Ein Arzt behandelt einen Patienten.
C) Eine wissenschaftlich-schöpferische Aufgabe: Ein Wissenschaftler versucht ein Problem zu lösen, eine Entdeckung zu machen oder eine neue Theorie nachzuprüfen.

In allen drei Fällen sind die problemlösenden Schritte, die unternommen werden müssen, sehr ähnlich. Beim ersten Schritt gehen die betroffenen Personen ihre Aufgabe mit beträchtlicher Erfahrung an:

Situation A_1: In der Fahrschule lernte der Mann in Grundzügen die Funktionsweise eines Autos kennen; er lernte, es zu fahren und in kritischen Situationen richtig zu reagieren. Im Laufe seiner Fahrpraxis »automatisierte« er einen großen Teil seines praktischen Wissens. Ursprünglich führte er alles sehr bewußt aus, sorgsam auf jede Einzelheit achtend. Er mußte die Ergebnisse jeder Aktion genau beobachten, beispielsweise das Drehen des Lenkrades, wenn er um eine Kurve fuhr, und dann eine Korrektur vornehmen, wenn das Fahrzeug in der gegebenen Situation nicht wunschgemäß reagierte. Später, mit zunehmender Praxis, führte er dieselben Griffe nur noch mit halbbewußter Aufmerksamkeit aus, wie nebenbei oder sogar automatisch, ganz ohne bewußte Aufmerksamkeit.

Situation B_1: Der Arzt lernte während des Medizinstudiums die Funktionen des Körpers und verschiedenste Krankheiten kennen, er lernte ihre Diagnostizierung sowie die Heilbehandlungen. In der praktischen Arbeit entwickelte er dann, besonders bei häufig vorkommenden Krankheiten, verschiedene Routineverfahren für die Behandlung von Patienten mit ähnlichen Leiden. Elemente dieser Verfahren sind bei ihm fast automatisch (Routineuntersuchungstechniken beim Diagnostizieren, Standardverschreibungen von Arzneimitteln) und erfordern nur ein Mindestmaß seiner bewußten Aufmerksamkeit.

Situation C_1: Der Wissenschaftler eignete sich während des Studiums Kenntnisse auf seinem Fachgebiet an, er ist vertraut mit dem aktuellen Wissen und weiß auch, auf welche Fragen noch Antwort gesucht wird. Außerdem hat er anwendbare Forschungstechniken gelernt, dazu Muster logischen Denkens: Sorgfalt bei der Bestimmung der genauen Bedeutung jedes Wortes sowie Disziplin bei der Kontrolle jedes Gliedes in der Gedankenkette (bei Schlußfolgerungen) im Hinblick darauf, ob es den gültigen Regeln des »Spiels, das da Wissenschaft bedeutet«, entspricht. Er lernt im Prinzip, was ein Beweis ist, welche Schritte zum Ziehen gültiger Schlüsse unternommen werden müssen und wie man, wenn Diskrepanzen auftreten, Korrekturmaßnahmen vornimmt, wie man zum Beispiel bei der Widerlegung der Gültigkeit einer Schlußfolgerung vorgeht oder eine Frage offenläßt. Dies alles ist als »wissenschaftliche Methode« bekannt. In der weiteren Praxis lernte der Wissenschaftler immer mehr Fakten kennen, die für seine Untersuchungen wichtig sind, und er legte sich Routineverfahren zu, typische Verfahrensketten, die für normale Situationen der Problemlösung auf seinem Gebiet angemessen sind. Diese Routineverfahren bestimmen automatisch die allgemeine Richtung seines Denkens – nicht nur das bewußte Überlegen, sondern auch den Trend seiner unbewußten Orientierung und seiner Einstellung beim Fällen von Urteilen. Man könnte bildlich sagen, daß diese Orientierung, besonders das Sichhüten vor verfrühten Urteilen, in den Kern seines Wesens einging, »eher Teil seines Blutes als seines Geistes« wurde. Darum ist es kein Wunder, daß Wissenschaftler meist konservativ sind und sich nur schwer von radikal neuen Fakten überzeugen lassen.

Auch die folgenden Schritte des problemlösenden Vorgehens sind in allen drei Fällen weitgehend gleich: Neues Wissen wird erworben und routinemäßig verarbeitet – entsprechend den bewußten, oft aber auch unbewußten Mustern, nach denen das Gehirn geschult (programmiert) wurde.

Situation A_2: Der Fahrer sucht auf der Karte den Weg zu seinem Bestimmungsort. Im konkreten Fall beispielsweise kommt er an eine Kreuzung und weiß dann, daß er nach rechts fahren muß.

Situation B_2: Der Arzt untersucht den Patienten und stellt die Diagnose.

Situation C_2: Der Wissenschaftler analysiert alle relevanten Daten, die über das zu lösende Problem bekannt sind, legt die Frage fest, stellt eine Arbeitshypothese auf und bestimmt, welche zusätzlichen Beweise nötig sind, um zur Lösung zu gelangen.

Beim nächsten Schritt geht die Hirntätigkeit weiter:

Situation A_3: Der Fahrer erhält über die Sinne Angaben über den Zustand der Straße (Qualität der Oberfläche) und die Verhältnisse, in denen er sich befindet (Geschwindigkeit, technischer Zustand des Fahrzeuges wie Leistungsfähigkeit der Bremsen, Ladung, Abnützung der Reifen usw.), und besondere Merkmale der Situation (Warnschilder an der Straße, Sichtweite, Wetter, mögliche Hindernisse auf der Straße). Er verarbeitet alle diese Daten nach den Routineprogrammen, die in seinem Gehirn für die gegebene Situation gespeichert sind. Das kann er bewußt tun, viel davon erfolgt jedoch bereits unbewußt. Der Effekt: Er verlangsamt das Tempo auf ein sicheres Maß, dreht das Lenkrad zur richtigen Zeit in die richtige Stellung. Dieser Prozeß wird zusätzlich überwacht durch weitere Sinneswahrnehmungen (der Fahrer sieht, wohin er fährt), und notfalls werden Korrekturmaßnahmen ergriffen, wenn beispielsweise eine Straßenbiegung sich verschärft.

Situation B_3: Der Arzt bewertet die Verfassung des Patienten (den Ernst seiner augenblicklichen Erkrankung, seinen allgemeinen Gesundheitszustand, sein Gewicht, Alter usw.), seine sozialen Lebensbedingungen (die familiäre Situation im Hinblick auf die Frage, ob der Patient besondere Pflege braucht) und die speziellen Eigenschaften der Medikamente, die er zu verordnen gedenkt (Nebenwirkungen). Dann bestimmt er die Dosierung sowie mögliche unterstützende Behandlungsmaßnahmen oder die Notwendigkeit der Konsultation eines Spezialisten. Diese Entscheidungen erfolgen teilweise bewußt, teilweise unbewußt (besonders die routinemäßigen, für die der Arzt dank langer Praxis Modelle hat). Natürlich hilft die fortlaufende Kontrolle des Patienten bei künftigen Besuchen dem Arzt, Korrekturmaßnahmen festzulegen, falls sie erforderlich werden.

Situation C_3: Der Wissenschaftler führt die nötigen Experimente durch oder macht die nötigen Beobachtungen und sammelt die Daten, die er für seine Schlußfolgerungen braucht. Bei der Verarbeitung der zusätzlichen Informationen wendet er die eingeführten Routinemuster an, die charakteristisch für sein wissenschaftliches Denken sind. Natürlich ist manchmal viel konzentriertes bewußtes Denken erforderlich, aber der Unterschied zu unseren anderen beiden Beispielen ergibt sich nur aus der Kompliziertheit der Aufgabe und dem Auftreten unüblicher Faktoren. Beispiel: Wenn der Fahrer einen neuen Wagen bekommt, ein Modell, das er noch nie gefahren hat, oder wenn der Arzt eine unübliche Krankheit zu behandeln hat, ist bei dem einen wie dem anderen mehr bewußte Aufmerksamkeit unabdingbar.

Doch sogar der Wissenschaftler kann einige der allgemeineren Schlußfolgerungen, wie er sie ähnlich schon früher aufgrund bereits eingewurzelter Denkroutine gezogen hat, vollkommen unbewußt ziehen: sie verstehen sich sozusagen von selbst, und er zieht sie stillschweigend im Denkprozeß. Manchmal kann ihn dieses Routinedenken zu Fehlern verleiten, wenn er das Neuartige der Situation nicht bemerkt und, vielleicht unbewußt, alte, unzulängliche Schemata auf neue Lösungen anwendet.

Im korrekten wissenschaftlichen Arbeitsprozeß kontrolliert der Wissenschaftler die Qualität des ganzen Beweismaterials und die Kette der Schlußfolgerungen Schritt für Schritt, analysiert dann eine nach der anderen, erforscht gründlich die Anwendbarkeit jeder einzelnen Folgerung und achtet auf nötige Korrekturmaßnahmen. Er geht dabei wie der unerfahrene Autolenker vor, der bei jedem leichten Drehen des Lenkrades den Effekt kontrolliert, oder wie der Arzt, der die Fortschritte seines Patienten beobachtet.

Beim Wissenschaftler ergibt sich die Notwendigkeit einer Korrekturhandlung, wenn irgendein Schritt in der Kette der Schlußfolgerungen im Licht der etablierten wissenschaftlichen Methoden nicht ganz gerechtfertigt ist. Dann wird der disziplinierte Wissenschaftler die Schwäche seiner Position erkennen und innehalten, um zusätzliche Informationen zu suchen, die er in diesem kritischen Moment braucht: Er wird neue Experimente planen oder auf neue Beobachtungen ausgehen.

Die allmähliche Entwicklung bewußter Verhaltensakte durch Wiederholung und Praxis zu weniger bewußten oder unbewußten Routinehandlungen findet bei jeder Tätigkeit statt – bei körperlichen Fertigkeiten und ebenso bei geistigen Aktivitäten.

Der Autofahrer in unserem Beispiel läßt sich beliebig ersetzen: durch eine Stenotypistin, einen Baseballspieler, Ringer, Tänzer, Hochseilartisten, Jockey, Musiker, Piloten usw.

Aber auch das Beispiel des Arztes mit der eher geistig orientierten Aufgabe läßt sich variieren, beispielsweise durch einen Anwalt: Wenn er auf seinem Spezialgebiet einen typischen Fall übernimmt, folgt er einem Routineverfahren, das in vertrauten Schritten zum gewünschten Ergebnis führt, sogar seine Briefe haben einen routinemäßigen

Wortlaut; oder durch einen Schachspieler: in bestimmten Situationen – wie am Beginn oder Schluß des Spiels – hält er sich an Zugfolgen, die er aus früheren Spielen kennt; oder durch einen Redner auf einem Podium: häufig trägt er Teile seiner Rede – Anekdoten, Beispiele aus der Praxis usw. – routinemäßig vor, auch wenn seine Rede ein schöpferisches Element enthalten kann, denn er prüft ja die Reaktionen seines Publikums, und dieses Informations-Feedback beeinflußt seine weitere Darbietung; ist er elastisch genug, wird er gelegentlich andere Worte wählen, notfalls ausführlicher oder kürzer sprechen und auf die unmittelbare Situation reagieren.

Aus dem bisher Erörterten lassen sich folgende F e s t s t e l l u n g e n rekapitulieren, die auf Forschungsergebnissen der Neurophysiologie beruhen:

Bewußte und unbewußte Prozesse haben eine gemeinsame Basis und können beide als komplexe Muster der Hirntätigkeit erklärt werden. Diese Tätigkeit besteht in elektrochemischen Reaktionen, die sich als nervöse Impulse in komplexen, wechselnden Mustern durch das Neuronengeflecht bewegen. Das Gedächtnis (zumindest jener Typ Gedächtnis, der für die Erlangung von Fertigkeiten im automatischen Verhalten und Denken zuständig ist) beruht auf physikalisch-chemischen Veränderungen im Nervengeflecht: Veränderungen, die den Durchgang von Nervenimpulsen auf ausgewählten, bereits früher »durchgebrochenen« Verbindungen und Wegen erleichtert.

Einzelheiten über diese Vorgänge lassen sich in jedem Handbuch der Neurophysiologie oder Neurochemie nachlesen und interessieren uns hier nicht. Wir wollen uns jetzt vor allem mit dem befassen, was uns zusätzlich zu den Lehren dieser beiden Wissenschaften bekannt ist. Die beiden Wissenschaften erklären zwar die Funktionsweise des Gehirns, was die Steuerung von Verhaltensreaktionen und die Verarbeitung von Informationen im Gehirn angeht, sehr gut, aber den besonderen *bewußten* Charakter mentaler bzw. psychischer Prozesse vermochten sie nicht zu erklären.

Wir werden nun versuchen, das Bewußtsein zu erklären, und dazu eine Hypothese anbieten, die ins Gesamtbild auch die Feststellungen der Parapsychologie zu integrieren trachtet. Unsere Hypothese geht von folgenden Annahmen aus:

1. Es gibt ein bestimmtes charakteristisches Merkmal für den Augenblickszustand jeder Nervenzelle, die den bewußten oder unbewußten Charakter des mentalen Prozesses bestimmt. Wir können

dieses Merkmal als Psychopotential* bezeichnen. Ist es niedrig, werden die Nervenimpulse oder ihre Ketten nicht bewußt wahrgenommen, sie bleiben also unbewußt. Übertrifft jedoch das Psychopotential einen gewissen Grenzwert, gehen die Nervenprozesse mit bewußtem Erleben einher.

Wir postulieren, daß die Höhe des Psychopotentials durch einen bestimmten Charakter der (physikalisch-chemischen) Stoffwechselprozesse in jeder Nervenzelle bestimmt wird. Doch die genaue Natur dieser Prozesse ist nicht bekannt. Und bisher wurde auch kein Versuch gemacht, meßbare Einheiten für das Psychopotential zu definieren. Die physikalisch-chemischen Prozesse, von denen die Höhe des Psychopotentials bestimmt wird, ergänzen – ohne damit identisch zu sein – jene physikalisch-chemischen Prozesse, die für die Nervenimpulse und ihren Durchgang durch die Neuronen verantwortlich sind.

2. Wenn die nervösen Impulse in Nervenzellen auftreten, die oberhalb der Grenzschwelle des Psychopotentials funktionieren, erzeugen sie etwas, das wir Psi-Energie nennen könnten (die mit physikalischen Energien meßbar, aber nicht unbedingt verwandt oder austauschbar sein müßte). Die Intensität der Erzeugung von Psi-Energie hängt von der Höhe des Psychopotentials der erzeugenden Nervenzelle ab, das auch die Intensität des bewußten Erlebens bestimmt. Wir postulieren sogar, daß die *Intensität des bewußten Erlebens dem Zeitgradienten der Dichte der Psi-Energie entspricht,* mit anderen Worten: der Intensität der Erzeugung an Psi-Energie.

In der Regel weisen verschiedene Nervenbahnen im Nervengeflecht unterschiedliche und veränderliche Psychopotentialhöhen auf. Nur bei einem gewissen Teil liegt das Psychopotential über der Grenzschwelle. Die Netze der Impulse, die durch Bahnen mit hohem (über der Schwelle liegendem) Psychopotential laufen, werden bewußt erlebt, während jene in Bahnen mit niedrigem Psychopotential unbewußt bleiben. Nur die bewußten erzeugen Psi-Energie.* *

---
* Die Bezeichnung wurde gewählt, um auf eine mögliche Ähnlichkeit zu dem in Volt gemessenen elektrischen »Potential« zu verweisen.
** Zumindest zwei annehmbare Auffassungen vom Geschehen sind denkbar:
 1. *Eine Feldvorstellung,* wobei wir uns denken, daß der Effekt in eine zusätzliche Dimension hinein erzeugt wird. Doch wir werden auf einige Schwierigkeiten stoßen, wenn wir uns die Konsequenzen dieses Gedankens vergegenwärtigen.
 So dürfte sich beispielsweise die Frage stellen, wie die Elemente in der zusätzlichen Dimension mit unserer Welt in Wechselbeziehung treten können. (Wie kann ein

Die Psi-Energie kann als **geistige Imprägnation** oder **Fokaleffekt** identifiziert werden. Diese Ansicht ist ein entscheidendes Element unserer Theorie, und wir werden von Zeit zu Zeit darauf zurückkommen, da sie die Phänomene, die wir erörtern, erklären hilft. Sie ist beileibe keine bloße Spekulation. Tatsächlich stützen zahlreiche Beobachtungen und Experimente die Behauptung, daß eine Art Prägung, eine nichtphysikalische Spur eines Gedankens, außerhalb des Gehirns objektiv existiert. Sie trägt den semantischen Inhalt des Gedankens, wird durch wiederholte identische Gedanken verstärkt, und ihr Informationsinhalt ist durch ASW aufspürbar. Es wäre eine Wiederholung, im vorliegenden Buch die Beweise für geistige Imprägnation zu erörtern, denn sie wurden an anderer Stelle bereits ausführlich behandelt.*

Die Natur der geistigen Imprägnation und auch die Natur des Prozesses, der sie erzeugt, sind noch unbekannt. Dennoch können wir aus alltäglicher Erfahrung einige Schlüsse darüber ziehen. Offensichtlich wird sie nur aufspürbar, wenn ein Mindestmaß an Komplexität des neuralen Reaktionsmusters erreicht worden ist und wenn die Intensität des erzeugten Gedankens einen gewissen Mindestwert übersteigt. Träfe dies nicht zu, müßte sie in der normalen bewußten Aktivität regelmäßig aufspürbar sein – was nicht der Fall zu sein scheint. Regelmäßiges Denken im täglichen Leben ist offenbar zu

---

dreidimensionaler Gegenstand effektiv in Wechselbeziehung mit einer zweidimensionalen ebenen Figur treten – seinem Bild, Schatten oder Querschnitt?)

Natürlich wird in Wirklichkeit nicht viel Interaktion beobachtet: daher die dualistische Philosophie von psychophysikalischer Parallelität. Der einzige bekannte Punkt, an dem mehr oder weniger regelmäßig eine Interaktion stattfindet, ist das lebende Gehirn. Andererseits gibt es in der physikalischen Welt ein ausgezeichnetes Modell, das als Interaktion zwischen verschiedenen Dimensionen ausgelegt werden kann: die elektromagnetische Induktion.

2. *Eine substantielle Vorstellung,* wobei wir uns die Erzeugung irgendeines Substrats denken, das durch einen gewissen semantischen Inhalt (bestimmt durch das Raum-Zeit-Muster des erzeugenden Impulsgeflechts) und durch Intensität (wie Dichte, Konzentration oder Menge) charakterisiert wird.

Selbstverständlich schließen sich die beiden Vorstellungen nicht gegenseitig aus.

* Siehe Dr. M. Rýzl: *Hellsehen und andere parapsychische Phänomene in Hypnose,* 1971, und Dr. M. Rýzl: *ASW-Experimente, die erfolgreich verlaufen* (Anhang 2), 1978, beide Ariston Verlag, Genf.

Die geistige Imprägnation bzw. der Fokaleffekt wurde in Experimenten entdeckt, in denen Versuchspersonen die Aufgabe hatten, mittels ASW verborgene Zielobjekte zu identifizieren. Wurde der Versuchsperson dasselbe Zielobjekt zum zweitenmal vorgelegt (unter Bedingungen, die verhinderten, daß sie ihre erste Aussage darüber kannte), tendierte sie dazu, die erste Aussage zu wiederholen, *ob diese nun richtig oder falsch war.* Bei längeren Serien aufeinanderfolgender identischer Aussagen über ein Zielobjekt verstärkte sich der Effekt.

schwach, um einen wahrnehmbaren Effekt zu erzeugen.* (Damit der Effekt wahrnehmbar wird, muß die Intensität des Gedankens besonders gesteigert werden – durch geistige Schulung, Hypnose, starkes emotionales Engagement, Interesse, Motivation usw.)

3. Die einmal entstandene Psi-Energie enthält Informationen über das raumzeitliche Muster nervöser Prozesse, durch die sie erzeugt wurde. Mit anderen Worten: Sie enthält Informationen über die bewußte Erfahrung, in deren Zuge sie entstand. Wir können diese »Fußspuren der Information« als Psychengramme bezeichnen. Der Ausdruck Engramme soll den physikalisch-chemischen Veränderungen im Gehirn vorbehalten sein, die als Spuren vorausgegangener Nervenimpulse zurückbleiben. Psychengramme verkörpern nur Informationen über bewußte Prozesse, die in der erzeugten Psi-Energie (geistige Imprägnation) verschlüsselt sind. Engramme dagegen verkörpern Spuren aller Prozesse, der bewußten und der unbewußten. Sie wirken auf der materiellen Ebene der Hirnsubstanz und stimulieren das Wiedererscheinen von Mustern neuraler Prozesse, die schon früher auftraten (denken Sie an den Vergleich von dem Fußpfad, der entsteht, wenn eine größere Zahl von Menschen durch Dickicht geht). Sie sind die Grundlage für den Erwerb neuer routinemäßiger Verhaltensweisen.

Die Neurophysiologie und die Neurochemie haben schon viele chemische und elektrophysiologische Prozesse entdeckt, die an der Bildung von Engrammen beteiligt sind. Zweifellos beruhen sie auf chemischen und histologischen Veränderungen im Hirngewebe. Doch die Natur der Psychengramme und die Art, wie Informationen darin verschlüsselt werden, ist unbekannt. Wir postulieren, daß sie Formationen von Psi-Energie sind – als solche können wir sie auch

---

* Dieses Merkmal hat Analogien in der Physik. Manche Funktionen bleiben schwach, bis man irgendeinen Grenzwert überschreitet, danach verändern sie sich dramatisch. Beispiele: Wasser (oder der Druck des Wasserdampfs) unter und über der Siedetemperatur; oder der Kollaps eines hohlen Balls, der wachsendem Druck ausgesetzt wird; oder tropfenweises Einfüllen einer Flüssigkeit in ein Glas, bis es schließlich überläuft. Eine andere, wenn auch weniger deutlich sichtbare Analogie findet sich in einigen physikalischen Beziehungen, die (von unserem Standpunkt aus) einwandfrei asymmetrisch sind. Die Lichtgeschwindigkeit wurde als grundlegendes Strukturelement unseres physikalischen Universums ermittelt. Dann entspricht ein (von unserem Standpunkt aus) winziges Intervall von einer Sekunde einer riesigen Entfernung von dreihunderttausend Kilometern.

Theorie des Bewußtseins 47

Psi-Formation nennen –, von denen jede einen gewissen semantischen Inhalt hat.*

4. Psi-Energie hat auch die Eigenschaft, aufs Gehirn zurückzuwirken und das Wiedererscheinen von Prozessen zu stimulieren, durch welche sie gebildet wurde. Auf diese Weise stellen die Psychengramme den Hintergrund für aktive Erinnerung dar – die sich von dem unter Punkt 3 erörterten, auf Engrammen beruhenden Gedächtnis unterscheidet.

5. Psychengramme werden im Lauf der Zeit verschwommen oder lösen sich auf (dies ist der Grund für das schrittweise Vergessen). Andererseits stärken wiederholte identische Gedanken die Psychengramme. Und wiederholte ähnliche Gedanken verstärken ihre gemeinsamen Merkmale. Parallel zur Stärkung gemeinsamer Merkmale entwickeln sich Verbindungen zwischen wichtigen Zentralmerkmalen und weniger wichtigen Randmerkmalen. Die beiden Prozesse – der Aufbau und der schrittweise Zerfall von Psychengrammen – erklären verschiedene psychologische Beobachtungen wie selektives Erinnern, Ideenassoziation und auch Nuancen im semantischen Gehalt von Vorstellungen.

Dazu ein Beispiel: Die bewußte Erfahrung, die ich mit meinem Hund habe, erzeugt ein Psychengramm »mein Hund«. Wiederholte Erfahrungen mit dem gleichen Tier steigern die Wahrnehmung charakteristischer, beständiger Merkmale dieses Hundes, während zufällige Eigentümlichkeiten (wie: heute war er dreckig, er beschmutzte den Teppich, er fraß einen Knochen, er bellte den Nachbarn an usw.) in den Hintergrund gedrängt werden, so daß wir zu einer allgemeineren Vorstellung »mein Hund« kommen. Die Beobachtung anderer Hunde trägt zur Entstehung von Psychengrammen dessen bei, was für »Hunde im allgemeinen« typisch ist, wogegen besondere Eigenschaften einzelner Tiere oder verschiedener Rassen

---

* Gemäß unserem zweiten Postulat werden Psi-Formationen vom denkenden Gehirn erzeugt. Sie müssen irgendwie das Raum-Zeit-Muster des sie erzeugenden Gedankens widerspiegeln, weil dieses Muster ihren semantischen Inhalt bestimmt. Wir können uns folglich jede dieser Formationen als singuläre vierdimensionale Matrix (drei Raumdimensionen plus eine Zeitdimension) vorstellen, in deren Struktur die Bedeutung verschlüsselt ist.
  Sie müssen jedoch unabhängig sein von Raum und Zeit (»über« Raum und Zeit stehen, wenn Sie wollen), weil wir auch postulieren, daß sie in Raum und Zeit reisen können. Auf diesen Reisen werden sie von den Gedanken des Menschen zum Bestimmungsort gelenkt. (Wenn wir fragen, wie dies geschieht, können wir wieder an das Lichtquant denken, das laut der Relativitätstheorie gleichzeitig am Aussende- und am Absorptionspunkt existiert; siehe Fußnote Seite 23 f.).

im Hintergrund stehen. Inhalt und Umfang eines solchen Psychengramms hängen davon ab, wie viele und welche Hunde ich erlebt habe. Außerdem trägt die Beobachtung anderer Tiere zur Bildung allgemeinerer Psychengramme über »Fleischfresser« oder »Säugetiere« bei. Natürlich bestimmt das Ausmaß meiner Unterrichtetheit (dessen, was *ich* an diesen Tieren beobachtet oder über sie gelernt habe), welche Nuancen mit *meiner* Meinung verknüpft sind.

6. Bestimmte Faktoren mindern das Psychopotential der Nervenzellen, zum Beispiel: Erstens die Erschöpfung von Nervenzellen durch wiederholte nervöse Impulse; zweitens veränderte Stoffwechselbedingungen in der Nervenzelle (Einfluß von Rauschmitteln usw.); drittens die Erzeugung (Schaffung) von Psi-Energie.

Andere Faktoren steigern das Psychopotential: Erstens starke Impulse, die von den Sinnen oder aus anderen somatischen Quellen kommen; zweitens irgendeine positive Interaktion mit Stoffwechselprozessen in den Neuronen (wie der Einfluß stimulierender Drogen); drittens die Rückwirkung der Psi-Formationen aufs Gehirn.

Die Regel scheint auch zu sein, daß nur ein Netz von Impulsen Träger des Bewußtseins ist. Der Inhalt der bewußten Erfahrung eines Augenblicks ist ziemlich begrenzt; der Reichtum bewußter Erfahrung rührt aus dem breiten Bereich von Inhalten her, die aufeinander folgen. Ferner scheint die Erzeugung von Psi-Energie das Psychopotential sehr rasch zu mindern. Der Impuls geht dann zum nächsten Neuronengeflecht weiter, und der Inhalt des Bewußtseins verändert sich. Dies ist der Grund für den raschen Wechsel von Gedanken, die sich aneinander reihen wie Glieder einer Kette, und auch der Grund dafür, daß es so schwierig bzw. einer ungeschulten Person sogar unmöglich ist, den Inhalt des Bewußtseins über einen längeren Zeitraum hinweg unverändert zu erhalten.

7. Die Psychengramme können des weiteren als A S W - O r g a n e und P K - O r g a n e fungieren. Die von fragenden Gedanken gebildeten Psychengramme sind für das Sammeln außersinnlicher Informationen eingerichtet; die von befehlenden Gedanken gebildeten Psychengramme sind für die Hervorbringung eines PK-Effekts eingerichtet.

Wir können somit versuchsweise folgende A S W - T h e o r i e akzeptieren:

○ *Ein intensiver fragender Gedanke erzeugt ein ASW-Organ.*
○ *Dieses ASW-Organ wird zur Informationsquelle gelenkt, nimmt die Information auf und trägt sie zum Gehirn.*

○ Die eingehende Information wird vom Gehirn empfangen, sofern das Gehirn bereit dazu ist, und dort entsprechend dem augenblicklichen Gehirnzustand verarbeitet, genau wie jede andere Information.

Der letzte Schritt bei ASW ist dieser Theorie zufolge offensichtlich identisch mit dem Prozeß aktiven Erinnerns. Beides beruht auf dem gleichen Prozeß (Wirkung von Psychengrammen aufs Gehirn). Das eben Gesagte stimmt mit introspektiven Beobachtungen von Hellsehern überein, die behaupten, daß sie das Eingehen der ASW-Information subjektiv erleben, als »erinnerten« sie sich daran.

Wie das ASW-Organ die ASW-Informationen sammelt, verschlüsselt und überträgt, ist nicht bekannt. Ebenso ist die wirkliche Natur des PK-Prozesses noch ein Rätsel. Charakteristische Merkmale der ASW scheinen darauf hinzudeuten, daß der Prozeß unabhängig ist von Zeit und Raum. Denn ASW funktioniert in der Tat unabhängig von beidem. Außerdem deutet die Struktur der Psychengramme (die offenbar auf sich gegenseitig überschneidenden Bedeutungen und auf »Resonanz«-Zusammenhängen zwischen ihnen beruhen) eher auf semantische Gesetze hin als auf Raum-Zeit-Beziehungen.

Zwei unterschiedliche, aber miteinander vereinbarte Betrachtungsweisen vermögen einigen Einblick in die wirkliche Natur der Psi-Formationen zu geben: erstens die Vorstellung von einer zusätzlichen Dimension, die für die Psi-Phänomene verantwortlich sein könnte; oder zweitens die Annahme irgendeiner seltsamen »Substanz«, die als »Matrix« für Informationen wirkt und in der Zeit reisen kann (siehe Fußnote auf Seite 45). Die Informationsübertragung stellt man sich hier am besten als Reise von Psi-Formationen im Raum und bzw. oder in der Zeit vor. Ob diese Reise wirklich erfolgt oder vielmehr durch eine Krümmung der Raum-Zeit geschieht (siehe Fußnote auf Seite 24), läßt sich im gegenwärtigen Stadium nicht feststellen. Doch sind die Psi-Formationen einmal am gewünschten Ort effektiv präsent, können sie spezifische Effekte hervorrufen: Erstens lassen sie sich als »geistige Imprägnation« aufspüren. Zweitens können sie als ASW-Organe wirken. Drittens können sie auch als PK-Organe wirken. (In den beiden letztgenannten Funktionen scheinen sie fähig zu sein, in eine Wechselbeziehung sowohl zu materiellen Gegenständen und Ereignissen als auch zu Psi-Formationen anderer Personen zu treten.) Und viertens wirken sie auf das Gehirn zurück und lösen das Wiederauftauchen des Gedankens aus, der ihren semantischen Inhalt widerspiegelt. Auf diese Weise können sie verantwortlich sein für einerseits aktives Erinnern, andererseits für die Steuerung der Aufmerksamkeit und schließlich die Einspeisung der ankommenden ASW-Informationen ins Gehirn.

Wir können des weiteren postulieren, daß die Qualität des ASW-Organs, also die Leistungsfähigkeit, bestimmt wird durch:

1. Die Intensität des Gedankens, der es erzeugt. Natürlich muß »Intensität« in diesem Zusammenhang nicht identisch sein mit dem subjektiven Gefühl »intensiven Denkens«. Entspannte intensive Aufmerksamkeit ruft größere Wirkung hervor als angespannte Konzentration.

2. Die Dauer des Gedankens, der es erzeugt.

Die ASW kann unter einer der folgenden Bedingungen wirken und neue Informationen bringen:

Zunächst einmal, wenn der fragende Gedanke intensiv genug ist. Dies erklärt das häufige Auftreten der ASW im Hypnosezustand, in Trance und anderen meditativen Zuständen, für die konzentrierte, auf einen Punkt gerichtete Aufmerksamkeit charakteristisch ist.

Sodann ferner, wenn der fragende Gedanke häufig wiederholt wird. Die zweite Schlußfolgerung deutet die Möglichkeit an, daß die ASW sogar im normalen Wachzustand bei relativ wenig intensiven Gedanken zu funktionieren vermag, vorausgesetzt, daß eine besondere Motivation besteht, die wiederholt den gleichen oder einen ähnlichen Gedanken auslöst: großes Interesse, Andacht, Hingabe an eine bestimmte Aufgabe, der brennende Wunsch, eine Lösung zu finden, starke Gemütsbewegung oder ein anderer Motivierungsfaktor von entscheidender Bedeutung.

Dem Geschichtskundigen wird auffallen, daß die letztgenannte Bedingung oft von hingebungsvollen Anhängern einer Religion erfüllt wurde. Bei zahllosen Gelegenheiten gingen diese Menschen ganz auf in der gefühlsmäßigen Beziehung zu ihrer Gottheit und waren von dem Wunsch erfüllt, die göttliche Macht zu erleben und sichtbar zu machen. Nicht selten führte die Hingabe sogar zu Verzückungszuständen, zur Ekstase, so daß dann beide vorgenannten Bedingungen – Trance plus starke Gemütsbewegung – gleichzeitig erfüllt waren. Wir können deshalb damit rechnen, daß ASW-Erfahrungen als Folge andächtiger Gebete in Situationen gefühlsgeladener, verzückter Gottesverehrung auftreten. Die Aufgabe der persönlichen Verantwortung und der Verzicht auf persönliche Wünsche im Dienst Gottes, zu dem sich der Gläubige voll Vertrauen auf seine Güte hinwendet, tragen zum Abbau von Spannungen bei; ein solcher Zustand ist sehr günstig für das Funktionieren der ASW. Wir dürfen deshalb zu Recht erwarten, daß ASW in derartigen Situationen funktionieren wird. Und das tut sie auch, wie die vielen von Heiligen und Religionslehrern berichteten »Wunder« zeigen. In den Schilderungen der Wunder erkennen wir unzweifelhaft das Wirken psychischer Kräfte, die seinerzeit nicht als solche erkannt, sondern als Eingreifen Gottes ausgelegt worden waren.

Eine ähnliche Situation ist typisch für Wissenschaftler, die von ihrem unersättlichen Wissensdurst angetrieben werden, von dem glühenden, leidenschaftlichen Wunsch, bei ihrer Suche nach neuen Erkenntnissen eine Antwort zu erhalten. Deshalb dürfen wir annehmen, daß ASW auch bei wissenschaftlichen Entdeckungen eine bedeutende Rolle spielt.

Genau wie die Sinneswahrnehmung, so unterliegt auch der ASW-Prozeß Irrtümern und Verzerrungen. Sie treten auf zwei Ebenen auf:

1. Zunächst einmal kann bereits der Empfang von ASW-Informationen als Folge einer Unvollkommenheit oder irgendwelcher Tendenzen im ASW-Organ verzerrt werden. Dies entspräche der Verzerrung beim Sehen, als deren Folgen wir massive Gegenstände und keine einzelnen Atome mit Leerräumen dazwischen sehen. Doch wir können gegenwärtig nicht feststellen, ob oder wie der ASW-Prozeß in diesem Stadium verzerrt wird, weil er unserer direkten Beobachtung nicht zugänglich ist.

2. Wir wissen jedoch, daß die ASW-Information nach der Ankunft im Gehirn und während ihrer Verarbeitung dort verzerrt wird, und zwar je nach dem Zustand des Gehirns. Die Art, wie sie Ausdruck findet, hängt von den Glaubensüberzeugungen der wahrnehmenden Person ab, von deren vergangenen Erfahrungen, Ängsten, Wünschen, Erwartungen, von sozialen und anderen Umwelteinflüssen usw. Entsprechend der im Gehirn vorhandenen Vorprogrammierung wählt die Person selektiv einige von ihr bevorzugte Informationspunkte aus, blockt andere ab und verzerrt einen großen Teil der eingegangenen Informationen.

In dieser Hinsicht sind viel Sorgfalt und Aufmerksamkeit vonnöten, damit es gelingt, ein möglichst zuverlässiges Funktionieren der ASW sicherzustellen und zu bewerten, inwieweit das einzelne ASW-Erlebnis zuverlässig ist.

Die Grundregel zur Steigerung der Zuverlässigkeit von ASW-Impressionen heißt: Versuchen Sie alle verzerrenden Einflüsse in Ihrer Persönlichkeit auszulöschen. Dies erreicht man im wesentlichen auf zwei Wegen:

Der erste besteht darin, die eigene Persönlichkeit möglichst gut kennenzulernen – Ihr Denken, Ihre Assoziationen, Motive, Wünsche, Ihre gefühlsgeladenen vergangenen Erfahrungen usw. Unter Berücksichtigung alles dessen analysieren Sie dann jede ASW-Erfahrung. Bei gründlicher Selbstkenntnis und mit einiger Übung werden Sie genügend Einblick in die Wirkungsweise Ihres Geistes erlangen und herausfinden, auf welche Weise und in welchem Ausmaß jede Erfahrung beeinflußt war. Wenn Sie dann diesen Einfluß abziehen, erhalten Sie die eigentliche Bedeutung Ihrer ASW-Erfahrung. Wegen der Komplexität unseres Geisteslebens ist das zweifellos keine leichte Aufgabe, doch sie läßt sich lösen.

Der zweite Weg besteht darin, aus dem Geist bewußt alles Denken zu verbannen, jedes logische Überlegen und sämtliche Gefühlsregungen zu unterdrücken – also den Geist vollkommen leer zu machen. Auch das ist nicht leicht, weil der Geist ständig aktiv ist und das Denken nicht »auf Befehl« abgestellt werden kann; aber auch das läßt sich erreichen, beispielsweise durch Hypnose, auch Selbsthypnose, oder verschiedene Meditationsübungen. Wollen wir versuchen, unsere ASW zu aktivieren, müssen wir einen intensiven Gedanken erzeugen, worin wir die Lösung des Problems wünschen; darauf folgt dann das Leermachen des Geistes. Von unserer aktiven Aufmerksamkeit bleibt genügend übrig, damit wir die Informationen als ankommende Ideen oder Bilder erleben, doch der Hintergrund des leeren Geistes hilft unnötige Verzerrungen verhindern.

Derselbe Prozeß kann spontan ablaufen: Ein starker Wunsch, lebhaftes Interesse, gefühlsmäßiges Engagement oder besondere Motivation, eine bestimmte Lösung zu finden, tragen ebenfalls dazu bei, den ASW-Prozeß und den Empfang von ASW-Informationen zu aktivieren. Das Interesse braucht nicht einmal bewußt erfahren zu werden. Der brennende Wunsch, eine Antwort zu finden, oder das Gefühlsband, das uns mit einem geliebten Menschen verbindet, kann sogar wirken, wenn wir uns nicht ausdrücklich darauf konzentrieren, irgendeine besondere Information zu erhalten. Darum betreffen spontane ASW-Erlebnisse oft Menschen, die einander nahestehen.

Normalerweise wird die eingehende ASW-Information bei ihrer Ankunft im Gehirn offenbar. Trifft die Information jedoch ein, während das Gehirn nicht aufnahmebereit ist, erreichen die ASW-Signale das Bewußtsein nicht, und die Information bleibt nur auf unbewußter Ebene verfügbar. Dies findet statt, wenn wir mit unseren täglichen Pflichten beschäftigt sind, wenn wir anderen, nicht damit zusammenhängenden Interessen nachgehen oder einfach allgemein außersinnlichen Reizen keine Aufmerksamkeit schenken. Die Information taucht dann später, wenn unser Geist bereit ist, sich damit zu befassen, in einem bewußten Erlebnis auf (entsprechend verzerrt möglicherweise).

Gelegentlich kann die ASW-Information das Verhalten eines Menschen unmittelbar beeinflussen, selbst wenn sie nicht bewußt erfahren wird. Oft wartet sie, unterdrückt, aber bereit, im Unterbewußtsein und taucht als bewußtes Erlebnis oder in einer Verhaltensreaktion auf, sobald sich eine geeignete Situation ergibt: wenn die normale tägliche Routine endet, die den Zugang für die Information blockiert hat; wenn die durch falsche Auffassungen errichteten Hindernisse abgebaut werden; oder wenn die Ablenkung durch andere Beschäftigungen und Gedanken aufhört. Dies geschieht beispielsweise in Entspannungszuständen, während Wachträumen, im Schlaf oder auch als Folge eines offenbarenden Erlebnisses, das die geistige Schranke durchbricht. Dann enthüllt ein unvermittelter Gedankenblitz, der einer plötzlichen Erinnerung nicht unähnlich ist, die Information. Im Schlaf kann es ein Traum sein – oft ein phantastischer mit dem ganzen bizarren Symbolismus der Traumbildersprache.

Das macht verständlich, warum es so viele Anekdoten aus dem Leben berühmter Wissenschaftler oder Erfinder gibt, die von überraschenden Entdeckungen oder Erkenntnissen im Entspannungszustand oder im Schlaf berichten und von Fällen, wo sie durch irgendein scheinbar unbedeutendes (und scheinbar nicht damit in Beziehung stehendes) Erlebnis auf umwälzende neue Ideen kamen. Vor allem denken wir hier an oft zitierte Fälle, beispielsweise an den Chemiker A. Kekulé von Stradonitz, dessen Traum von den im Kreis tanzenden Atomen ihn zur Entdeckung der Ringstruktur des Benzols führte; oder an den Mathematiker J. H. Poincaré, der ein schwieriges mathematisches Problem löste, während er im Zustand geistiger Entspanntheit einen Bus bestieg; der Naturforscher Louis Agassiz sah im Traum den ganzen versteinerten Fisch, dessen Fragmente auf einem Schiefertäfelchen er studierte; und der Assyriologe N. Hilprecht träumte, ein assyrischer Priester erkläre ihm die Inschrift, die er auf ausgegrabenen Scherben entdeckt hatte.

❈

Seit den Zeiten der altgriechischen Philosophen hat die Menschheit eine besondere, disziplinierte Denkweise schätzen gelernt, die man als Logik bezeichnet. Ihre Regeln gewähren gute Führung, wenn man zuverlässige Schlußfolgerungen ziehen will. Wir haben gelernt, der rationalen Analyse großes Gewicht beizumessen und ohne sie keine Entscheidungen zu treffen. Wir möchten jetzt jedoch auf etwas verweisen, das vom wissenschaftlichen Standpunkt vielleicht ketzerisch klingt: auf die Möglichkeit, mittels dessen, was wir Intuition nennen, Probleme zu lösen und Fragen zu beantworten. Tatsächlich spielt die Intuition bei Entdeckungen und bei Entscheidungen im täglichen Leben eine überraschend wichtige Rolle. Deshalb lohnt es, das Wirken der Intuition im Lichte unseres derzeitigen Wissens zu analysieren.

Charakteristisch für die Intuition ist der Umstand, daß sie auf unbewußter Ebene stattfindet und nur das Endergebnis des ganzen Vorgangs bewußt erfahren wird; dieses taucht als plötzliche Erleuchtung auf, wie die Spitze eines Eisbergs aus der Tiefe des Meeres. Eben dieses Element, eine scheinbar aus dem Nichts kommende plötzliche Lösung, macht die Intuition zu etwas Besonderem, Einmaligem. Was jedoch wie ein Blitz aus heiterem Himmel erlebt wird, ist das Resultat einer Kette unbewußter Prozesse, mit denen wir bereits vertraut sind. Sie laufen in derselben routinemäßigen Weise ab wie die oben erörterten mentalen Prozesse bei einem Autofahrer, einem Arzt und einem Wissenschaftler – nur sind sie bei der Intuition ganz automatisch, sehr schnell und vollkommen unbewußt.

Auffällig an der Intuition ist das Element der Unüblichkeit und Plötzlichkeit, mit der eine überraschende, ungewöhnliche neue Lösung gefunden wird. Im Prinzip jedoch ist der Prozeß identisch mit anderen Denkprozessen (bewußten wie unbewußten).

Wir können deshalb eine wichtige Feststellung treffen: Die Intuition steht der Logik nicht so völlig entgegen, wie man auf den ersten Blick meinen könnte. Also hat sie doch auch nicht soviel Ketzerisches. Sie ist vielmehr, zumindest bei einem mit der Logik vertrauten Menschen, eine Kette automatisch, schnell und unbewußt ablaufender *logischer* Urteile. Wenn ein Mensch logisch denken lernt, werden die Regeln logischen Denkens schließlich so natürlich für ihn, daß sie ins Muster der inneren Programmierung seines Gehirns Eingang finden. Hat ein Mensch das Gefühl, ihm komme ganz plötzlich eine Idee, so taucht diese Idee keineswegs aus dem Nichts auf. Tatsächlich ist sie das Endergebnis einer Kette von Denkprozessen, die unbewußt stattfanden, aber den Regeln der Logik gehorchten – falls der betreffende Mensch logisches Denken gewohnt ist.

Die wesentlichen Elemente der Intuition sind das angesammelte relevante Wissen sowie Programme zu dessen Verarbeitung. Der grundlegende Wissenshintergrund wird durch das Eintreffen weiterer sachdienlicher Informationen aktiviert, durch das Verschwinden irreführender Informationen oder durch einen Reiz, der zur Umstrukturierung des vorhandenen Informationshintergrundes beiträgt.

Ein solcher zusätzlicher Impuls kann im Eintreffen neuer Sinnesinformationen bestehen, manchmal sogar nur in einem feinen Signal, das nicht bewußt erfahren wird, weil es zu schwach oder von zu kurzer Dauer ist. Der auslösende Einfluß kann auch durch Lesen erfolgen; oder der Betreffende hat irgendein nebensächliches Erlebnis, das ihn mittels irgendeiner seltsamen Assoziationskurve auf übersehene Aspekte bekannter Tatsachen hinweist. Das neue Signal muß nicht unbedingt von den Sinnen kommen; auch ASW kann beteiligt sein (diesen Punkt werden wir später erörtern).

Gleichzeitig können Hindernisse, die der richtigen Lösung im Weg stehen, beseitigt werden. Falsche Auffassungen, unrichtige Gewichtsverteilung oder mißverstandene Beziehungen haben möglicherweise das Denken in die Irre oder in eine Sackgasse geleitet. Doch mit der Zeit vermag sich eine neue Konstellation von Fakten und Programmierungen zu entwickeln, und Interessenverlagerungen, selektives Vergessen, veränderter Brennpunkt des Interesses oder zusätzliches angesammeltes Wissen räumen die Hindernisse weg. Die Blockierung verschwindet, die Schranke ist überwunden, und neue Gedankenketten können beginnen.

Wenn sowohl die grundlegenden Fakten der relevanten Kenntnisse als auch die logischen Muster der Informationsverarbeitung im Nervengeflecht fixiert sind, kann der ganze Prozeß automatisch ablaufen. Das Auslösesignal setzt eine Kettenreaktion in Gang, und was ansonsten viel mühseliges bewußtes Nachdenken erfordern würde, geht in diesem Fall automatisch vor sich, Schritt für Schritt, ohne bewußte Aufmerksamkeit.

Der ganze Prozeß läuft schnell ab, in Sekunden oder Sekundenbruchteilen, und die Plötzlichkeit der auftauchenden Lösung überwältigt uns oft. Grundsätzlich jedoch ist das alles ganz ähnlich wie bei unserer Autofahrt auf einer uns bekannten Straße, wenn wir an andere Dinge zu denken beginnen: Wir widmen dem Fahren als solchem keine bewußte Aufmerksamkeit und lösen automatisch einfache Verkehrsprobleme, die sich uns unterwegs stellen (wie das Drehen des Lenkrads in Kurven oder das Verlangsamen der Geschwindigkeit, wenn sich ein anderes Fahrzeug nähert); schließlich, noch immer weitgehend in unseren Gedanken gefangen, merken wir plötzlich, daß wir sicher an unserem Bestimmungsort angelangt sind.

Ein typisches Beispiel für diesen Prozeß ist ein Arzt, der einem neuen Patienten gegenübertritt und »intuitiv« weiß, was diesem fehlt. ASW muß hier nicht – kann aber – im Spiel sein. Die berufliche Erfahrung und kleine sensorische Fingerzeige wie das Aussehen des Patienten, sein Verhalten, seine Redeweise, vielleicht ein schwacher Geruch oder andere spezifische Signale geben dem Arzt Anhaltspunkte. Alle diese Informationen werden automatisch verarbeitet; der Arzt wäre vermutlich gar nicht in der Lage, sämtliche Schritte, die ihn zur Diagnose führten, zu formulieren und logisch zu begründen. Doch er weiß Bescheid – und ordnet die nötigen Untersuchungen sowie Labortests nur an, um für seine Diagnose »stichhaltige fachliche« Argumente zu erhalten.

Natürlich schalten sich in den geschilderten Prozeß manchmal bewußte Gedanken und dominierende falsche Ansichten ein, die zu Fehlern und unrichtigen Schlüssen führen. Wenn wir ein Problem lösen wollen, sollten wir deshalb ganz bewußt versuchen, falsche vorgefaßte Meinungen verblassen zu lassen. Wir sollten mit Vorbedacht eine Situation schaffen, die uns hilft, irreführende Einflüsse autoritativer Ansichten und Traditionen loszuwerden und unseren Widerstand gegen das Eingestehen von Irrtümern sowie gegen scheinbar zu ungewöhnliche neue Schlußfolgerungen usw. aufzugeben. Oft beseitigt eine Periode der Ruhe und Entspannung, gewollte Ablenkung durch gelassenes Nachdenken über ganz andere Dinge oder ein vorübergehender Wechsel der Beschäftigung, der Umgebung oder des Lebensstils solche Blockierungen. Auch durch Abschalten des bewußten Denkens und der sachdienlichen Sinnesaufnahme oder durch kurzen Schlaf können wir die Tür für das Eintreffen von ASW-Informationen öffnen.

Diese Erkenntnis spricht aus verschiedenen Redewendungen und

Sprichwörtern wie »Der Morgen ist klüger als der Abend«, »Guter Rat kommt über Nacht« oder »Etwas überschlafen«.

❊

Am Schluß dieses Kapitels wollen wir unser Wissen in ein paar praktischen Ratschlägen zusammenfassen, die Ihnen helfen können, in praktischen problemlösenden Situationen Ihre Intuition zu aktivieren. Gehen Sie in folgenden einfachen Schritten vor:

1. Arbeiten Sie intensiv an Ihrem Problem, versuchen Sie, möglichst viel in Erfahrung zu bringen, analysieren Sie das gesamte vorhandene Wissen und bemühen Sie sich ganz bewußt, die Lösung zu finden.

2. Wenn Sie alles getan haben, was sich auf rationaler Ebene tun läßt, und die Lösung noch immer nicht kommt, vergessen Sie Ihr Problem für eine Weile. Beschäftigen Sie sich mit etwas anderem. Machen Sie einen Ausflug, arbeiten Sie manuell, widmen Sie sich Ihrem Hobby, geben Sie sich einer ruhigen Unterhaltung oder Entspannung hin, lesen Sie ein gutes Buch oder gehen Sie schlafen. Vielleicht haben Sie bereits alle Informationen, die für die Lösung Ihres Problems erforderlich sind, und der Weg zu ihr ist nur durch irreführende Auffassungen, falsche Assoziationen oder unrichtige Gewichtsverteilung blockiert. Wenn Ihr Gehirn ruht, verblassen Gedankenmuster, die der Lösung im Weg stehen. Der automatische Denkprozeß ordnet die bekannten Daten neu, verarbeitet sie neu und arbeitet die Lösung aus. Ihnen können dann sofort die richtigen Ideen kommen.

3. Falls die Lösung nach einiger Zeit noch immer nicht aufgetaucht ist, sollten Sie sich wieder einer leichten, mit Ihrem Problem verknüpften Beschäftigung hingeben, etwa ein Buch über ein verwandtes Thema lesen oder mit einem Freund darüber sprechen. Vielleicht möchten Sie sich auch Notizen machen, die einen Überblick über Ihr Problem vermitteln. Jede solche Beschäftigung ist gut, am besten dürfte jedoch eine Beschäftigung sein, die Sie mit neuen Ideen inspiriert (das Lesen eines Buches, das Ihr Thema in ungewöhnlicher Weise behandelt). Das gibt Ihrem Geist frische Impulse, die möglicherweise die problemlösende Kettenreaktion in Gang setzen. Dann kommen Ihnen neue Gedanken und Assoziationen, die von Ihrer unbewußten Aktivität vorbereitet wurden und jetzt, da sich Ihre bewußte Aufmerksamkeit dem Thema wieder zuwendet, vermut-

lich leichter Zugang zu Ihrem Bewußtsein haben; und Sie brauchen nur noch alles niederzuschreiben.

4. Hilft auch das nicht, wiederholen Sie den ganzen Vorgang: Denken Sie intensiv über Ihr Problem nach, versuchen Sie sachdienliche Informationen zu erhalten und ruhen Sie sich dann wieder aus. Vielleicht muß nur noch ein einziges fehlendes Zwischenglied für Ihre Lösung ergänzt bzw. gefunden werden.

Normalerweise würde man erwarten, daß ein fehlendes Zwischenglied durch Studium, neues sensorisch erworbenes Wissen oder neue Analyse der bekannten Daten, die neue Beziehungen offenbart, gefunden wird. Aber die fehlenden Informationen können auch durch ASW kommen.

Sinnliche und außersinnliche Funktionen wirken zusammen, Hand in Hand, als verbündete Komponenten der menschlichen Persönlichkeit. Nur ist der außersinnliche Prozeß gewöhnlich schwächer. Der Zugang außersinnlicher Signale zum Bewußtsein erfolgt weniger glatt, nur in günstigen Situationen, wenn der Geist dafür empfänglich ist, und meist auch nur, wenn die stärkere Sinnesaufnahme vorübergehend abgeblockt wird. Die außersinnlichen Signale werden beim Empfang auch leichter verzerrt. Doch selbst wenn irgend etwas verhindert, daß ASW-Informationen als bewußte Erfahrung auftauchen, so können sie doch die unbewußten Prozesse beeinflussen, von denen die intuitive Lösung ausgearbeitet wird; sie können auch in heimlicher Weise wirken, so daß Sie nichts davon merken: unbewußt Ihr Urteil oder Ihre Reaktionen beeinflussen oder sogar Ihre Interessen in eine andere Richtung lenken und so Ihre Studien steuern, damit Sie die erforderlichen, noch fehlenden Informationen erhalten.

Eingedenk alles dessen möchten wir den vorstehenden Ratschlägen einige Hinweise anfügen und erläutern, wie man ASW aktiviert, damit sie bei der Lösung von Problemen hilft.

1. Wählen Sie die richtige Zeit, einen Moment, da Sie glücklich, frisch, zufrieden und begierig sind, Ihr Problem anzugehen. Sorgen Sie dafür, daß Sie durch keine äußeren Ablenkungen gestört werden.

2. Schalten Sie alle anderen Probleme aus, Ihre Gedanken über andere Aufgaben des Tages, Interessengebiete, Sorgen oder künftige Pläne, überhaupt alles, was Sie von dem Vorsatz ablenken könnte, Ihr Problem zu lösen. Verdrängen Sie diese anderen Angelegenheiten bewußt oder bringen Sie sie in Gedanken zu einer akzeptablen Lösung (zumindest bis auf weiteres, bis Sie darauf zurückkommen können und wollen). Stellen Sie sicher, daß Sie mit der Lösung

zufrieden sind und Ihr Geist beruhigt ist, weil Sie wissen, daß diese Angelegenheiten im Moment nicht Ihrer Aufmerksamkeit bedürfen.

3. Widmen Sie dem intensiven Studium Ihres Problems einige Zeit. Gehen Sie Ihr Wissen über Ihr Problem durch und analysieren Sie rational alle seine Verästelungen. Bewerten Sie Alternativlösungen, die Sie in Betracht ziehen. (Wenn das Problem Sie selbst betrifft, gehört zu der Analyse auch, daß Sie sich über Ihr persönliches und gefühlsmäßiges Engagement klarwerden.)

4. Fassen Sie den wesentlichen Kern Ihres Problems in eine einfache, dennoch erschöpfende Frage. Schicken Sie dann die Frage mit einem intensiven, konzentrierten Gedanken aus. Bitten Sie leidenschaftlich um die Antwort. Sie können die Frage mechanisch laut wiederholen, immer von neuem, oder Sie können sie auf einen Zettel schreiben und diesen beim Schlafengehen unters Kopfkissen legen. (Beides trägt dazu bei, Ihre unbewußte geistige Aktivität zu fördern und auf das gewünschte Ziel zu lenken.) Wenn Sie sehr religiös sind, bitten Sie Gott (oder einen Heiligen) um Hilfe. Das stärkt Ihr Vertrauen auf Erfolg.

5. Entspannen Sie sich, machen Sie Ihren Geist leer und aufnahmebereit für die ASW-Signale und warten Sie dann auf ein offenbarendes Erlebnis. Oder wenden Sie Ihre bevorzugte Meditationstechnik an, um Ihre Gedanken abzuschalten. Oder beten Sie um die Antwort, das ist im Grunde nichts als eine andere Form von Meditation. Erwarten Sie die Antwort in jeder denkbaren Erlebnisform – als Vision, Stimme, Symbol, sich aufdrängenden Gedanken usw. Seien Sie sehr aufmerksam, denn die schwachen ASW-Signale können durch normale Denktätigkeit leicht unterdrückt werden. Nehmen Sie eine Haltung ein, als versuchten Sie sich geduldig an die Lösung zu »erinnern« – ohne Spannung, ohne Druck, einfach geduldig, aber aufmerksam wartend, »bis Ihnen die Lösung einfällt«. Versuchen Sie gleichzeitig, den Einfluß Ihrer Gedanken, Meinungen und vorgefaßten Ideen auszuschalten und mögliche Fehler zu verhindern. Unterdrücken Sie in diesem Stadium jedwedes Nachdenken über Ihr Problem, vergessen Sie Ihr ganzes persönliches Engagement, harren Sie erwartungsvoll-geduldig dessen, was wie spontan in Ihren Geist tritt. Oder gehen Sie einfach schlafen und erwarten Sie die Antwort im Traum. Bleiben Sie nach dem Aufwachen eine Weile ruhig im Bett liegen und versuchen Sie sich behutsam an Ihren Traum zu erinnern – als blickten Sie im Geiste zurück und fragten sich leise: Was ging

mir da vorhin durch den Kopf? Schreiben Sie alles sofort auf ein vorher bereitgelegtes Blatt Papier.

6. Halten Sie Ihr Erlebnis, wenn es gekommen ist, in der ursprünglichen Form fest, genau wie es war. Schreiben Sie alles nieder, was Sie erlebt bzw. erfahren haben, ohne es zu analysieren oder die Bedeutung zu interpretieren. Nur so stellen Sie sicher, daß Sie eine genaue Aufzeichnung Ihres Erlebnisses erhalten und sich auch später noch an alle Einzelheiten erinnern, falls dies notwendig sein sollte. Achten Sie auf alle Einzelheiten, widerstehen Sie der Versuchung, irgendein Element, das auf den ersten Blick unbedeutend, allzu trivial oder bruchstückhaft zu sein scheint, nachlässig zu behandeln. Nicht selten erweisen sich gerade die scheinbar bedeutungslosen Impressionen, die man leicht übersieht, später als überaus wichtig. Erst wenn Sie alles genau notiert haben, können Sie damit beginnen, Ihr Erlebnis rational zu analysieren. Versuchen Sie zu bestimmen, welcher Aspekt richtig ist und welche Elemente durch Ihre Gedanken, Überzeugungen oder Emotionen verzerrt worden sein könnten. Trachten Sie danach, in dieser logischen Analyse die richtige Interpretation zu finden – dem Sinn Ihres Erlebnisses auf die Spur zu kommen. Falls es Symbole enthielt, müssen Sie sorgfältig darauf achten, daß Sie diese nicht falsch auslegen; Ihr eigenes Denken gibt Ihnen oft Deutungshinweise – beachten Sie diese. In der Deutung Ihres Erlebnisses bzw. Ihrer Erfahrung erkennen Sie dann entweder die direkte Antwort auf Ihre Frage, möglicherweise aber auch einen Hinweis auf eine neue Richtung, in der Sie die Lösung suchen müssen.

7. Falls keine erkennbare Antwort in Ihr Bewußtsein auftaucht, sollten Sie darauf vorbereitet sein, die Antwort später zu erkennen, denn sie kann auch mit Verzögerung im Lauf Ihrer normalen Beschäftigung kommen.

In Zukunft können Ihnen jederzeit, besonders wenn Sie das vorstehend beschriebene Verfahren wiederholen, neue Ideen kommen, als plötzlich sich aufdrängende Gedanken, als unvermittelte Geistesblitze oder Erleuchtungen; es können sich auch Ihre Interessen »spontan« ändern, auf neue Gebiete gelenkt werden, wo die erforderlichen zusätzlichen Informationen zu finden sind.

2. Der Tod – und was kommt danach?

Viele Parapsychologen vertreten heute die Ansicht (ich möchte betonen: *zu Recht*), daß ihre vordringliche Aufgabe die Untersuchung der außersinnlichen Wahrnehmung (ASW) und der Psychokinese (PK) ist und daß die Frage nach dem Tod und einem möglichen Weiterleben danach entweder verfrüht oder gar keine wissenschaftliche Frage ist. Nach meinem Empfinden und Dafürhalten jedoch gehört es, wenn eine solche Frage erst einmal im Raum steht, sehr wohl zu den Aufgaben des Parapsychologen, das für ein Weiterleben sprechende Material zu analysieren. Ein Parapsychologe hat größere Chancen als andere Wissenschaftler, dies mit Erfolg zu tun, und zwar aus mehreren Gründen:

Zunächst einmal hat, obwohl die Experimentalisten ASW und PK zum ausschließlichen Gegenstand der Parapsychologie erklären, die allgemeine Öffentlichkeit die Frage des Weiterlebens nach dem Tod schon immer als Teil der Parapsychologie angesehen und erwartet vom Parapsychologen, daß er auch auf diesem Gebiet arbeitet.

Außerdem ist, ironischerweise, das Interesse für die Überlebensfrage seit jeher jene Quelle, aus der am meisten Mittel in die Forschungsfonds der Parapsychologie fließen.

Sodann befaßten sich viele, vielleicht sogar die meisten Parapsychologen irgendwann mit dem einen oder anderen Aspekt der Überlebensforschung oder wurden durch sie überhaupt erst angeregt, sich der Parapsychologie zuzuwenden. Sogar J. B. Rhine, der Pionier der amerikanischen experimentellen Parapsychologie, begann seine Laufbahn damit, daß er mediumistisches Material auf Beweise für das Weiterleben hin untersuchte.

Schließlich dann bietet die Parapsychologie brauchbares Werkzeug für diese Aufgabe: Parapsychische Fähigkeiten (ASW und PK) scheinen in jedem derzeit denkbaren Versuch zur Lösung der Überlebensfrage von entscheidender Bedeutung zu sein.

Zudem ist das Thema sehr aktuell. In den letzten Jahren nahm das Interesse der Menschen an Fragen, die mit dem Tod und dem Sterben verknüpft sind, ständig zu. Nach einer Periode, in der dieses Thema tabu war und unterdrückt wurde, ja fast einen Anstrich des Unanständigen hatte (wer wollte schon gern an seine eigene Sterblichkeit erinnert werden?), sind Tod und Sterben nun Gegenstand öffentlicher Erörterung. Das Thema wurde ins Bewußtsein der Allgemeinheit gebracht, und dies dürfte in erster Linie ein Verdienst von Elisabeth Kübler-Ross sein. Ihr Buch *Interviews mit Sterbenden* * ist bereits zu einem Klassiker auf diesem Gebiet geworden.

Natürlich hat diese Interessenwelle in der Menschheitsgeschichte ihre Parallelen. Wir brauchen nur an die alten Ägypter zu denken, deren Kultur von Fragen des Sterbens und Weiterlebens nach dem Tode stark beeinflußt war, oder an das christliche Europa des Mittelalters, wo das Erdenleben (im »Jammertal«) als Vorbereitung auf ein – viel wichtigeres – Leben nach dem Tod angesehen wurde. Wachsendes Interesse am Tod ging in der Geschichte häufig mit Perioden einher, in denen Kriege, soziale und wirtschaftliche Katastrophen, Konflikte und persönliche Not beträchtliche Zweifel weckten, ob das Glück in diesem Leben erlangt werden könne, und die Menschen deshalb Trost in der Hoffnung auf ein glücklicheres Leben nach dem Tod suchten.

Das neue wissenschaftliche Interesse am Tod und am Sterben entspringt jedoch keinem solchen Hang zur Wirklichkeitsflucht. Zwar besteht die Frage, ob der Tod das Ende oder nur ein Übergang ist, weiter (E. Kübler-Ross bekennt sich öffentlich zum Glauben an ein Leben nach dem Tod), aber das aktuelle Interesse am Tod hat ganz offensichtlich einen sehr pragmatischen Charakter:

Es gilt der Untersuchung des Sterbevorgangs als solchem, seiner psychologischen Auswirkung auf den Sterbenden und seinen psychologischen sowie sozialen Begleiterscheinungen oder Folgen für die zurückbleibenden Angehörigen und Freunde. Ziel ist es in erster Linie, Wege zu finden, um dem Sterbenden zu helfen und ihm die letzten Tage so angenehm wie möglich zu machen; in zweiter Linie soll den zurückbleibenden Angehörigen geholfen werden, das Trauma des Verlustes eines geliebten Menschen durchzustehen und sich auf ein Leben ohne ihn einzustellen.

Traditionellerweise gehörte dies zur Aufgabe der Priester, die gemäß den Artikeln ihres Glaubens Mitgefühl zeigten und Trost spendeten. Doch der moderne, von kritischem wissenschaftlichem

---

* Erschienen im Kreuz-Verlag, Stuttgart-Berlin, 11. Auflage, 1977.

Denken beeinflußte Mensch findet immer weniger Trost in Versprechungen, die auf religiösem Glauben beruhen. Die Ärzte weichen dem Thema im allgemeinen aus. Ihrer Position wegen sind sie natürlich Adressaten für eine Bitte um Führung, aber sie haben die Aufgabe, den Tod zu *bekämpfen*, und ein Gespräch über sein Nahen würde für sie bedeuten, der unerfreulichen Möglichkeit eines Scheiterns ihrer Heilkunst ins Auge zu sehen. Somit ist eine Leere entstanden, und der Sterbende selbst sowie die Hinterbliebenen finden in einer besonders ernsten, folgenschweren Situation keinen hilfreichen fachlichen Rat.

Die modernen klinischen Untersuchungen auf dem Gebiet der Thanatologie * wollen vor allem den Grundstein für ein wissenschaftlich fundiertes Hilfsprogramm legen, das dieses Verlangen nach Rat befriedigen soll. Aufbauen will man das Programm auf dem gründlichen Verständnis des Sterbevorgangs in allen seinen Verästelungen und der psychologischen Bedürfnisse des Patienten sowie der Menschen seiner Umgebung, wenn sie von seinem bevorstehenden Tod erfahren.

In unserer vorliegenden Untersuchung werden wir uns jedoch mit diesem wichtigen Problem *nicht* befassen. Wir haben ein anderes, vornehmlich theoretisches Ziel: die Suche nach einer Antwort auf die Frage, ob der Tod das definitive Ende des Individuums bedeutet oder ob die menschliche Persönlichkeit sogar nach dem Tod des materiellen Körpers auf die eine oder andere Weise weiterleben kann. Uns geht es hauptsächlich um den Erwerb größeren Wissens über den Sinn des Lebens und die Rolle des Menschen im kosmischen Drama.

Unsere Untersuchung hat aber auch praktische Auswirkungen – und seien diese nur beschränkt auf die Vorbereitung des Sterbenden für das, was ihn erwartet, somit also auf den Abbau der unseligen Ungewißheit, mit der man dem Unbekannten gegenüberzutreten hat.

Würden wir uns ausschließlich auf die Fakten der Biologie verlassen, könnten wir zu dem Schluß gelangen, daß wir uns einem rein imaginären Problem widmen und unsere Zeit und Mühe verschwenden. Wir könnten voller Überzeugung folgern, daß die Persönlichkeit des Menschen identisch ist mit seinem materiellen Körper, daß das Bewußtsein nur die Funktion seines Gehirns ist und daß beim Tod und Zerfall des Körpers natürlich alles endet – daß nichts weiterlebt.

---

* Die Wissenschaft vom Tod und vom Sterben.

Dem modernen wissenschaftlichen Bild zufolge ist das Leben ein komplexer chemischer und physikalischer Prozeß, der am Todespunkt aufhört. Mehr nicht. In diesem Bild gibt es nichts, was irgendeine der religiösen Lehren vom Weiterleben, von Wiederauferstehung oder Reinkarnation bestätigen würde.

Und doch, fast vom Beginn ihrer Geschichte an glaubten die Menschen an irgendeine Form des Lebens nach dem Tode. Die Begräbnisriten schon jener »Urmenschen«, die in der Anthropologie als »Neandertaler« bekannt sind, deuten stark darauf hin, daß sie bereits konkrete Vorstellungen von einem Leben nach dem Tod hatten (vor dreißig- oder achtzigtausend Jahren!). In späteren Zeiten der Menschheitsgeschichte widerspiegelte sich in den Mythologien der Natur wie auch in den Lehren der größten Philosophen und in den religiösen Traditionen aller Zeiten der Glaube an das Weiterleben. Ist dieser Glaube reine Phantasie, vielleicht Wunschdenken, oder hat er seine Berechtigung?

Allem Anschein nach ist er keine bloße Phantasie. Seit einiger Zeit findet man in Forschungsbereichen, die bislang von den Naturwissenschaften einfach übersehen wurden, immer mehr Material, das diesen Glauben zu stützen scheint. Zugegeben, manche der aufgestellten Behauptungen sind ziemlich naiv, aber in zahlreichen Fällen wurden angeblich Beweismomente oder zumindest Anhaltspunkte erbracht, die für das Weiterleben sprechen, und zwar durch Beobachtungen und Untersuchungen, die allen Kriterien sorgfältiger, kritischer wissenschaftlicher Forschung entsprachen. Es begannen sich Evidenzen abzuzeichnen, die wenigstens ernste Aufmerksamkeit verdienen, denn sie deuten darauf hin, daß die menschliche Persönlichkeit den Tod des Körpers überleben könnte bzw. tatsächlich überlebt.

Die Hauptrichtungen der Forschung, in denen wissenschaftliche Beweise für das Weiterleben gesucht werden, sind:

1. Mediumistische Phänomene, die man als direkte Einflußnahme körperloser Wesen ansah.

2. Spontane Erlebnisse, die den Schluß nahelegen, daß die »Seele« den Körper verlassen kann. Hierher gehören beispielsweise Erscheinungen, außerkörperliche Erfahrungen (AKE) und Sterbebettvisionen.

3. Vorgebliche Erinnerungen an »frühere Leben« seitens Menschen, die an die Reinkarnation glauben und sich bisweilen an vorausgegangene Existenzen zu erinnern scheinen.

Nachfolgend werden wir einigen der wichtigeren Punkte dieser Beweissuche auf den Grund gehen und sie von Fall zu Fall auf ihre Zuverlässigkeit und Überzeugungskraft analysieren. Wir werden die erhaltenen Evidenzen untersuchen, ihre Stärken und Schwächen aufdecken und uns bemühen herauszufinden, was sie über den Todesvorgang offenbaren – wie er ist und was wir zu erwarten haben, wenn die Existenz unserer Körper zu Ende geht.

3. Notwendiges Bekenntnis

Das Problem Tod und Sterben ist seit jeher stark mit Gefühlen befrachtet. Da Gefühle und verborgene Wünsche sich auf die Haltung des Forschers auswirken, seine Schlußfolgerungen beeinflussen und seine Überzeugungen verzerren können, scheint es mir angebracht, daß der Autor am Beginn seiner Erörterungen bekennt, welche Einstellung er selbst zu dem Problem hat.

Ich möchte hier zu Protokoll geben, daß der Todesfrage für mich nie eine besondere emotionelle Bedeutung anhaftete. Aus persönlicher Veranlagung interessierte ich mich immer viel mehr für das Leben als für den Tod, für die wirkliche Existenz auf dieser Erde und nicht für die vage Aussicht auf ein Leben »danach«. Außerdem kann ich mich nicht daran erinnern, daß ich je den Wunsch verspürt hätte, mit einem geliebten Verstorbenen Verbindung aufzunehmen.

Natürlich würde ich gern mit meinem Vater sprechen, dessen Andenken ich sehr in Ehren halte und dessen Klugheit und Verständnis mir in schwierigeren Augenblicken meines Lebens helfen könnten. Ich würde auch gern meinen alten Freund grüßen, den ich vor mehr als einem Jahrzehnt zum letztenmal gesehen habe und der vor kurzem in meiner Heimat, der Tschechoslowakei, nach einem tapferen, optimistischen Kampf gegen die Beschwernisse von Alter und Krankheit gestorben ist. Aber wenn ich mit den beiden sprechen möchte, denke ich an ein Gespräch zwischen Menschen in materiellen Körpern – genau wie ich an ein Wiedersehen mit meiner Mutter denke, die noch immer in meinem Heimatland lebt (da ich politischer Emigrant bin, ist ein Wiedersehen mit ihr in der Tschechoslowakei mit Schwierigkeiten verbunden).

Auch die Möglichkeit meines persönlichen Weiterlebens nach dem Tod ist für mich gefühlsmäßig kaum wichtig. Natürlich will ich nicht sterben. Aber wenn ich an meinen Tod denke, der eines Tages kommen wird, wie ich ja weiß, dann meine ich, daß mich beide denkbaren Alternativen gleichermaßen glücklich machen würden (ich benutze das Wort »glücklich« ganz bewußt, trotz meiner Liebe zum

Leben, denn für mich bedeutet Glücklichsein auch heitere Hinnahme des Unausweichlichen).

Beide Möglichkeiten erscheinen mir gleich akzeptabel:

Die eine: Mein Leben voll und ganz in der Überzeugung zu leben, daß ich im Rahmen meiner Fähigkeiten und Möglichkeiten zu dem beitrage, was ich für das Wohl meiner Lieben und der Menschheit im allgemeinen halte. Nach einem solchen befriedigenden Leben würde es mir keineswegs etwas ausmachen, mich in nichts aufzulösen und andere weitermachen zu lassen – genau wie man glücklich schlafen geht, wenn man einen mit guter, interessanter Arbeit ausgefüllten Tag hinter sich hat.

Die andere: Aktivitäten und Pflichten nach dem Tod des Körpers fortzusetzen und meine Aufgabe, falls es eine gibt, auch dann zu erfüllen – genau wie man am Morgen wieder frisch erwacht und die am Abend unterbrochene Arbeit weiterführt.

Ich persönlich fühle mich angesichts beider Möglichkeiten sehr wohl und weiß nicht, welche mir lieber wäre, hätte ich die Wahl. Ich bin nicht einmal sicher, ob ich (was meine *persönlichen* Interessen angeht) die Lösung kennen möchte. Bei näherem Überlegen glaube ich, daß ich vielleicht irgendeiner Form weiterer Existenz den Vorzug geben würde; gleichzeitig aber halte ich meine persönliche Existenz nicht für sehr wichtig, und ich fände es bestimmt nicht ungerecht, wenn mein Tod das absolute Ende meiner Existenz bedeuten würde, sofern die Welt dermaßen funktioniert. Für mich liegt im Wunsch nach individuellem Weiterleben eine Art Egozentrik.*

Mein Interesse an dem Problem ist rein *akademischer Art*, unpersönlich und leidenschaftslos. Ich sehe hier eine fesselnde Frage, die beantwortet werden muß. Und als Wissenschaftler möchte ich selbstverständlich Bescheid wissen – ungeachtet meiner persönlichen Interessen. Unter diesem Gesichtspunkt stellt unser Schicksal beim Tod für mich ein brennendes wissenschaftliches Problem dar. Aus der Frage, ob wir nach dem Tod weiterleben, ergeben sich, falls sie zu bejahen ist, natürlich zahllose weitere Fragen: Welcher Art von Weiterleben

---

* An dieser Stelle möchte ich jetzt, da ich das fertige Manuskript zum letztenmal durchgehe, das Bekenntnis einfügen, daß sich meine Einstellung während der Arbeit an dem Buch geändert hat: Heute würde ich ganz *entschieden die Möglichkeit des Weiterlebens bevorzugen*, aber nicht aus persönlichen Gründen. Ich habe vielmehr erkannt, daß das hier behandelte Material *doch* auf die Wahrscheinlichkeit irgendeiner Art des Weiterlebens hinweist. Meine jetzige Bevorzugung dieser Alternative entspringt einem disziplinierten, spontanen Sichfügen, das mich in eine harmonische Beziehung zu dem bringt, was ein kosmisches Gesetz zu sein scheint.

harrt unser? Wie integriert sich dieses Weiterleben ins Muster der höheren Gesetzmäßigkeiten des »Jenseits«? Und so fort.

Mein akademisches Interesse am Weiterleben ist eigentlich alt. Nach meinen ersten Versuchen, eine Antwort zu finden (die mein Buch *Jesus – größtes Medium aller Zeiten* * belegt), kehrte ich wiederholt zu dem Thema zurück. Doch dies geschah mehr oder weniger aus einer Art heimlicher Aversion, die sowohl emotionale Gründe (mein vorherrschendes Interesse am Leben im allgemeinen) als auch rationale Gründe hatte: Ich empfand aufs Leben ausgerichtete Forschungsprojekte als zeitgemäßer und in diesem Stadium auch als wichtiger. Deshalb wandte ich mich lieber der Untersuchung verborgener Kräfte oder Möglichkeiten des lebenden Menschen zu.

Erst das wachsende Interesse der Allgemeinheit am Tod und am Sterben brachte mir die Dringlichkeit der Frage klar zu Bewußtsein – und natürlich auch die zweifellos falschen Vorstellungen, die viele Antwortsuchende darüber haben. Ich meine, daß diese falschen Vorstellungen den Weg zu wirklichem Wissen verbauen und darum möglichst rasch ausgeräumt werden sollten.

Zu den falschen Vorstellungen gehört das gegenwärtige Interesse an »hypnotischer Rückführung«, die Behauptung also mancher Hypnotiseure, sie könnten erreichen, daß sich ihre hypnotisierten Versuchspersonen an vergangene Existenzen »erinnern«. Als ein mit der Hypnose gründlich vertrauter Mensch und Fachmann weiß ich, daß solche Erlebnisse nur phantastische Träume sind, Dramatisierungen, die durch Suggestionen des Hypnotiseurs – seien es ausdrückliche oder unterbewußt stillschweigende – hervorgebracht werden. Manche Menschen sehen darin jedoch echte Reinkarnationsepisoden.

Auch außerkörperliche Erfahrungen (AKE) müssen nicht unbedingt das sein, wofür manche Menschen sie halten: ein Beweis dafür, daß das menschliche Bewußtsein den Körper verlassen kann. Nein, sie sind gewöhnlich ebenfalls nur phantastische Träume oder traumähnliche Spiele unserer Phantasie. Wenn Sie beispielsweise einen lebhaften Traum haben, dem zufolge Sie Pilot sind und über den Nordpol fliegen, werden Sie sich außerhalb Ihres Körpers fühlen, weit weg von Ihrem Zuhause. Doch so intensiv, lebhaft und überzeugend ein solches Erlebnis auch sein mag, es bedeutet noch lange nicht, daß Ihr »Astralleib« in eine Astraluniform gekleidet ist und ein Astralflug-

---

* Erschienen im Ariston Verlag, Genf, 1975.

zeug über Astraleisberge am Astralnordpol fliegt. Was immer Ihre Phantasie Ihnen vorspielen mag, Ihre wirkliche Persönlichkeit befindet sich die ganze Zeit über in Ihrem materiellen Körper, der im materiellen Bett liegt.

Oder nehmen Sie die Sterbebettvisionen und die Visionen von Menschen, die für klinisch tot erklärt und später ins Leben zurückgeholt wurden. Ich glaube, wir haben es hier gleichfalls nur mit einem logischen Trugschluß zu tun, vielleicht einem unschuldigen Irrtum, vielleicht aber auch mit einer absichtlichen Irreführung der Menschen.

Wird jemand für klinisch tot erklärt, befindet er sich kurz in einem Zustand, der gewöhnlich zum wirklichen Tod führt. Früher, vor der Entwicklung der modernen Wiederbelebungsverfahren, führte er regelmäßig zum Tod. Dieser Zustand ist aber nur ein Vorläufer des Todes, dem im natürlichen Ablauf der Ereignisse der Tod gesetzmäßig folgt, doch er ist *kein* wirklicher Tod (im Sinne eines unwiderruflichen Verlustes lebenswichtiger Funktionen). Der Mensch scheint tot zu sein, aber seine Gewebe leben, wie der Erfolg der Wiederbelebung beweist. Während dieser Zeit steht sein Nervensystem infolge des Sauerstoffmangels unter Druck, und pathologische Prozesse in seinem Gehirn können verschiedene phantastische Halluzinationserlebnisse auslösen. Es sind Erlebnisse eines sterbenden, aber *noch lebenden* Menschen. Über den Tod selbst können diese Erlebnisse nichts Definitives aussagen, und zwar aus einem einfachen Grund: der Tod ist noch nicht eingetreten, und der Mensch hat den Tod noch nicht wirklich erlebt. (Wenn Sie einen phantastischen Traum oder einen Alptraum haben, in dem Sie sterben, deuten Sie die Erinnerung daran bestimmt nicht als echtes Todeserlebnis, oder?) Somit klingt die Formulierung, ein Mensch sei tot gewesen und wieder ins Leben zurückgeholt worden, sehr nach absichtlicher Verdrehung der Wahrheit.

Als ich solche Behauptungen zu hören bekam und zu entscheiden hatte, ob ich sie für einen unschuldigen Irrtum oder eine wissentliche Tatsachenverdrehung halten sollte, nahm ich eher letzteres an. (Gelingt es Ihnen, eine sensationelle Bewegung auszulösen, mit der Sie den Menschen irgendeinen Trost bieten, wird sich dies positiv auf Ihr Bankkonto auswirken, selbst wenn die von Ihnen gebotene Hoffnung falsch ist.)

So empfand ich, und dieses Wahrheitsempfinden wollte ich meinen Studenten vermitteln. Doch sie stellten immer neue Fragen, und ich begann die Literatur über Sterbebetterlebnisse durchzuarbeiten. Mein Hauptziel dabei war, mich über die neuesten Untersuchungen auf diesem Gebiet zu informieren, um den Studenten meinen Standpunkt überzeugender und mit Verweisen auf die ihnen bekannte Literatur klarmachen zu können.

Eines der Bücher, die ich las, war *Life after Life* von Raymond Moody.* Ich war angenehm überrascht über die Darstellungsart des Autors, seinen nüchternen Bericht und die Sorgfalt, mit der er sich vor übertriebenen Behauptungen und voreiligen Schlüssen hütete.

Die größte Überraschung erlebte ich jedoch, als ich erkannte, daß die Erfahrungen seiner Patienten jener Darstellung des Todesprozesses, die sich aus meinen eigenen Experimenten abzeichnete (festgehalten in *Jesus – größtes Medium aller Zeiten*), erstaunlich nahekamen. Natürlich traute ich meinen eigenen Forschungen auf dem Gebiet mehr als allen anderen ähnlichen Bemühungen. Ich wußte, daß meine Versuchspersonen über ASW verfügt hatten und ihre ASW ziemlich zuverlässig war. Ich wußte auch, wie präzise ich meine Forschungsarbeiten durchgeführt, welche gründlichen Vorsichtsmaßnahmen gegen Fehler ich ergriffen hatte. Das ließ mich glauben, daß mein Material zuverlässiger sei als anderes derzeit verfügbares Material.

Und nun berichteten Moodys Patienten im wesentlichen dasselbe wie damals meine hellsehenden Versuchspersonen. Es gab viele verblüffende Übereinstimmungen:

○ Die Behauptung, daß die menschliche Persönlichkeit tatsächlich Komponenten aufweist, die normalerweise unsichtbar sind und den Tod des materiellen Körpers zu überleben scheinen.
○ Wolken- oder rauchähnlicher Charakter dessen, was nach dem Tode Träger der menschlichen Persönlichkeit zu sein scheint.
○ Ein rascher panoramischer Ablauf der wichtigsten Lebensereignisse beim Sterben, der, scheint es, nicht als Strafe, sondern eher als Lernerfahrung ausgelegt werden muß.
○ Das Fehlen unmittelbarer Strafe für unrichtige Handlungen, die zu Lebzeiten begangen wurden (was besonders verblüffend ist, wenn man an den Gegensatz Himmel-Hölle denkt, wie ihn die westliche religiöse Überlieferung kennt).
○ Allgemeiner Zustand des Glücklichseins, der auf den Tod folgt.
○ Unangenehme Konsequenzen eines Selbstmords.
○ Existenz einer Schranke, die uns von dem trennt, was das

---
* Deutsch: *Leben nach dem Tod*, Rowohlt Verlag, Reinbek, 1977.

unzugängliche Reich der Post-mortem-Wirklichkeit zu sein scheint.
O Schwierigkeiten, verbal die unauslöschlich beeindruckenden Merkmale der Erfahrung zu beschreiben.

Wie ließen sich diese Übereinstimmungen erklären? Ich konnte nicht glauben, daß Moody Material aus meinem Buch benutzt hatte oder seine Patienten sämtlich davon beeinflußt waren (mein Buch war zwar mehrere Jahre vor seiner Untersuchung erschienen, hatte jedoch in den Vereinigten Staaten nur geringe Verbreitung gefunden).

Eine andere Erklärung lag nahe: Hatten Moodys Patienten vielleicht wirklich einen Blick auf die Existenz nach dem Tod erhascht? Sie hatten tatsächlich am Rande des Todes gestanden (aber noch gelebt). Es schien daher denkbar, daß sie da an der Grenze zum Tod einen »Blick über den Zaun« ins geheimnisvolle Land des Todes hatten werfen können.

Diese Überlegung regte mich zu der hier vorliegenden Studie an und zwang mich letztlich auch, mein Urteil über die Bedeutung der modernen Überlebensforschung etwas zu revidieren.

❦

Rückschauend muß ich feststellen, daß mir in der Vergangenheit eine ähnliche Revision meines Urteils über vorhandenes Material geholfen hatte, die Möglichkeit einer nichtphysikalischen Wirklichkeit zu akzeptieren.

Während des Studiums der Naturwissenschaften hatte ich nur die physikalische, die materielle Welt, wie unsere Sinne und physikalischen Meßinstrumente sie offenbaren, wirklich akzeptiert. Was die Religion anging, so schien mir die vernünftigste Erklärung jene, die von alten Philosophen wie Demokrit und Dichtern wie Lukrez in der Antike vorgebracht worden waren: Furcht und der Wunsch, das Unbekannte zu erklären, »erzeugten« die Götter. Der Mensch erfand sie aus Angst vor den unbekannten Naturkräften, die sein Leben so drastisch beeinflußten und sich völlig seiner Kontrolle entzogen – Gewitter, Regen, Dürre, Naturkatastrophen, Verfügbarkeit von Nahrungsmitteln, Erdbeben, Krieg, Krankheit, Tod usw. –, und aufgrund der Personifizierung dieser Naturkräfte gab er ihnen etwas Vertrauteres und machte sie, wie er glaubte, einer Beeinflussung (durch Gebete oder Bestechungen in Form ritueller Opfer) zugänglicher.

Als sich die Gesellschaft weiter entwickelte, nahmen irdische

Herrscher – der Kaiser, der König – die höchste Gewalt in die Hände. Dieser soziale Fortschritt spiegelte sich im Glauben an einen obersten Gott, der als Herrscher des Pantheons erschien. Im Glauben an die Wiederauferstehung oder ein Leben nach dem Tod fand man einen Sinn, wenn man ihn als Relikt alter Mythen und Fruchtbarkeitssymbole betrachtete, in denen er als Symbol der periodisch wiederkehrenden irdischen Prozesse gedeutet werden konnte: die »Wiederauferstehung« der Sonne bei ihrem Aufgang am Morgen, nachdem sie am Abend vorher »gestorben« war, oder der Vorgang, der in den frühen Agrarkulturgesellschaften von so entscheidender Bedeutung gewesen war, nämlich das »Begraben« des Samens in Erde, damit er im nächsten Frühjahr als Pflanze »wiedergeboren« werde. Außerdem klang das Argument sehr überzeugend, die herrschenden Klassen würden den Glauben an einen allgegenwärtigen und allmächtigen Gott unterstützen, der uns nach unserem Tod entsprechend unseren Taten belohne oder bestrafe. Dies war zweifellos eine praktische Möglichkeit, die Massen zu Disziplin und Gehorsam zu veranlassen und sie sogar zu Opfern für höhere Ziele zu motivieren, die ihnen ihre irdischen Herrscher aufzwangen.

In meiner Weltsicht hatte es also keinen Platz gegeben für etwas anderes als die materielle, physikalische Wirklichkeit. Beim Studium der Parapsychologie wurde ich dann aber mit Phänomenen konfrontiert, die sich aufgrund der bekannten physikalischen Gesetze nicht erklären ließen. Sie deuteten an, daß es eine über die materielle Welt der Physik hinausgehende Wirklichkeit gab. Das von der Parapsychologie gelieferte Beweismaterial zwang mich nicht nur, die Existenz einer solchen Wirklichkeit zuzugeben, sondern eröffnete mir auch bei der Erforschung dieser ausgeweiteten Horizonte menschlichen Wissens aufregende neue Perspektiven.

In einer derartigen Haltung wird tatsächlich die grundlegende Leitlinie der Wissenschaft sichtbar: Suchen Sie behutsam nach neuem Wissen, achten Sie darauf, daß Sie keine verfrühten, unbelegten Schlüsse ziehen, aber setzen Sie auch kein zu großes Vertrauen in diesen Prozeß; seien Sie stets offen für neues Material und seine Bedeutung, wenn solches auftaucht.

4. Mediumistische Phänomene

In der zweiten Hälfte des neunzehnten Jahrhunderts breitete sich eine neue empirische Religion rasch über die ganze Welt aus, der Spiritismus. Er bot erstmals die Möglichkeit, das Problem des Fortlebens nach dem Tod wissenschaftlichen Versuchen zu unterziehen – zumindest einer Art wissenschaftlicher Tests. Zu der Zeit, da sich der Spiritismus ausbreitete, herrschte ein weitverbreiteter Glaube an Geister, Gespenster und übernatürliche Wesen verschiedenster Sorte. Viele abergläubische Menschen sahen sogar das Träumen von einem Toten als Kontakt mit einem weiterlebenden Wesen an.

Ferner fand zu jener Zeit ein zunehmendes Kräftemessen zwischen Wissenschaft und Religion statt. Die organisierte Religion verlor immer mehr an Boden, während die Naturwissenschaften vorrückten. Wie vor rund vierhundert Jahren das Werk des Kopernikus das traditionelle geozentrische Bild des Universums zerstört hatte, so ließ Darwins Evolutionstheorie die biblische Lehre von der göttlichen Schöpfung mit einem Schlag in zweifelhaftem Licht erscheinen. Religiöse Dogmen vermochten die vom wissenschaftlichen Denken beeinflußten kritischen Menschen, die ihre Überzeugungen durch empirisches Beweismaterial unterstützt haben wollten, nicht mehr ganz zu befriedigen.

Der vorrückenden Wissenschaft gelang es jedoch nur, die religiöse Tradition zu zerschlagen, nicht aber, sie zu ersetzen. Physik, Astronomie und sogar Biologie machten rasche Fortschritte, dagegen waren beispielsweise die psychologischen Gesetze weitgehend unbekannt, oder sie wurden mißverstanden (die Psychologie als eigenen Zweig der Wissenschaft gab es noch gar nicht). Am entschiedensten aber war, daß die Wissenschaft keine der grundlegenden metaphysischen Fragen über das Rätsel der menschlichen Existenz zu beantworten vermochte. Nachdem die Wissenschaftler das auf religiösem Glauben beruhende Trost- und Sicherheitsgefühl verloren hatten, suchten sie empirische Antworten – leider vergebens. Die Wissenschaft entwikkelte sich nicht schnell genug weiter, so daß suchende Gemüter sich in einem Vakuum ungelöster Probleme befanden.

Wissenschaft und Religion herrschten und wetteiferten an der Oberfläche. Im Untergrund der Volkssagen jedoch blühte eine dritte Tradition, die von der Kirche verurteilt und von der Wissenschaft verlacht, aber von jenen bereitwillig aufgenommen wurde, denen es um rasche Antworten auf Fragen nach den Geheimnissen des Universums ging: okkulte Lehren. Sie waren eine seltsame Mischung aus Naturphilosophie, Volksweisheit, Aberglauben und orientalischem Denken.

Damals bereicherten die Kolonisation Indiens und Napoleons Ägyptenfeldzug die westliche Welt mit neuen Entdeckungen und seltsamen Traditionen. In die westliche Kultur verpflanzt, wurden sie häufig zu einer Herausforderung des westlichen religiösen Dogmas und der gesicherten wissenschaftlichen Kenntnisse. Die Menschen waren bezaubert von der seltsamen Atmosphäre in den alten Kulturen, von orientalischen Religionen, von den rätselhaften Kunststükken der Fakire und Hypnotiseure, von Mystikern und ihren Philosophien. Es häuften sich Fragen, auf die es keine Antwort gab.

In dieser Atmosphäre intellektueller Unruhe entwickelte der Spiritismus den verbreiteten Glauben an Geister und ein Leben nach dem Tode zu einem System von Lehren, die auf empirischem Beweismaterial aufbauten. Wie wir später sehen werden, könnte man dies als löbliches vorwissenschaftliches Bemühen bezeichnen, wäre da nicht die Tatsache, daß es verfrüht kam und bei der Deutung des Materials grobe Fehler und Mißverständnisse auftraten. Viele Schlußfolgerungen waren, aus heutiger Sicht beurteilt, ziemlich naiv, aber im Licht des damaligen psychologischen Wissens – oder besser, des mangelnden psychologischen Wissens – vollkommen verständlich.

Die Menschen hielten es für notwendig, irgendwelche spirituellen Wesen als Träger der psychologischen Eigenschaften, des Denkens und zielorientierten Verhaltens der Menschen anzunehmen. Ohne einen substantiellen Träger konnten sie sich diese Fähigkeiten nicht vorstellen. Wir erinnern uns (siehe Seite 21) an dieselbe Tendenz in der Physik, wo ein »Lichtäther« zur Erklärung der Eigenschaften des Lichts für nötig erachtet wurde.

Man legte also das bewußte Verhalten des Menschen als Aktivität der Seele (oder des »Geistes«) aus, die den Körper in gleicher Weise benutzte, wie sich der Mensch lebloser Instrumente bediente. Damals fand eine erstaunliche Entwicklung der Fertigungstechnik statt, immer bessere mechanisch angetriebene Maschinen wurden hergestellt und erledigten Arbeiten, die zuvor vom Menschen hatten manuell gemacht werden müssen; darum ist es durchaus plausibel, daß man sich den menschlichen Körper als eine vom spirituellen Denkprinzip betriebene komplizierte Maschine vorstellte. Im Schlaf, so glaubte man, verlasse die Seele den Körper und wandere anderswohin, und die Träume deutete man als Bewußtheit ihrer Taten auf diesen Reisen. Kam es vor, daß ein Mensch im Schlaf oder in einem anderen Zustand der Bewußtlosigkeit, in einem Trance- oder Hypnosezustand, etwas tat, so mußte es auch für diese Aktivität einen intelligenten Initiator geben. Darum glaubte man, irgendein anderes spirituelles Wesen nehme vorübergehend Besitz vom Körper. Je nach dem Verhalten des Menschen war das Wesen, von dem er »besessen« wurde, ein Geist, ein Engel oder möglicherweise auch ein Teufel.*

Die grundlegende Lehre des Spiritismus besagt, daß jeder Mensch einen Geist hat, der Träger seiner Persönlichkeit und intellektuellen Fähigkeiten ist. Die Spiritisten glauben, daß dieser Geist nach dem Tod des materiellen Körpers weiterlebt und in der geistigen Welt die Aktivitäten aus der Lebenszeit des Menschen fortsetzt, nur mit viel besserem Verständnis und größeren Fähigkeiten. Die Lehre enthält auch ein starkes moralistisches Element: Alle Lebewesen, Geister und übernatürlichen Wesenheiten haben ihr zufolge die Aufgabe, gemeinsam am moralischen Fortschritt des gesamten Universums zu arbeiten.

Das entscheidende Element der Lehre ist der Glaube, daß Geister mit Lebenden in Verbindung kommen können. Dies geschieht durch die Vermittlung besonders begabter Personen, die man als »Medien« bezeichnet (der Name soll der Überzeugung Ausdruck verleihen, daß diese Personen intermediär, also Mittler zwischen der Welt der Lebenden und der Welt der Geister sind). Die Medien vermögen sich in einen besonderen, schlafähnlichen Zustand zu versetzen, die sogenannte »Trance«. Man glaubte, in diesem veränderten Bewußtseinszustand verlasse die Seele des Mediums den Körper und werde

---

* Heute wissen wir natürlich, daß es wirkliches »Besessensein« nicht gibt. Der Mensch im Trancezustand kann sehr dramatische Verhaltensänderungen zeigen (die Anlaß zu dem Glauben gaben, daß ein anderes Wesen beteiligt sei), doch alle Verhaltensmerkmale der Person sind voll und ganz Produkte ihres Denkens und ihrer unbewußten Konflikte. Das Erlebnis des »Besessenseins« läßt sich durch Hypnose willentlich herbeiführen und beenden. Erscheint es spontan und gegen den Willen der Person, ist es ein Symptom geistiger Krankheit, die von einem Psychiater behandelt werden sollte.

durch den Geist eines Verstorbenen ersetzt, der dann den Körper des Mediums als Kommunikationswerkzeug verwende. Er spreche, so meinte man, durch den Mund des Mediums oder benutze dessen Hand, um eine Botschaft zu schreiben (durch »automatisches Schreiben«).

In einer typischen spiritistischen Séance versinkt das Medium in Trance, in der es angeblich von einem »Geist« besessen ist, die tatsächlich aber nur eine andere Form des Hypnosezustands darstellt. Das Medium agiert und spricht wie eine andere Persönlichkeit. Die Menschen rundum stellen Fragen, und das Medium – der »Geist« – antwortet. Das Ganze sieht aus wie ein lebhaftes Gespräch zwischen den Lebenden und dem »Geist«. Weitere »Geister« können sich durch das Medium melden, das Medium kann sein Gebaren oder den Ton seiner Stimme ändern, um zu zeigen, daß eine andere Wesenheit anwesend ist. Kein Zweifel: Das Medium glaubt, sich in einen »Geist« verwandelt zu haben. Auch die Séanceteilnehmer glauben es, und eine Konversation entwickelt sich, bei der alle ihre Rollen in voller Übereinstimmung mit ihren Überzeugungen spielen.

In den spiritistischen Zirkeln baten die Teilnehmer die »Geister« unter anderem auch um Informationen über ihr Leben im »Jenseits«. Die Bitte war logisch: Da die »Geister« dort lebten, mußten sie Bescheid wissen und Bescheid sagen können. Und die »Geister« erfüllten die Bitte auch. Ihre Aussagen nahm man als gültige Feststellungen über das Geheimnis des Fortlebens. Als verschiedene »Geister« ähnliche Informationen gaben, sah man deren Aussagen als unabhängige Bestätigungen der Wahrheit der Botschaften an. Dem Anschein nach weist dieser Versuch, eine unabhängige Bestätigung zu erhalten, ein lobenswertes kritisches Element auf; es ist fast, als säße man zu Gericht, und der Richter fordere mehrere Zeugen auf, den Tathergang zu schildern.

Leider stimmt hier die Grundvoraussetzung nicht. Die »Methode« des Spiritismus geht von der Annahme aus, daß die »Geister« individuelle Wesenheiten verkörpern. Das ist falsch. Die »Geister« sind Produkte – wir können sogar sagen, Träume – des Unterbewußtseins der Medien und widerspiegeln deren Persönlichkeit, innere Konflikte und Glaubensüberzeugungen. Die Personifikation der neuen Persönlichkeit kann manchmal sehr überzeugend und das Erlebnis sehr intensiv sein, doch es handelt sich trotzdem immer nur um traumähnliche Phantasien.

Mediumistische Phänomene 79

Der Irrtum hat seinen Ursprung in unserer ehrlichen Neigung zu glauben, was andere uns sagen. Ich habe keinen Grund, das Medium zu belügen, und nehme deshalb an, daß es auch mich nicht belügen wird. Wenn das Medium behauptet, es sei der Geist eines Verstorbenen, neige ich von Natur aus dazu, ihm zu glauben. Das Problem liegt jedoch darin, daß ein Mensch überzeugt sein kann, die Wahrheit zu sagen, und sich dennoch irrt. Die Ärzte kennen das; wenn sie Patienten untersuchen, hören sie sich deren Klagen an, stellen die endgültige Diagnose jedoch anhand von objektiven Daten (Labortests, EKG, Röntgenbildern usw.). Genauso dürfen wir uns, wenn wir es mit Trancezuständen zu tun haben, unter keinen Umständen nur auf subjektive Gefühle verlassen, denn sie können irreführend sein (siehe auch Seite 104).

Neuere Forschungen in der Psychopathologie und Versuche mit Hypnotisierten ermöglichten es inzwischen, Trancephänomene nüchtern und realistisch zu verstehen. Man fand heraus, daß die diversen »Geister« bloße Dramatisierungen seitens des Mediums sind – es ist ähnlich wie bei einem Schauspieler, der einmal den Hamlet und ein andermal den Othello verkörpert. Übermitteln uns verschiedene »Geister« gleichlautende Botschaften, ist dies keine unabhängige Bestätigung, weil die Botschaften immer nur die Glaubensüberzeugung ein und desselben Mediums zum Ausdruck bringen und *nicht* unabhängig voneinander sind. Sogar wenn mehrere Medien beteiligt sind, kann man nicht von einer unabhängigen Bestätigung sprechen. Das Problem bleibt bestehen: Die Medien machen sich bei der Vorbereitung und Schulung für ihre Laufbahn gründlich mit dem spiritistischen Glauben vertraut. Da sie alle ähnlich vorgebildet sind, werden sie zwangsläufig ähnliche Aussagen machen.

Es ist schade, daß ein solcher grundlegender Irrtum im Urteil eine Sache ungültig machte, die vor mehr als einem Jahrhundert ein vielversprechendes wissenschaftliches Wagnis auf dem Gebiet der Religion hätte sein können.*

Wenn ein Medium sich wie ein Geist beträgt und behauptet: »Ich bin ein Geist«, ist dies eine subjektive Behauptung und kein Beweis. Doch das Medium, das so etwas behauptet, befindet sich in Trance,

---

* Der Kuriosität halber können wir hier erwähnen, daß der große Erfinder Thomas A. Edison erwog, ein (nicht mit mediumistischen Behauptungen in Zusammenhang stehendes) Gerät zu bauen, das nach seiner Überzeugung die Kommunikation mit Geistern ermöglichte, durch eine Art »direkter Telefonleitung ins Land des Todes« (siehe Martin Ebon, *Erfahrungen mit dem Leben nach dem Tod*, Heyne Verlag, München 1977).

und die mediumistische Trance weist interessante Merkmale auf. Sie können objektiv beobachtet werden, und man wollte deshalb in ihnen einen objektiven Beweis für die Anwesenheit eines »Geistes« sehen – ungeachtet dessen, was das Medium behauptet. Die Medien sehen gewöhnlich wie Schlafende aus und reagieren auch so (oft erinnern sie sich später nicht an das, was sich während der Trance ereignete). Sie können dennoch komplexe Aktionen durchführen, zum Beispiel sprechen, schreiben, gehen usw., und das fast in der Art einer wachen Person. Dieses paradoxe Verhalten – ein Mensch »schläft«, ist nicht bei Bewußtsein und verhält sich dabei so, als wäre er wach – ließ viele glauben, daß durch das Medium eine andere Wesenheit wirke. Bisweilen vollbrachten Medien ungewöhnlich komplizierte Dinge, erörterten beispielsweise lebhaft ein Thema mit den Séanceteilnehmern und schrieben gleichzeitig »automatisch« (das heißt ohne bewußte Aufmerksamkeit) einen langen Text über ein anderes Thema.* Oft verkörperte ein Medium die Persönlichkeit eines Verstorbenen in allen Einzelheiten und höchst überzeugend – mit veränderter Stimme und Redeweise, charakteristischem Gebaren und so fort.

Gelegentlich sahen die Medien in Trance auch Geistformen und behaupteten, diese sprächen mit ihnen. Doch solche phantastische Konversationen fanden nur im subjektiven Erleben des Mediums statt. Es besteht kein Grund, sie für wirklicher zu halten als andere Dinge, die wir im Traum erleben.

So erstaunlich derartige Darbietungen dem Beobachter vorkommen mögen, sie beweisen die Existenz von Geistern nicht. Wir führen in unserem Leben zahllose automatische, also unbewußte Bewegungen aus (wenn wir maschineschreiben, gehen, autofahren oder uns im Schlaf bewegen). Ein Jongleur beispielsweise kann lernen, mehrere komplizierte Aktionen gleichzeitig automatisch durchzuführen. Der einzige Unterschied zwischen ihm und einem Medium besteht darin, daß seine automatischen Verhaltensmuster nicht so verblüffend wirken, weil sie gewöhnlich weniger kompliziert sind und normalerweise bei vollem Bewußtsein gezeigt werden.

---

* Mrs. L. E. Piper, eines der berühmtesten Medien aus der Zeit um die Jahrhundertwende, wurde dabei beobachtet, wie sie drei verschiedene Aktivitäten gleichzeitig ausführte. Laut R. Hodgson schrieb sie 1895 mit beiden Händen Botschaften, die von verschiedenen »Geistern« kamen, während der dritte »Geist« durch ihren Mund sprach. Alles ging glatt vonstatten; das einzige Problem war eine gewisse Unbeholfenheit ihrer linken Hand beim Schreiben (*Proceedings of the Society for Psychical Research, 13*).

Es gibt auch Berichte über Fälle, denen zufolge Menschen lange, komplizierte Aktionen unbewußt durchführten, ohne die Intervention eines Geistes dafür verantwortlich zu machen. So ruhte sich beispielsweise ein gewisser Dr. H. zu Hause nach einer anstrengenden Operation aus; kaum eingeschlafen, wurde er dringend zu einer Entbindung gerufen. Er begab sich zu der werdenden Mutter und führte die komplizierte Entbindung durch (das Kind hatte eine anormale Lage). Niemand bemerkte etwas Ungewöhnliches an ihm – außer daß er ein wenig geistesabwesend wirkte. Er kehrte nach Hause zurück, setzte sich in den Sessel, in dem er zuvor eingeschlafen war, und schlief weiter. Beim Erwachen wußte er nichts von der Entbindung; er erinnerte sich nur vage daran, daß die Patientin ihn gerufen hatte.*

In der psychiatrischen Literatur werden sogar noch dramatischere Fälle berichtet. Eine hysterische junge Frau beispielsweise, Felida mit Namen, war deprimiert und hypochondrisch. Gelegentlich fiel sie in kurzen Schlaf, aus dem sie völlig verändert erwachte, fröhlich, impulsiv, heiter. Die Zustände wechselten ab. Komplikationen gab es, wenn die Frau im deprimierten Zustand nicht wußte, was sie im anderen Zustand getan hatte. Sie war beispielsweise bei einem Begräbnis, als ihre Persönlichkeit sich änderte, und es machte sie verlegen, daß sie nicht wußte, wen man begrub; oder sie hatte Geschlechtsverkehr mit ihrem Verlobten gehabt und konnte sich im anderen Zustand nicht erklären, wieso sie schwanger war.* *

In einem ähnlich gelagerten Fall verschwand ein Farmer namens Ansel Bourne von zu Hause. Zwei Monate später »erwachte« in einer weit entfernten Stadt ein Mann und behauptete, Ansel Bourne zu sein; er wußte nicht, wo er sich befand und wie er in die Stadt gekommen war. Dort kannte man ihn als A. J. Brown, der sich vor fast zwei Monaten in der Stadt niedergelassen und seither mit Erfolg einen Lebensmittelladen betrieben hatte.* * *

Diese Beispiele zeigen, daß der menschliche Geist manchmal auf sehr ungewöhnliche Weise funktioniert. Darbietungen von Medien sind also nur Variationen von Phänomenen, die im täglichen Leben gelegentlich in anderem Kontext auftreten – ohne irgendeine Verbindung mit Geistern. Die Untersuchung der Hypnose brachte schließ-

---

* Nach W. H. C. Tenhaeff aus *Magnetiseurs, somnambules en gebedsgenezers*, Seite 78.
* * Nach Azam aus *L'Hypnotisme et le dédoublemente de la personnalité*, Paris, 1887.
* * * Nach R. Hodgson aus *Proceedings of the Society of Psychical Research*, 1891.

lich Licht in die Trancephänomene. Im Hypnosezustand können verschiedene komplizierte automatische Aktionen durchgeführt, und es kann eine unbegrenzte Zahl von Halluzinationen hervorgerufen werden. Auch eine vollständige Verwandlung in eine andere Persönlichkeit läßt sich als Resultat bloßer hypnotischer Suggestion künstlich herbeiführen. Mit Versuchspersonen, die empfänglich für Suggestionen sind, kann man somit »auf Befehl« andere Persönlichkeiten schaffen, die von der hypnotisierten Versuchsperson sehr realistisch verkörpert werden. Die Trance des spiritistischen Mediums ist tatsächlich ein abgewandelter Hypnosezustand (oder besser: ein Zustand der Selbsthypnose, weil das Medium gewöhnlich durch Konzentration der eigenen Gedanken in Trance versinkt).

Man erkannte bald, daß die besonderen Merkmale der mediumistischen Trance oder die Behauptungen des Mediums: »Ich bin der Geist« bzw. »Ich spreche mit dem Geist« den gesuchten Beweis nicht lieferten. Deshalb entwickelte man eine andere Strategie, um das Überleben zu beweisen: Man wollte die vorgebliche Wesenheit identifizieren und so ihre Unabhängigkeit vom Medium direkt beweisen. Wenn der angebliche »Geist« durch den Mund des Mediums sprach, befand man sich in einer ähnlichen Situation wie bei einem Telefongespräch. Ist die Verbindung schlecht und können wir unseren Gesprächspartner nicht an der Stimme erkennen, haben wir vielleicht Zweifel, ob er wirklich der ist, der er zu sein behauptet. Der Gesprächspartner vermag seine Identität am leichtesten damit zu beweisen, daß er Dinge sagt, die nur er wissen kann. Wir stellen ihm Fragen über Dinge, die er wissen muß, und wenn er alle unsere Fragen richtig beantwortet, sind wir überzeugt, mit der richtigen Person zu sprechen. Die »Geister« wurden also gebeten, Informationen zu liefern, von denen die Verstorbenen wissen konnten, nicht aber das Medium. So erwartete man von einem »Geist« beispielsweise, daß er sich an Einzelheiten aus dem Leben des Verstorbenen erinnerte, die das Medium nicht kannte.

Das üblichste Arrangement war, daß man das Medium – oder eben den »Geist« – bat, Ereignisse aus dem Leben des Verstorbenen zu schildern, und der »Geist« berichtete dann, woran er sich »erinnerte«. Seine Aussagen wurden anschließend von den anwesenden Angehörigen und Freunden bestätigt, und sehr oft staunten die Leute über die Masse richtiger Informationen.

Doch war dies wirklich ein Beweis für das Gedächtnis bzw. das Sicherinnern das »Geistes«? Bald bot sich eine andere Erklärung an:

Das Medium besaß die Fähigkeit, die Gedanken der Séanceteilnehmer zu lesen. Dem Medium waren die Informationen nicht bekannt, wohl aber den anwesenden Angehörigen oder Freunden; sie nahmen ja an der Befragung teil und sollten die Richtigkeit der gemachten Aussagen bestätigen. Also lag die Erklärung nahe, daß das Medium die Kenntnisse aus den Gehirnen der Teilnehmer – telepathisch – abzapfte und sie durch das dramatische Spiel seines Unterbewußtseins in eine phantastische Geschichte einspann. Das Medium sagte nicht: »Ich (das Medium) lese es aus Ihren Gedanken«, sondern erzeugte eine Illusion und behauptete: »Ich (der Geist) erinnere mich daran.«

Beachten Sie: Damals zog man nur die T e l e p a t h i e in Betracht. Man schrieb die Jahrhundertwende, der Funk war erfunden worden, und die Möglichkeit, Botschaften über unsichtbare Radiowellen zu übermitteln, versetzte die Menschen in Erstaunen. Es war ganz natürlich, daß man sich eine Verbindung zwischen Gehirnen vorstellte, über die ähnliche unsichtbare elektromagnetische Signale von einem Gehirn gesendet und von einem anderen Gehirn empfangen werden konnten. Heute wissen wir, daß diese einfache Darstellung der Telepathie falsch und daß ASW nicht elektromagnetischer Natur ist; aber dieses praktische Modell trug dazu bei, die Telepathie als Fähigkeit des lebenden Menschen verständlich und plausibel zu machen (für das Hellsehen gab es kein solches Modell, deshalb konnte man es schwer akzeptieren).

Natürlich war der Pfad zum Beweis dorniger, als unsere einfache Beschreibung vermuten läßt. Nicht alle Medien produzierten echte Phänomene. Es gab unter ihnen viele Betrüger, die versuchten, Séanceteilnehmer mit Wissen zu beeindrucken, das zu ihnen durchgesickert war oder das sie in betrügerischer Absicht gesammelt hatten. Manchmal waren die »Erinnerungen« der »Geister« auch so vage oder alltäglich, daß sie auf jedermann paßten. Es wäre jedoch nicht zweckdienlich, würden wir uns noch länger mit diesem Aspekt befassen. Unser Ziel hier ist es, die Spur der beigebrachten Argumente zu verfolgen, die für die Echtheit der ASW und das Weiterleben sprachen.

Der nächste logische Schritt bestand darin, daß man versuchte, die Möglichkeit der Telepathie auszuschalten. Man erbat Informationen, die niemand im Séanceraum kannte. In einigen Fällen lieferte der »Geist« freiwillig Informationen, die keinem der Anwesenden bekannt waren oder die man für falsch hielt, deren Richtigkeit sich aber später erwies. Oder man gab, in Fernsitzungen, dem Medium einen Gegenstand aus dem Besitz eines Verstorbenen. Niemand wußte, wer der Eigentümer gewesen war. Die Aussagen des Mediums wurden aufgezeichnet und erst nachträglich von Menschen, die Bescheid wußten, auf ihre Richtigkeit hin überprüft.

Solche und ähnliche Projekte vermochten jedoch die Identität der »Geister« auch nicht zu beweisen. Die telepathische Erklärung behauptete sich: Es gab immer irgendwo jemanden, der die Informationen kannte, und unter den Séanceteilnehmern wußte immer jemand, wer diese Person war. Man konnte deshalb annehmen, daß das Medium telepathisch von den Séanceteilnehmern abzapfte, wohin es sich wegen der Informationen wenden sollte, und dann die richtige Person suchte, bei der es die Informationen erhalten konnte. Letzteres ging nach dem gleichen Verfahren vor sich, war nur ein bißchen schwieriger. Aber die Kraft des lebenden Mediums vermochte es, und man brauchte dazu keine Geister.

Es gab sogar einige seltene Fälle, wo der angebliche Geist-Kommunikator Anzeichen einer absichtsvollen Aktivität des Verstorbenen nach dem Tode erkennen ließ. In einem solchen Fall bestand der Kommunikator darauf, daß eine bestimmte Quittung gesucht werde, und er sagte auch, wo man suchen solle. Die Familie brauchte später die Quittung, um zu beweisen, daß eine alte Schuld bezahlt worden war.* Doch sogar brauchbare Fälle dieses Typs ließen noch immer die Möglichkeit offen, daß die Information über das Dokument mittels ASW (des lebenden Mediums) erhalten worden war und daß der »Geist« sowie die Absicht des Verstorbenen einer unbewußten Dramatisierung des Mediums entsprangen. (Natürlich stand das Medium dem Versuch, neue dramatische Beweise zu erhalten, positiv gegenüber, und sein Unterbewußtsein arbeitete entsprechend mit.)

Beobachtungen wie die geschilderten lieferten zwar keinen Beweis für die Absichten der »Geister«, aber sie regten wenigstens zu stärker experimentell ausgerichteten Projekten an, mit denen man eine intellektuelle Aktivität des »Geistes« (als unabhängig von jener des Mediums) demonstrieren wollte.

Eines dieser Projekte sollte beweisen, daß der »Geist« Wissen besaß, das zweifelsfrei *einzig* der Verstorbene besessen hatte. Wenn kein lebendes Wesen das Wissen besaß, war die Möglichkeit, es telepathisch abzuzapfen, definitiv ausgeschaltet – so hoffte man zumindest.

---

* *Proceedings of the Society for Psychical Research*, 36, 303.

Einige der ersten Forscher und Mitglieder der Londoner Society for Psychical Research, darunter F. W. H. Myers, R. Hodgson, O. Lodge, vereinbarten, versiegelte Päckchen vorzubereiten, in die sie Gegenstände ihrer Wahl packten. Jeder der Forscher gelobte, den Inhalt seines Päckchens niemandem zu enthüllen, solange er lebte, und nach seinem Tod »zurückzukommen«, um durch das Medium zu enthüllen, was sich in dem Päckchen befand. Die meisten solchen Experimente endeten mit einem Fehlschlag, die Medien konnten den Inhalt nicht richtig identifizieren.

Mehr Erfolg bei einem Experiment dieses Typs war 1935 dem polnischen Parapsychologen P. Szmurlo und dem Hellseher S. Ossowiecki beschieden.* Szmurlo hatte zehn Jahre zuvor von seinem Freund Jonky, der mittlerweile in Vilnius (Litauen) gestorben war, ein Päckchen erhalten. Niemand kannte den Inhalt. Ossowiecki empfing folgende Impressionen: »Eine hellfarbige Schachtel, in der verschiedene Gegenstände liegen, die aus dem Boden entnommen wurden. Sie kommt nicht aus Polen, sie kommt aus dem Osten. Ich sehe den Eigentümer, aber er ist jetzt tot. In dem Päckchen sind auch zwei oder drei Stücke anorganisches Material, Steine mit bräunlicher Farbe, wie Kalkstein. Auch eine Eisenlegierung ist drin, zusammen mit irgendwelchem vulkanischem Material. Etwas ist drin, das mich in andere Welten trägt, zu einem anderen Planeten. Es fliegt mit ungeheurer Geschwindigkeit durch den Raum und zerbirst beim Aufprall auf einen anderen Körper. Es ist eine kosmische Katastrophe, etwas wird in kleine Stücke zertrümmert, die weiterfliegen und auf verschiedene Stellen der Erde fallen. Dies sind Stücke eines Meteoriten.« Das Päckchen enthielt drei Stücke eines hellen Steins (Kalkstein), ferner in einem Schächtelchen fünf Bruchstücke ein und desselben Steins und ein gesondertes kleines Päckchen mit dem Etikett »Meteorit«.

Heute wirkt diese Versuchsanordnung natürlich naiv, weil sie die Möglichkeit des Hellsehens nicht berücksichtigte. ASW kann nicht nur die Gedanken eines anderen Menschen lesen (Telepathie), sondern auch direkt Informationen über den Inhalt undurchsichtiger Behälter einholen, ob nun jemand weiß, was diese enthalten, oder nicht (Hellsehen). Außerdem stehen der ASW noch andere Kanäle zur Verfügung, durch die sie hier wirken konnte, da sie auch in der Zeit zu funktionieren vermag. Einer dieser Kanäle ist die präkognitive Telepathie. Wird ein Päckchen irgendwann zu späterer Zeit geöffnet und jemand kontrolliert den Inhalt, gelangt die Information über den

---
* K. Kuchynka, Záhady lidské duše, Prag, 1941.

Inhalt in den Geist dieser Person. Man kann folglich argumentieren, daß die Information dem Hellseher zugänglich ist, denn er braucht nur die Gedanken dieser Person in der Zukunft zu lesen, wenn sie den Inhalt bereits kennt. Der Hellseher kann auch retrokognitive Telepathie einsetzen: Er kann den Geist des verstorbenen Eigentümers in der Vergangenheit anzapfen, als dieser noch lebte, und die Information direkt ablesen.

So oder so ist das Wissen dem lebenden Hellseher direkt zugänglich. Also wieder kein Beweis für das Weiterleben. In diesem Zusammenhang sollten wir vielleicht erwähnen, daß das geschilderte erfolgreiche Experiment eigentlich nicht als Beweis für das Weiterleben gedacht war. Ossowiecki, der auch das Aussehen des Päckcheneigentümers Jonky richtig beschrieb, hatte keine Verbindung zum Spiritismus und erbot sich zu dieser Demonstration, um seine Hellsehfähigkeit zu beweisen.

In jüngerer Zeit, als man die Schwäche des Experiments in bezug auf die Frage des Weiterlebens erkannte, ersannen mehrere Parapsychologen durchdachtere Varianten dieses Projekts, das jedoch in den Grundzügen dasselbe blieb. R. H. Thouless beispielsweise schlug vor, eine verschlüsselte Botschaft zu hinterlassen und posthum zu versuchen, nicht die Botschaft selbst, sondern den Code zu enthüllen, mit dem sie entschlüsselt werden konnte. Und Ian Stevenson begann ein Projekt, demzufolge Einzelpersonen Kombinationsschlösser mit eingestellten Kombinationen hinterlassen und posthum die richtige Kombination mitteilen sollten.

Wir müssen feststellen, daß auch diese Projekte die Möglichkeit der ASW nicht ganz ausschließen, sondern bestenfalls ihre Anwendung komplizieren und erschweren. Doch sie haben dieselben Mängel wie der beschriebene Test mit dem Päckchen. (Wenn alles andere fehlschlägt, ist die Information durch retrokognitive Telepathie zugänglich: sie kann aus dem Wissen des Verstorbenen sozusagen rückwirkend, während er noch lebte, abgezapft werden.)

Interessante neue Projekte plante C. D. Thomas zu Beginn der zwanziger Jahre: Buchtests und Zeitungstests. Im wesentlichen versuchten dabei die angeblichen »Geister«, gelegentlich mit Erfolg, einige Worte aus einem geschlossenen Buch oder sogar aus einer am folgenden Tag erscheinenden Zeitung zu lesen. Diese Tests schienen zwar die Telepathie als Erklärung auszuschließen, aber die Phänomene lassen sich bei den Buchtests mühelos auf Hellsehen und bei den Zeitungstests auf Präkognition zurückführen. Man braucht also keine Intervention eines »Geists« anzunehmen.

Bei allen bisher erörterten Projekten gab es, sofern neues Wissen erlangt wurde, immer zwei parallellaufende Erklärungen: entweder Wissen des »Geistes« oder ASW-Kräfte des Mediums. In einer solchen Situation gebietet die wissenschaftliche Vorsicht, daß man die einfachere Erklärung annimmt, die sich besser mit unserem übrigen Wissen verträgt. Ein entscheidender Punkt muß hier berücksichtigt werden: Andere Forschungen haben bewiesen, daß die ASW als Funktion *lebender* Menschen existiert, während es keinen unabhängigen Beweis für Geistwesen gibt (die »Geister« wurden vielmehr als Hypothese erfunden, zur Erklärung beobachteter Phänomene).

Die einzige wissenschaftliche Schlußfolgerung lautet also, daß die Phänomene auf ASW beruhen. »Geister« sind nur eine überflüssige Parallelhypothese, die alles unnötig kompliziert.

Wir können unsere Folgerung an einem Beispiel veranschaulichen: Stellen Sie sich vor, daß wir ein Tonbandgerät haben und der festen Überzeugung sind, eine Kassette sei eingelegt. Wir öffnen das Gerät und stellen fest, daß keine Kassette drin ist. Bei dem Versuch, dies zu erklären, akzeptieren wir immer die einfachste Erklärung und ziehen eine abwegigere wohl kaum in Betracht. In diesem Fall werden wir vermutlich folgern, daß wir uns schlicht getäuscht haben. Wenn wir absolut sicher sind, daß eine Kassette drin war, lautet die nächste wahrscheinliche Erklärung, daß jemand sie ohne unser Wissen herausgenommen hat. Doch wir werden kaum die Möglichkeit erwägen, daß »Geister« oder andere übernatürliche Wesen sie herausgenommen haben könnten.*

---

* Es mag seltsam anmuten, daß wir folgenden Fall in diesem Zusammenhang anführen, aber er illustriert das Ausmaß menschlicher Leichtgläubigkeit: Vor wenigen Jahren, in unserer rationalen, »aufgeklärten« Zeit, folgerte ein Parapsychologe (siehe A. Pluharich, *Uri,* Doubleday, New York, 1974) in einer ähnlichen Situation doch tatsächlich, seine Kassetten seien von übernatürlichen Wesen »entmaterialisiert« worden.

Diese verblüffende Leichtgläubigkeit läßt uns an den Fall eines betrügerischen Mediums aus dem neunzehnten Jahrhundert denken, Florence Cook, deren Spezialität es war, Geistformen »im Fleisch« zu produzieren. Geister erschienen im Séanceraum (angeblich hatten sie sich durch die Kräfte des Mediums »materialisiert«), sprachen mit den Teilnehmern oder berührten sie, um ihren materiellen, fleischlichen Charakter zu beweisen. Florence Cooks Séancen fanden in völliger Dunkelheit statt, und die Teilnehmer wurden angewiesen, den »materialisierten Geist« unter keinen Umständen anzufassen – mit dem Argument, jede Berührung könnte das Medium töten. Bei einer solchen Séance ergriff ein skeptischer

Die im vorstehenden Kassettenbeispiel aufgezeigte Logik wurde schließlich allen ernsthaften parapsychologischen Forschern klar. Außerdem gab es immer wieder Berichte über Beobachtungen, die in starkem Widerspruch zur spiritistischen Erklärung standen. Zahllose kleine Episoden wie die nachfolgenden wurden berichtet:

Der »Kontrollgeist« von Frau Piper, Phinuit, angeblich ein französischer Arzt, erinnerte sich nicht an medizinische Verfahren, die zu seinen Lebzeiten angewandt wurden, und er hatte sogar seine Muttersprache, Französisch, »vergessen« (die Muttersprache des Mediums war Englisch).

Ein anderer »Geist« erkannte zwar seine Manschettenknöpfe, hatte aber die Titel seiner Bücher vergessen.

In einer Séance mit dem Psychologen Stanley Hall wurde ein »Geist« gerufen, der auch erschien; nur war es der »Geist« einer Person, die nie existiert hatte.

Bei anderer Gelegenheit behauptete der »Geist« der verstorbenen Schriftstellerin George Eliot, er habe in der Geisterwelt mit Adam Bede gesprochen; er wußte nicht, daß letzterer eine fiktive Person in einem ihrer Romane war.

S. G. Soal berichtete einen Fall, in dem ein angeblicher Geist-Kommunikator eine Reihe richtiger Aussagen machte; die betroffene Person war jedoch springlebendig (Soal hatte irrtümlicherweise gemeint, sie sei tot).

Wie wir sehen, gerät die spiritistische Erklärung, sobald man sie mit beobachteten Fakten konfrontiert, überall in Schwierigkeiten. Es besteht kein Zweifel mehr, daß in den allermeisten, wenn nicht in allen Fällen die Geist-Kommunikatoren lediglich Phantasien des Unterbewußtseins der Medien waren und die Phänomene tatsächlich von den lebenden Medien hervorgebracht wurden. Das ganze Problem reduzierte sich somit auf eine bescheidenere Aufgabe: Da die meisten Phänomene offensichtlich Produkte der Psyche der Medien waren, mußte der Versuch unternommen werden, zu beweisen, daß

Teilnehmer die Geistform und stellte fest, daß er tatsächlich das Medium hielt, das im Schutze der Dunkelheit die Kleider gewechselt hatte und den Geist verkörperte. Natürlich starb das Medium nicht. Dagegen litt der wagemutige Teilnehmer. Freunde des Mediums fielen in der Dunkelheit über ihn her und befreiten es derb aus seinem Griff. Interessanterweise sahen die Verteidiger des Spiritismus in dem Zwischenfall kein Zeichen für Betrug, sondern behaupteten sogar, sie hätten ein neues »übersinnliches« Phänomen entdeckt: Der ganze materielle Körper des Mediums habe sich «entmaterialisiert«, und die materielle Substanz seines Körpers sei dann zum Aufbau (zur »Materialisation«) der Geistform benutzt worden (siehe T. H. Hall, *The Spiritualists*, 1962).

abgesehen davon wenigstens *einige* Phänomene von »Geistern« verursacht werden konnten.

Das vielleicht genialste Projekt, das zweifellos einmalig dasteht, waren die sogenannten Kreuzentsprechungen. Das Projekt war insofern einzigartig, als man behauptete, die Versuchsanordnung sei in der Geisterwelt erfunden worden. Der Grundgedanke war, daß der »Geist« seine unabhängige intellektuelle Aktivität beweise, indem er eine Botschaft konstruiere und – dies war sehr wichtig – mehrere Medien benutze, um sie zu übermitteln. Folgende Bedingungen stellte man auf: Die Medien durften keinen physischen Kontakt miteinander haben, sie sollten die Botschaft gemeinsam übermitteln, und die Botschaft sollte für den Verstorbenen charakteristisch sein.

Das Projekt wurde kurz nach der Jahrhundertwende sehr populär, da mehrere führende Forscher der Londoner Society for Psychical Research, der damals angesehensten Forschungsorganisation auf diesem Gebiet, binnen weniger Jahre gestorben waren: E. Gurney 1888, H. Sidgwick 1900 und F. W. H. Myers 1901.

Zahlreiche Medien auf der ganzen Erde behaupteten seinerzeit, Kontakt mit den »Geistern« dieser Forscher zu haben, und übermittelten Botschaften von ihnen, manchmal mündlich, manchmal schriftlich; in letzterem Fall schrieb das Medium die Botschaft von Hand nieder, während es das Gefühl hatte, vom »Geist« eines der Forscher »besessen« zu sein (»automatisches Schreiben«).

Die Gesamtergebnisse der Versuche waren ziemlich mager. Verschiedene Medien erhielten zwar ähnlich lautende Botschaften, die angeblich aus einer einzigen körperlosen Quelle stammten, aber die Übereinstimmungen gingen nie über vage Anspielungen auf irgendein gemeinsames Thema hinaus, oft ein obskures Detail aus der antiken Mythologie (der Grund dafür ist, daß der vermeintliche Hauptkommunikator, F. W. H. Myers, zu Lebzeiten Altphilologe gewesen war; wenn die Kommunikation ausschließlich für ihn charakteristisch sein sollte, mußte sie solche obskuren Elemente enthalten, worin sich sein Spezialwissen widerspiegelte). Dieser Umstand erschwert jede Analyse der Kreuzentsprechungen.

Der übereinstimmende Inhalt in den Botschaften verschiedener Medien war gewöhnlich in so verschwommene Worte gefaßt, daß sogar die Kritik erhoben werden konnte und auch erhoben wurde, bei den vielen aufgezeichneten mediumistischen Botschaften sei damit zu rechnen, daß allein durch ihren Vergleich einige gemeinsame Elemente auftauchten, rein aus Zufall.

Eine andere plausible Erklärung, die den wirklichen Sachverhalt, der diesen Untersuchungen zugrunde lag, treffen dürfte, lautete: Eines der Medien übernimmt die Führerrolle, die Rolle des »Geistes«, erfindet die Botschaft und beeinflußt telepathisch die anderen Medien; diese fühlen sich alle vom gleichen »Geist« beeinflußt, weil sie telepathische Botschaften vom ersten Medium empfangen. Die ursprüngliche telepathische Botschaft ist für den angeblichen verstorbenen Kommunikator charakteristisch und enthält auch die ihn kennzeichnende »Signatur« – »Ich bin der Geist«. Die charakteristische Information in der Botschaft kann aus dem Geist und Wissen des ersten Mediums stammen oder wird vom ersten Medium durch ASW-Kräfte beschafft. Die Botschaft reist dann von einem der kooperierenden Medien zum anderen und wird beim Empfang gelegentlich ein bißchen verzerrt (was die Verschwommenheit der Übereinstimmungen verständlich macht).

Mit dieser Erklärung lassen sich auch alle charakteristischen Merkmale der Kreuzentsprechungen erklären. Der Experimentalplan, der seinen Ursprung angeblich in der überlebenden geistigen Aktivität des unkörperlichen Wesens hat, ist in Wirklichkeit ein Produkt der unterbewußten geistigen Aktivität des ersten Mediums. Tatsächlich war das Medium entsprechend motiviert. Man muß bedenken, daß die mit der Society for Psychical Research verbundenen Forscher und Medien damals eifrig nach neuen Projekten suchten, um die Fähigkeit der »Geister« zu beweisen, unabhängig vom Medium zu denken und zu handeln. In einer solchen intellektuellen Atmosphäre ist es sehr wahrscheinlich, daß eines der wagemutigeren Medien im Glauben, vom »Geist« eines berühmten Gelehrten besessen zu sein (den es gekannt hatte und dessen Interessen es teilte), ein solches Projekt produzieren würde. In der Überzeugung, seine Persönlichkeit habe sich in jene eines »Geistes« verwandelt, würde das Medium natürlich glauben, das Projekt stamme aus dem Geist des »Geistes«.

Selbst dieses durchdachte Projekt vermochte also die Existenz fortlebender »Geister« nicht zu beweisen. Bei allen Versuchen, in mediumistischem Rahmen den Beweis für das Fortleben von »Geistern« zu erbringen, erwies sich immer die Alternativerklärung durch ASW als plausibler. Solange keine Grenzen der ASW gefunden sind und nicht definiert worden ist, was sich mittels ASW eines lebenden Menschen *nicht machen* läßt, und solange nicht ein »Geist« dann genau dies macht, wird es allem Anschein nach unmöglich sein, das Fortleben mit Hilfe mediumistischen Materials zu beweisen. Bis jetzt konnte man trotz beträchtlicher Anstrengungen vieler Parapsychologen jedoch noch keine Grenzen der ASW ermitteln.

Es gibt zahlreiche Hellseher, die nie behaupteten, Verbindung mit Geistern zu haben, und dennoch bei ASW-Aufgaben erfolgreich waren, oft auf eine viel überlegenere Weise als die Medien. Einigen dieser Hellseher gelang es, mittels ASW Krankheiten zu diagnostizieren. Sie berichteten häufig, daß sie das Gefühl hätten, geistig mit den Patienten zu verschmelzen und deren Schmerzen am eigenen Leib zu verspüren. Anscheinend wurden die Schmerzen von ihnen telepathisch empfangen. Wir können uns also vorstellen, daß das Wirken der Telepathie bis zu einem Punkt reicht, da man telepathisch im Denken eines anderen Menschen aufgeht und aus dem fremden Geist Wissen, Denkmuster oder sogar schöpferische Inspiration abzapft. Da Telepathie jenseits der Zeitschranken wirkt, kann durch einen Rückgriff in die Vergangenheit sogar ein toter Mensch kontaktiert und angezapft werden. (Beachten Sie bitte: Wir sprechen hier von der Verbindungsaufnahme mit einem *lebenden* Menschen durch Rückkehr in die vergangene Zeit, in der er lebte; dies unterscheidet sich von dem Glauben, man nehme in der Gegenwart Kontakt mit einem fortlebenden »Geist« auf.)

Dies bringt uns zu einem andersgearteten Argument, mittels dessen manchmal versucht wurde, zu beweisen, daß fortlebende »Geister« wirkliche Wesenheiten sind. Weil die Behauptung, daß der »Geist« sich an Ereignisse aus seinem Leben erinnere, hierfür nicht genügte, stellte man jetzt die weiterreichende Behauptung auf, daß »Geister« besondere Fähigkeiten, vor allem schöpferische Talente, besäßen, die ursprünglich der Verstorbene gehabt hätte.

Dieses Argument tauchte übrigens auch im Zusammenhang mit sogenannten Wunderkindern auf, Menschen wie Mozart, der schon mit fünf Jahren komponiert hatte und ab sechs auf Konzertreise gegangen war, oder dem Mathematiker Sir William Hamilton, der mit zwölf Jahren die mathematischen Schriften Newtons durchgearbeitet und mit siebzehn einen Fehler im Hauptwerk des berühmten Mathematikers Laplace, *Mécanique céleste,* entdeckt hatte. Man argumentierte, solche Kinder seien bereits bei der Geburt mit Talenten und Erfahrungen begabt gewesen, die sie in früheren Leben gesammelt hätten. Eine solche Behauptung läßt sich jedoch kaum aufrechterhalten, da wir noch nicht einmal wissen, welches die normalen Grenzen besonderer Talente sind. Eine glückliche Kombination von Erbfaktoren oder die Pflege spezieller Begabungen durch elterliche Einflußnahme oder beides zusammen können solche einmaligen Fälle leicht erklären. Es besteht kein echter Anlaß, die Erklärung anderswo zu suchen. Das ganze Problem wurde künstlich geschaffen, nicht aus Mangel an normalen Erklärungen, sondern in dem krampfhaften Bemühen, um jeden Preis ein neues Argument für das Eingreifen eines »Geistes« zu erhalten. Von Mozart beispielsweise ist bekannt, daß sein Vater, selbst ein begabter Musiker, den Knaben sehr intensiv und mit der ausdrücklichen Absicht schulte, ihn als musikalisches Wunderkind in vornehmen Häusern zu präsentieren.

Einige der Medien zeigten tatsächlich bemerkenswerte künstlerische Talente:

O Sie fertigten, während sie sich in Trance befanden und angeblich vom »Geist« kontrolliert wurden, Zeichnungen und Gemälde an, die oft, aber nicht unbedingt ornamentalen Charakter hatten, manchmal sehr kunstvoll waren und unbestreitbar ästhetische Qualitäten besaßen.

O Sie schrieben automatisch oder diktierten in Trance literarische Werke, die von Gedichten über philosophische Abhandlungen und Kurzgeschichten bis zu umfänglichen Romanen reichten.

O Oder sie komponierten und spielten Musik, die angeblich von einem toten Komponisten stammte.

In den Jahren 1923 bis 24 beispielsweise schrieb ein spiritistisches Medium automatisch (oder mit dem Ouija-Brett, der Alphabettafel) eine Reihe Botschaften, die von dem toten Dramatiker Oscar Wilde zu kommen schienen. Sie waren in seinem literarischen Stil gehalten, wiesen Ähnlichkeiten mit seiner Handschrift auf (!) und erwähnten sogar einige Ereignisse aus seinem Leben, die das Medium nicht wissen konnte.* (Der letztgenannte Umstand läßt sich natürlich leicht als ASW deuten.)

In jüngerer Zeit wurde das englische Medium Rosemary Brown berühmt, weil es auf diese Weise Musik im Stil großer toter Komponisten wie Liszt, Beethoven, Bach, Mozart und anderer produzierte.

Die übliche Behauptung in solchen Fällen lautet, das Medium habe zuvor keinerlei künstlerisches Talent besessen, es habe keine offizielle künstlerische Ausbildung erhalten, und die hervorgebrachten Kunstwerke zeigten bemerkenswerte Begabung oder stilistische Übereinstimmung mit dem Schaffen der toten »Urheber«.

---

* *Proceedings of the Society for Psychical Research, 34.*

Diese Behauptung ist jedoch nicht gerechtfertigt. Bestenfalls trifft zu, daß das künstlerische Talent des Mediums nicht *bekannt* war (niemand könnte ja auch mit Sicherheit sagen, daß ein Künstler in einer früheren Periode seines Lebens kein künstlerisches Talent besessen hätte). Das Medium mochte vielleicht keine offizielle künstlerische Ausbildung erhalten haben, aber das heißt nicht, daß es überhaupt keine Ausbildung genoß. Lebhaftes Interesse und private Freude an Kunst können eine Schulausbildung in vieler Hinsicht ersetzen. Außerdem werden Kunstmedien nicht bei ihrem ersten Versuch (oder beim ersten Erscheinen des »Geistes«) geboren. Sie werden vielleicht dank geschickter Werbung plötzlich berühmt; aber ihre Fähigkeiten entwickeln sich schrittweise.

Veranschaulichen läßt sich dies an malenden Medien. Gewöhnlich beginnen sie ihre Laufbahn, indem sie automatisch schreiben und zeichnen lernen. Sie sitzen während langer Zeitspannen ruhig da, einen Bleistift in der Hand, und warten auf das Erscheinen der Gabe. Die ersten Produkte ihrer Geduld sind nichts anderes als unbeholfene Linien, gerade, krumme, einander überschneidende Striche, Gekritzel, das manchmal Buchstaben und manchmal plumpe Ornamente bildet. Bei genügend Geduld und Zeitaufwand folgen als nächstes gewöhnlich bessere einfache Zeichnungen dekorativen Charakters. Setzt das Medium seine Arbeit fort, verlieren die Zeichnungen nach und nach das Primitive. Sie zeigen allmählich eine bessere Beherrschung von Technik und Raumaufteilung. (Es kann geschehen, daß der »Geist« zu erklären versucht, am Anfang habe er Schwierigkeiten gehabt, durchzukommen und die Hand des Mediums richtig zu beherrschen.) Erst nach einer ziemlich langen Periode des »Lernens bei der Arbeit« entstehen künstlerische Bilder. Also hat das Medium immer *eine gewisse* Ausbildung, die zu lebhaftem Interesse, Motivation und vermutlich einem bis dahin unentdeckten Talent hinzukommt. Bei solchen Voraussetzungen sollte jedermann in der Lage sein, ein gutes Kunstwerk zu schaffen. Die Hilfe eines »Geistes« ist dazu nicht nötig.

Andere, ähnliche Beobachtungen sprechen ebenfalls gegen »Geister«. Verschiedene Hypnotiseure (zum Beispiel W. L. Raikow in der UdSSR*) berichteten von Experimenten, in denen sie Kunststudenten hypnotisierten und ihnen eine Persönlichkeitsveränderung suggerierten. Die Studenten bekamen gesagt, sie hätten sich in

---
* Siehe: S. Ostrander, L. Schroeder, *PSI,* Scherz Verlag, Bern, 1970.

irgendeinen berühmten Maler aus der Vergangenheit verwandelt. Diese Suggestion steigerte die Qualität ihres künstlerischen Ausdrucks beträchtlich. Solche Beobachtungen beweisen, daß die hypnotische Suggestion, die zur Stimulierung der Motivation, Verbesserung der Konzentration und Stärkung des Selbstvertrauens beiträgt, künstlerische Fertigkeiten deutlich verbessern kann. Es wurden keine »Geister« zu Hilfe gerufen. (Denken Sie an die auf Seite 78 getroffene Feststellung, daß die Trance des Mediums nichts anderes als ein abgewandelter Hypnosezustand ist. In diesem Zustand ist das Medium empfänglich für Fremd- und Autosuggestionen, und zwar genau wie jede andere hypnotisierte Person.)

Es gibt sogar Beobachtungen, die eine Erklärung durch »Geister« geradezu lächerlich wirken lassen. Ein typisches Beispiel dieser Art betrifft den Schriftsteller Charles Dickens. Bei seinem Tod war eines seiner Werke, *The Mystery of Edwin Drood*, unvollendet, der Schluß fehlte. Vier Jahre später lieferte ein Medium einen Schluß, der eine gute Imitation von Dickens' Stil zu sein schien. Dann passierte jedoch etwas Unvorhergesehenes: Man fand ein Manuskript von Dickens, das bewies, daß er einen völlig anderen Schluß vorgesehen hatte. Außerdem hatte das Medium in seinem Schluß die im existierenden Romanteil vorhandenen Elemente und Möglichkeiten bei weitem nicht voll genutzt.*

Wir dürfen somit folgern, daß sich die mediumistische Kunst voll und ganz mit den Talenten des lebenden Mediums erklären läßt. Ich meine, mit *normalen* Talenten, sogar *ohne* ASW-Einsatz (den wir bei der Erklärung von Fällen ungewöhnlichen Wissens der Medien in Betracht ziehen mußten). Die Tatsache, daß ein Medium schrieb oder zeichnete, während es in der Trance bewußtlos war, ändert nichts an dieser Schlußfolgerung. Eine solche Darbietung sieht nur für Menschen geheimnisvoll aus, die nicht wissen, daß man sogar komplizierte Dinge ohne bewußte Aufmerksamkeit tun kann. Überdies gibt es Abstufungen dessen, was gemeinhin als »Trance« hingestellt wird. Manchmal werden die Werke im Wachzustand geschaffen, aber das Medium behauptet, sie seien automatisch entstanden, weil es sich nicht bewußt darauf konzentrierte. So etwas kann natürlich auch bei normaler künstlerischer Inspiration geschehen. Die Ähnlichkeit zwischen »automatischer« und normal »inspirierter« künstlerischer Schöpfung wird hier also bewußt verwischt – zweifellos in der Absicht, das Resultat geheimnisvoller und sensationeller aussehen zu

* T. Flournoy, *Esprits et médiums*.

lassen. Bei einem abergläubischen Publikum kann eine derartige Behauptung großen Werbewert haben, und selbst schwächere Werke können dann als wertvolle Schöpfungen bestehen. Ich hörte ein »Medium« sogar behaupten, es schreibe (= tippe) »automatisch«, während es seinen Text normal auf einer Schreibmaschine verfaßte.

Wir haben gesehen, daß die sogenannte mediumistische Kunst in den meisten Fällen mit normalen schöpferischen Talenten der Medien erklärbar und in keiner Weise geheimnisvoller als normales künstlerisches Schaffen ist. Es gibt jedoch belegte Fälle dafür, daß Kunstmedien auch parapsychologische Gaben einzusetzen schienen. Das polnische malende Medium Marjan Gruszewski beispielsweise schuf in den zwanziger Jahren den Berichten zufolge einige seiner Gemälde im Dunkeln. Dies würde ASW erfordern, die dem Mann half, sich beim Malen seine Leinwand zu vergegenwärtigen.

Ungefähr zur selben Zeit verfaßte das amerikanische Medium J. H. Curran mehrere historische Romane, die ihm angeblich vom »Geist« Patience Worths, einer Wesenheit, die behauptete, im siebzehnten Jahrhundert gelebt zu haben, diktiert worden waren. Frau Currans Arbeiten bewiesen bemerkenswertes historisches Wissen; sie enthielten unter anderem einige Einzelheiten, die sogar den meisten Historikern unbekannt waren. Dieser Fall läßt uns ebenfalls an einen möglichen Einsatz von ASW denken.

Äußerst interessant ist die archaische Sprache, deren sich Frau Curran bediente. Dem Anschein nach hatte Frau Curran keine besondere geschichtliche Bildung, aber die linguistische Analyse einer ihrer Kurzgeschichten *(Telka)* ergab eine erstaunliche Übereinstimmung mit der Lebensgeschichte der angeblichen Geist-Autorin. Der Text enthielt kein einziges Wort, das erst nach dem siebzehnten Jahrhundert Eingang in die englische Literatur fand. Dabei wurde das ganze Werk sehr schnell diktiert: siebzigtausend Wörter – das sind etwa zweihundert Seiten – in vierunddreißig Stunden.

Dieser Fall läßt uns auch an Berichte über Medien denken, die in einer ihnen unbekannten Fremdsprache redeten. Das Phänomen wird gewöhnlich als Xenoglossie bezeichnet. In der Praxis unterscheiden wir zwischen mehreren Phänomenen, die unter diese umfassende Kategorie fallen:

1. Oft brachte ein Medium eine Reihe Laute hervor, eine Reihe Silben ohne Sinn oder Bedeutung, die jedoch oberflächliche Ähnlichkeit mit einer Fremdsprache hatten. Gläubige Beobachter ließen sich davon überzeugen und prüften gar nicht erst nach, ob es sich um eine

wirkliche Sprache handelte. Mit diesem »Phänomen« brauchen wir uns zweifellos nicht zu befassen.

2. Gelegentlich schufen Medien eine wirklich neue Sprache samt Grammatik und Vokabular, die zur Verständigung benutzt werden konnte. Der vielleicht berühmteste derartige Fall war eine Ende des neunzehnten Jahrhunderts vom schweizerischen Medium Hélène Smith gebildete »Marssprache« (der Psychologe T. Flournoy untersuchte dieses Medium; Siehe auch Seite 168 f.). Ursprünglich hatte das Medium behauptet, die Sprache sei vom »Geist« eines Franzosen, der in einer früheren Inkarnation auf dem Planeten Mars gelebt habe, übersetzt worden.

Solche phantastische Kreationen kamen nicht allein von Medien. Weniger berühmt, aber noch spektakulärer war der Fall eines psychiatrischen Patienten, eines intelligenten, sprachlich sehr gebildeten Mannes (er konnte perfekt Französisch, Deutsch, Russisch, Japanisch und mehrere andere, unüblichere Sprachen). Der Mann war überzeugt, daß seine Frau von einem anderen Planeten stamme, und begann eine Geschichte dieses Planeten und der Völker, die ihn bewohnten, zu schreiben. Dabei bildete er siebzehn verschiedene Sprachen, jede mit eigenem Alphabet, eigenem Vokabular und eigener Grammatik; er glaubte, seine Frau habe ihn die Sprachen gelehrt. Dann stellte er umfangreiche Wörterbücher all dieser Sprachen zusammen (eines umfaßte mehr als zehntausend Wörter), schrieb Romane und wissenschaftliche Abhandlungen in diesen Sprachen und übersetzte existierende Bücher in diese Sprachen.

Derartige Fälle geben Aufschluß über die schöpferischen Möglichkeiten des menschlichen Geistes, die in Trancezuständen angezapft werden können, aber für die Überlebensfrage nicht von Bedeutung sind.

3. Die geschärfte Erinnerung in Trancezuständen erlaubt es den Medien, sich an Bruchstücke einer Sprache zu erinnern, die ihnen für praktische Zwecke nicht verfügbar, aber doch auch nicht ganz fremd ist. Die Medien waren früher, vielleicht in der Kindheit, mit einer Fremdsprache in Berührung gekommen, hatten sie völlig vergessen; aber später in der Trance lebte die Erinnerung daran wieder auf. Ein Beispiel dafür bietet der oben erwähnte Fall von Hélène Smith. In einem ihrer Trancezustände schrieb sie einen arabischen Satz auf. Sie besaß, wie bewiesen wurde, keine aktive Kenntnis dieser Sprache. Ihre Handschrift ähnelte bei dem Satz jener des Hausarztes der Smiths, der arabisch konnte (er hatte den Satz als Widmung in ein

Buch geschrieben, das vermutlich in Helènes Hände gelangt war). Interessanterweise schrieb sie den Satz nicht in der Richtung, wie Arabisch geschrieben wird, sondern normal von links nach rechts. Was beweist, daß sie in Wirklichkeit nur die Buchstaben von dem visuellen Bild kopierte, das in ihrem Geist erschien. Auch solche Fälle zeigen nur, daß die geistigen Möglichkeiten lebender Menschen viel größer sind, als man gemeinhin annimmt.

4. In einigen Fällen wurde das Medium von einem Ausländer in einer fremden, unbekannten Sprache angeredet. Das Medium verstand die Worte nicht, konnte aber die Gedanken des Ausländers telepathisch lesen. Es vermochte dann die Fragen zufriedenstellend zu beantworten, natürlich nicht in der Fremdsprache, sondern in seiner eigenen.

5. Bei seltenen Gelegenheiten trug sich das Umgekehrte des vorstehend Geschilderten zu: Das Medium benutzte seine ASW, um Worte zu hören, die in einer Fremdsprache geäußert wurden, wiederholte sie, verstand aber ihren Sinn nicht. Ein typischer solcher Fall waren die Aramäisch-»Kenntnisse« der durch ihre Wundmale berühmten Therese Neumann von Konnersreuth. Sie soll einige Worte in Aramäisch, der von Jesus gesprochenen Sprache, geäußert haben; dazu erklärte sie, daß sie die Worte »gehört« habe, während sie hellseherisch die Kreuzigungsszene beobachtete.

6. In vereinzelten Fällen schließlich schien das Medium echte aktive Beherrschung einer Fremdsprache zu demonstrieren. Der wohl bekannteste Fall dieser Art ist jener des englischen Mediums »Rosemary«, das von F. H. Wood beobachtet wurde. Eine Wesenheit, die behauptete, der Geist von »Lady Nona« (angeblich eine Frau des ägyptischen Pharaos Amenhotep III.) zu sein, brachte mehrere Sätze in Altägyptisch aus der Zeit um 1400 v. Chr. hervor. Der Ägyptologe A. J. Howard Hulme bestätigte die sprachliche Richtigkeit und nahm später an Experimenten teil. Für eines davon bereitete er zwölf Fragen in Altägyptisch vor (die sorgfältige Übersetzung kostete ihn zwanzig Stunden). In der Séance beantwortete der »Geist« die Fragen prompt. Dabei lieferte er in nur einer halben Stunde fünfmal soviel verbales Material. Das Medium erzeugte in seinem Verhalten den Eindruck aktiver, flüssiger Beherrschung der Sprache (trotz einiger linguistischer Fehler, die dem »Geist« unterliefen). Manchmal verbesserte der »Geist« Fehler, die seinerseits Hulme machte, oder half, die gesprochenen Worte in Hieroglyphenschrift umzusetzen. Ein anderes Mal arbeitete Hulme die Fragen in phonetischer Transkription aus

und schickte sie an Wood, der sie später dem »Geist« vorlas. Der »Geist« beantwortete auch diese Fragen bereitwillig (dieser Umstand scheint der telepathischen Erklärung zu widersprechen – siehe Punkt 4 –, außer wir nehmen an, das Medium habe Hulmes Brief als psychometrischen Gegenstand benutzt, sei zu ihm geführt worden und habe die Fragen aus seinen Gedanken gelesen).

Wir können uns hier einiger Zweifel nicht erwehren. Am Rande sei erwähnt, daß hinsichtlich der Authentizität dieses Berichts diverse Fragen auftauchen. So sind Ägyptologen beispielsweise fähig, schriftliche Texte zu übersetzen, aber keiner von ihnen hat je ein wirklich in der Sprache der alten Ägypter gesprochenes Wort gehört. Die Ägyptologen sind sich der korrekten Aussprache einzelner Wörter nicht absolut sicher, besonders was die Vokale angeht. Wir dürfen uns deshalb über die Behauptung wundern, der Text sei in phonetischer Transkription vorgelesen und von dem »Geist« verstanden worden.

Wenn jedoch derartige Darbietungen wirklich echt (und keine Übertreibungen) sind, stellen sie ein weit stärkeres Argument für das Fortleben dar als alles bisher Erörterte. Spontane aktive Beherrschung einer Fremdsprache ist eine Leistung, die sich bestimmt nur schwer mit ASW erklären läßt. Trotzdem kann sie nicht als Beweis für das Fortleben gelten.

Der Grund ist immer der gleiche: ASW ist die akzeptablere Erklärung, und wir kennen ihre Grenzen nicht, weshalb es uns unmöglich ist, sie auszuschalten. Solange keine Grenzen der ASW gefunden werden, die das Gegenteil beweisen, bleibt sie auch hier immer noch die bei weitem plausibelste Erklärung. So ist beispielsweise durchaus denkbar, daß das Medium sein Wissen telepathisch aus einem anderen Geist abzapfte (siehe Seite 91), einschließlich der perfekten Beherrschung einer Fremdsprache.

Dasselbe gilt natürlich bei vereinzelten ähnlich gearteten Phänomenen, indem nämlich ein Medium in einer Handschrift schrieb, die charakteristisch für einen Verstorbenen war. Dieses Phänomen bezeichnet man mitunter als Xenographie, und es läßt sich ebenfalls als eine Form der ASW erklären. Interessant ist hier ein Bericht über den Fall des Graphologen Raphael Schermann*, der keine Verbindung zum Spiritismus hatte. Während andere Graphologen die Handschrift dazu benutzten, eine Person zu identifizieren oder einige ihrer Charaktermerkmale zu enthüllen, nahm Schermann die Schrift

---

* O. Fischer, *Experimente mit Raphael Schermann*.

einer Person eher als psychometrischen Gegenstand und konnte Ereignisse aus dem vergangenen und künftigen Leben des Schreibers richtig schildern. Bei anderen Gelegenheiten konnte er, wenn er einen Menschen anschaute, ohne anderen Hinweis dessen Handschrift ziemlich genau imitieren.

Das letzte für »Geister« sprechende Argument aus dem mediumistischen Material betrifft schließlich eine ganz andere Gruppe von Phänomenen. Weil das Argument »Ich *weiß*, was der Verstorbene wußte«, den gewünschten Beweis nicht zu erbringen vermochte, stellten die »Geister« eine andere Behauptung auf: »Ich kann *tun*, was kein lebender Mensch kann.«

Von den frühen Tagen des Spiritismus an versuchten die »Geister« ihre Anwesenheit zu beweisen, indem sie angeblich vermöge psychischer Kräfte physikalische Effekte verursachten. Die Spannweite der so verursachten Phänomene war fast unglaublich. Medien sanken in Trance, und die »Geister« riefen anscheinend ohne entsprechende physikalische Ursache physikalische Effekte hervor. Möbelstücke wie Tische und Stühle, sogar lebende Personen (!) wurden hochgehoben, ohne daß jemand sie zu berühren schien, Musikinstrumente schwebten in der Luft und spielten dabei verschiedene Melodien, unerklärliche Lichter erschienen in der Dunkelheit, rätselhafte Geräusche wurden hörbar, Köpfe, Gesichter oder Glieder von »Geistern« materialisierten sich angeblich, oder es erschienen, unglaublicherweise, vollkommene Formen von »Geistern«, die oft Séanceteilnehmer berührten und mit ihnen sprachen. Bei anderen Medien erschienen Gegenstände, die angeblich zuvor nicht im Séanceraum gewesen waren (Apport) und von den »Geistern« als Geschenke für die Teilnehmer gebracht wurden.

Die Dunkelheit, die stark gefühlsbetonte Atmosphäre, gewisse Beschränkungen, welche man den Teilnehmern auferlegte, das Fehlen wissenschaftlicher Aufzeichnungs- und Kontrollgeräte sowie die von einzelnen Medien eingeführten besonderen Riten machten eine kritische Beobachtung unmöglich und verleiteten unternehmungsfreudige Menschen mit Begabung zur Taschenspielerei, solche Phänomene betrügerisch zu imitieren. Tatsächlich traten Bühnenmagier häufig als strenge Kritiker der Medien auf (beispielsweise Harry Houdini oder in jüngerer Zeit James Randi und Milbourne Christopher); sie wußten, wie leicht man vertrauensvolle Beobachter täuschen konnte, und trugen zur Aufdeckung vieler skrupelloser Betrügereien unehrlicher Medien bei.

Fotografische Medien lieferten auf Wunsch Fotografien von »Geistern«: Gesichter verstorbener Verwandter erschienen auf den Aufnahmen, wenn der Kunde normal fotografiert wurde. In diesem Fall war das Betrügen sehr einfach: doppelte Belichtung. Bei anderen Gelegenheiten wandten betrügerische Medien die verschiedensten Methoden an – von einfacher Fingerfertigkeit bis zu genialen Spezialapparaten, einschließlich Falltüren.

Vor etwa einem halben Jahrhundert tobte ein erbitterter Kampf um die Gültigkeit dieser Phänomene, Verteidiger und Gegner prallten in heftigen Kontroversen aufeinander. Heute, nachdem sich die Gemüter einigermaßen beruhigt haben, können wir feststellen, daß Phänomene des physikalischen Mediumismus praktisch immer unter sehr schlecht kontrollierbaren Bedingungen auftraten. Ferner waren die Beobachtungen mit Leichtgläubigkeit seitens der Beobachter und flagrantem Betrug seitens der Medien befrachtet. Als der technische Fortschritt schließlich die Konstruktion besserer Geräte zur Beobachtung bei Dunkelheit ermöglichte, verschwanden die großen »physikalischen« Medien von der Bildfläche. Folglich ist es heute äußerst schwierig, auch nur eine einzige Beobachtung des physikalischen Mediumismus herauszuschälen, die man garantiert als echt betrachten könnte (siehe auch Fußnote auf Seite 87). Erst die moderne PK-Forschung verleiht solchen Berichten insofern Glaubwürdigkeit, als sie aufzeigt, daß diese Phänomene im Prinzip *möglich* und daß sie mit unserem übrigen Wissen auf dem Gebiet der Parapsychologie vereinbar sind.

Doch selbst *wenn* einige der Phänomene tatsächlich echt gewesen sein sollten, könnten sie das Überleben von »Geistern« nicht beweisen. Wie in den zuvor aufgeführten Fällen die ASW-Kräfte, so bieten hier die psychokinetischen Kräfte des lebenden Menschen eine Alternativerklärung, die einfacher und akzeptabler ist als die Geisterhypothese. In Ausnahmesituationen *kann* ein lebender Mensch solche Phänomene verursachen. »Geister« sind dazu nicht nötig.

Die Parapsychologen widmeten dem physikalischen Mediumismus in den letzten vierzig oder fünfzig Jahren fast keine Aufmerksamkeit mehr, weil sie verständlicherweise das Gefühl hatten, diese Forschungsrichtung verspreche sehr wenig. Erst in den letzten Jahren wandte man sich ihr wegen einer neuen Wende in der Phänomenologie wieder zu. Wir sollten hier erwähnen, daß die Versuche, »Beweise« für das Überleben zu erhalten, immer der Mode unterlagen. Die sich hebenden Tische waren angesichts einer neuen Technologie etwas altmodisch geworden. Als Tonbandgeräte für jedermann erschwinglich wurden und keine Bedienungsschwierigkeiten mehr boten, kam eine neue Welle auf: Diverse Autoren (F. Jürgenson, K. Raudive) berichteten, sie könnten »Geister«-Stimmen auf Tonband aufnehmen.* Überraschende Töne, die wie Wörter oder kurze Sätze klangen, schienen auf dem Band zu sein, wenn man das Gerät bei Stille oder sogar ohne angeschlossenes Mikrophon laufen ließ. Die so erhaltenen Stimmen sind in der Regel sehr undeutlich, und die Autoren selbst behaupten, nur ein geschulter Hörer könne sie erkennen und verstehen.

Im Augenblick findet immer noch eine Auseinandersetzung darüber statt, wie man dieses Phänomen deuten soll. Vorgeschlagene nichtparapsychologische Erklärungen waren beispielsweise:

○ Psychologische Erklärung: Die Töne wurden durch zufälligen »Lärm« in den Schaltungen oder in der Umgebung erzeugt. Wenn wir die unbestimmten Geräusche hören, haben wir eine Illusion, das heißt, wir glauben, sinnvolle Wörter oder Sätze zu vernehmen.

○ Physikalische Erklärung: Es wurden wirkliche Geräusche aufgezeichnet, auf die der Experimentator nicht achtete (wenn das Mikrophon eingeschaltet war); möglicherweise wirkten auch die Verkabelung des Tonbandgeräts oder damit verbundene Teile als Antenne und fingen unter günstigen Bedingungen gelegentlich ein Bruchstück irgendeiner Rundfunksendung oder eines Funkverkehrs auf, wie sie ständig durch unsere Umgebung schwirren.

Höchstwahrscheinlich läßt sich der Großteil der beobachteten Phänomene mit einer der beiden Erklärungen deuten. Doch es gibt auch Berichte, denen zufolge diese Erklärungen zumindest in einigen Fällen offenbar nicht zutreffen. Manche Autoren behaupteten beispielsweise, sie hätten Stimmen erhalten, die intelligent reagierten: Wenn sie ins Mikrophon sprachen und dann verstummten, gaben die Stimmen angeblich treffende Kommentare oder beantworteten Fragen, die man ihnen gestellt hatte.

Doch selbst in diesen Fällen – sofern sie echt sind – braucht man keine Aktivität von »Geistern« anzunehmen. Vermutlich erzeugte der Bediener des Tonbandgerätes (hier der Autor, der von seiner Technik begeistert ist) einen normalen PK-Effekt auf dem Band.

---

* Solche Experimente muten wie eine moderne Version von T. A. Edisons Versuchen an, Verbindung mit »Geistern« aufzunehmen (siehe Fußnote auf Seite 79).

Wir können also zusammenfassend feststellen, daß die mit dem Mediumismus verbundenen Phänomene *die unabhängige Existenz von »Geistern« und das Weiterleben nach dem Tod des Körpers nicht zu beweisen vermochten.* In welcher Richtung man die Beweise auch suchte, psychische Kräfte (ASW und PK) des lebenden Mediums erwiesen sich stets als die beste akzeptable Erklärung.

Man kann daher sagen, daß die Hauptleistung des Spiritismus – abgesehen von einigen sehr ansprechenden und tröstlichen Punkten seiner Philosophie – in der betonten Kultivierung der Trancezustände zu sehen ist, die sich als die psychischen Kräfte stimulierend erwiesen. Zur Zeit seiner Verbreitung waren darum die spiritistischen Zirkel eine Art Sammelort für Menschen mit geweckten psychischen Fähigkeiten. Sie trugen wesentlich zur frühen psychischen Forschung bei, von der sich erst später die Wissenschaft der Parapsychologie absetzte. Leider dauerte es fast ein Jahrhundert, bis man genügend über die Psychologie lebender Menschen wußte, um die Rolle des Spiritismus im richtigen Licht sehen zu können.

Dies bringt uns zur Frage nach dem Beweis für das Weiterleben oder, wenn wir sie weiter fassen, nach der **Struktur der nichtphysikalischen Wirklichkeit** zurück, die wir jetzt freilich unter anderen Gesichtspunkten und von sichererem Boden aus angehen können. Viele der spiritistischen Medien hatten ASW-Kräfte. Darum ist es denkbar und mit ihrer Motivation völlig vereinbar, daß sie diese nutzten, um Informationen über das »Jenseits« zu erhalten. Ihre Aussagen dürften deshalb einige richtige Elemente enthalten, einiges gültiges Wissen über das »Jenseits«. Sogar das grundlegende spiritistische Dogma vom Fortleben der »Geister« kann eine grundsätzliche Entdeckung widerspiegeln, nämlich daß nach dem Tod des Körpers tatsächlich *etwas* weiterlebt. Das Fehlen einer wirklich kritischen Einstellung seitens der Begründer des Spiritismus und der Verfechter dieser Lehre sowie deren verständlicher Mangel an psychologischem Wissen verbauten einen Weg, der zu tiefer Erkenntnis der Wahrheit hätte führen können.

Es dürfte interessant sein, die mediumistische Literatur im Licht unseres neuen Verständnisses zu sichten und die Spreu vom Weizen zu trennen. Wir müssen den primitiven Glauben an Geister und Gespenster ausräumen und alle Phantasiebeimischungen beseitigen. Dann finden wir vielleicht unter dem wertlosen Staub ein wertvolles Körnchen, das – möglicherweise nur symbolisch – die wirklichen Gesetzmäßigkeiten des Jenseits erkennen läßt.

5. Außerkörperliche Erfahrungen

Es gibt eine besondere Form von Erlebnissen, die viele Menschen verwirrt und oft als nachdrückliches Zeugnis für das Weiterleben von Geistern hingestellt wird: die »außerkörperliche Erfahrung« (AKE). Manchmal kann ein Mensch das Gefühl haben, er verlasse den Körper und schaue sich von einem günstigen Punkt irgendwoanders im Raum um. Er kann von diesem Punkt aus seinen Körper deutlich und klar sehen, als betrachte er ihn wirklich mit den Augen. Das Erlebnis ist oft so stark und beeindruckend, daß der betreffende Mensch das Gefühl hat, eine getrennte, vom Körper unabhängige Individualität zu besitzen. Er fühlt sich seinem Körper sogar entfremdet, als sei dieser nur ein entbehrliches Instrument, ein Werkzeug, das vom losgelösten »Ich« (der »wirklichen Persönlichkeit«) benutzt und beherrscht wird.

Die außerkörperliche Erfahrung kommt in Krisensituationen häufig vor, beispielsweise nach einer schweren Verletzung, im Narkosezustand usw. Macht jemand eine solche Erfahrung, erinnert er sich später oft daran, daß er seinen Körper von oben betrachtete, eine Unfallszene überblickte oder Ärzte und Krankenschwestern bei einer Operation usw. beobachtete. Auch in Tagträumen, beim Entspannen kann man eine solche Erfahrung machen; manche Menschen lernen sogar, sie mehr oder weniger absichtlich herbeizuführen, durch besondere geistige Konzentrationstechniken.

Derartige Erfahrungen werden meist als Zeichen dafür gedeutet, daß die »wirkliche« Persönlichkeit, der Geist, objektiv den Körper verlassen, ihn aus der Ferne anschauen und außerhalb von ihm existieren kann. Daraus wird dann das Argument abgeleitet, daß der »Geist«, wenn er außerhalb des Körpers und unabhängig davon zu existieren vermöge, durchaus auch den Tod des Körpers überleben könne.

Außerkörperliche Erfahrungen werden somit als indirekter Überlebensbeweis gedeutet. Wir möchten nun aufzeigen, daß diese Schlußfolgerung falsch ist. Zuerst wollen wir noch einmal darauf hinweisen, daß der Wissenschaftler immer versucht, ein beobachtetes Phänomen auf die einfachste, sachlichste Weise zu erklären, und daß er Geister nur akzeptiert, wenn sich die beobachteten Fakten nicht auf andere Weise erklären lassen. Manche Menschen jedoch kehren dieses logische Vorgehen um: Sie beginnen mit dem Glauben an Geister und suchen dann Argumente, die ihren Glauben retten, koste es, was es wolle.

Bei ihrer Suche nehmen sie alle irgendwie tauglichen subjektiven Erfahrungen für bare Münze, ohne die zugrunde liegenden Prozesse genauer zu verstehen. Es ist fast so, als sehe ein naiver Mensch einen Sterbenden, der aufhört zu atmen und sich zu bewegen. In dem Irrglauben, daß irgendein Antrieb für die Bewegungen und das Bewußtsein verantwortlich sei, schließt der Naive, beim Tod verlasse der Antrieb (»Geist«) den Körper. Wir haben jedoch gesehen (Seite 21), daß ein Antrieb nicht nötig ist.

Anhand zahlreicher Beispiele läßt sich veranschaulichen, daß subjektive Erfahrungen, für sich genommen, uns oft kein zuverlässiges Bild der Wirklichkeit liefern:

○ Was wir als massive Gegenstände sehen, sind in Wirklichkeit komplizierte Kombinationen winziger, sich ständig bewegender Atome, Elementarteilchen und Kraftfelder. Unsere Sinne sind sehr beschränkt, wir nehmen die einzelnen Atome und die Leerräume zwischen ihnen nicht wahr.

○ Wenn wir ein Ereignis mitansehen – sagen wir, ein Verbrechen –, kann es geschehen, daß uns wichtige Einzelheiten entgehen oder, umgekehrt, daß wir etwas gesehen zu haben glauben, was nicht da war. Unsere subjektive Erfahrung kann durch unsere Gemütsverfassung, Einstellung oder Überzeugungen verzerrt werden.

○ Unser Gedächtnis kann uns täuschen. Erzählen wir dieselbe Geschichte viele Male oder nach langer Zeit wieder, erfährt sie gewöhnlich wesentliche Veränderungen.

○ Unser räumliches Orientierungsvermögen, unsere Abschätzung von Entfernungen, Formen, Zeitspannen, unser Gefühl für die Größe unseres Körpers und unser Richtungssinn unterliegen immer wieder Täuschungen und Verzerrungen. Diese treten insbesondere bei geistiger Verwirrung auf, kommen aber auch bei vollkommen normalen Menschen unter dem Einfluß von Drogen, Alkohol, Fieber, Stoffwechselstörungen oder besonderen psychologischen Umständen vor.

Außerkörperliche Erfahrungen

○ Lebhafte Phantasie kann, vor allem wenn uns starke Gefühle, Wünsche, Ängste und andere psychologische Faktoren beeinflussen, unsere Vorstellung von der Wirklichkeit verändern.

○ Im Hypnosezustand und in anderen Zuständen veränderten Bewußtseins kann durch entsprechende Suggestionen in uns ein völlig neues Bild der Wirklichkeit geschaffen werden. Beachten Sie bitte: Die Wirklichkeit der objektiven Welt verändert sich nicht, doch es kann eine neue Gruppe subjektiver Erfahrungen geschaffen werden, die einer völlig anderen, nicht existierenden Wirklichkeit entspricht.

Diese wenigen Beispiele dürften genügen, um zu veranschaulichen, daß wir uns nicht blind auf das verlassen dürfen, was uns die subjektive Erfahrung sagt. Aus dem gleichen Grund werden beispielsweise die Piloten großer Flugzeuge angewiesen, nach Instrumenten zu fliegen und zu landen, statt sich nur auf ihre Sinne zu verlassen.

Oder nehmen wir einen anderen einfachen Fall: Wenn wir in den Spiegel schauen und uns darin sehen, behaupten wir nicht, daß unser Körper dort vor uns sei. Ein Haustier oder auch ein Kind glaubt es vielleicht zunächst, wir aber korrigieren den oberflächlichen Schein dank unserem Wissen.

Denken Sie an unser Beispiel von einem lebhaften Traum, in dem Sie Pilot sind und über den Nordpol fliegen (siehe Seite 69). Träume sind manchmal sehr phantastisch, darum ist ein solcher Traum durchaus möglich. Sie werden dann, so hoffe ich, nicht behaupten, Ihr mit einem Astraloverall und Astralstiefeln bekleideter Astralleib habe ein Astralflugzeug über den Astralnordpol geflogen.

Wenn wir dies alles bedenken, sehen wir, daß wir sehr vorsichtig sein müssen, bevor wir eine außerkörperliche Erfahrung für bare Münze nehmen. Wir müssen darauf vorbereitet sein, sie mit unserem Verstand zu prüfen, selbst wenn sie sehr lebendig, sehr lebensecht war. Viele Menschen lassen sich in die Irre führen. Wir wissen, daß Träume phantastisch sind, wir sind an sie gewöhnt, deshalb überrascht uns ein Traumerlebnis nicht sonderlich. Wir wissen eben: Es ist nur ein Traum. Aber wenn wir ein ähnliches Erlebnis haben, während wir glauben, ganz wach zu sein, unsere Sinne voll unter Kontrolle zu haben, wollen wir nicht zugeben, daß unsere Sinne uns täuschen können. Die Lebendigkeit unserer Erfahrung überwältigt uns. Wir haben das Gefühl, sie bedeute etwas Ungewöhnliches, weil wir normalerweise im Wachzustand nicht träumen.

Dieses Urteil ist jedoch falsch. Welche Art subjektiver Erfahrung wir auch machen mögen, wie lebendig, nachhaltig beeindruckend und subjektiv überzeugend sie auch sein mag, wir dürfen sie nicht als objektiven Beweis nehmen. Eine außerkörperliche Erfahrung als solche bedeutet nicht, daß der Geist den Körper verläßt. Sie ist kein Beweis, nicht einmal ein Anzeichen für das Weiterleben nach dem Tod. Unser seltsames Erlebnis kann uns, wenn es lebendig genug ist, emotional beeinflussen – doch *für sich genommen* beweist es wissenschaftlich gar nichts.

Lassen Sie uns in unserer Argumentation nun den nächsten Schritt machen. Es gibt Beobachtungen, die andeuten, daß außerkörperliche Erfahrungen gelegentlich mehr sein können als bloße Sinnestäuschungen, mehr als subjektive Spiele, die uns ein ermüdeter Geist oder kranke Sinne vorspielen.

Zahlreiche Fälle wurden berichtet, in denen Menschen nicht nur solche seltsamen subjektiven Phantasien erlebten, sondern auch etwas O b j e k t i v e s hervorbrachten: Während sie sich im Zustand außerkörperlicher Erfahrung befanden, holten sie richtige Informationen über Ereignisse ein, von denen sie normalerweise nichts hätten wissen können. Während sich beispielsweise ein Patient bei einer Operation wie von der Decke herab beobachtete, sah er auch Personen richtig, die hinter seinem Körper standen, die nie in sein Gesichtsfeld gelangten und deshalb von ihm auch nicht hätten gesehen werden können, würde er sich nicht in Narkose befunden haben; oder er sah Mitglieder seiner Familie in einem anderen Raum und konnte später richtig schildern, was sie getan und gesprochen hatten.

Manche Menschen haben das Gefühl, zur Erklärung solchen außergewöhnlichen Wissens sei die Beteiligung irgendeiner geistigen Wesenheit notwendig: Der »Geist« gehe als Träger des Denkens und der Persönlichkeit eines Menschen wirklich an den anderen Ort (darum haben wir das Gefühl, außerhalb des Körpers zu sein) und nehme wahr, was dort geschieht.

Diese Annahme ist jedoch vollkommen willkürlich und unnötig. Hier treffen vielmehr dieselben Überlegungen zu, die wir im Kapitel über mediumistische Phänomene anstellten. Das Extrawissen wird mittels ASW der Person erlangt, die eine außerkörperliche Erfahrung macht; die ASW-Information wird dann im Geist dieser Person dramatisch verzerrt. Ein Beispiel: Die ASW-Information: »Ein großer dunkelhaariger Arzt betrat den Operationssaal«, wird vom Patienten so erlebt: »Ich schwebe an der Decke und sehe einen großen dunkelhaarigen Arzt in den Raum treten.«

Die ASW-Forschung und besonders die Tatsache, daß ASW-Informationen leicht in Phantasiebeigaben gehüllt sein können, haben die Notwendigkeit aufgezeigt, alle subjektiven Aspekte solcher Erfahrungen kritisch zu bewerten. Es gibt eine Regel, die wir nie vergessen dürfen: Am wichtigsten an jeder ASW-Erfahrung ist der **Informationsgehalt**, das heißt das, was korrekt berichtet wurde, und nicht die Form der Erfahrung, in der sich nur die Psychologie der erlebenden Person widerspiegelt und die höchst vielfältig und phantastisch sein kann.

Wir wollen dies an einem Beispiel veranschaulichen, das aus meinem Buch *ASW-Training** stammt und der Situation hier angepaßt wurde.

Stellen Sie sich vor, wir versuchen ASW einzusetzen, um eine unterirdische Quelle zu finden. Verschiedene Menschen werden hier unterschiedliche Erlebnisse haben:

○ Jemand bedient sich einer Wünschelrute. Dabei offenbart sich ASW als Verhaltensreaktion: Bewegung der Hände mit der Wünschelrute. Es handelt sich hierbei um eine Primärbewegung, die erst später bewußt registriert und gedeutet wird.

○ Andere Personen können das Vorhandensein von Wasser durch eine subjektive Erfahrung entdecken, die von ihrer Psychologie, ihren Interessen, vergangenen Erfahrungen usw. bestimmt wird. Solche subjektive Erfahrungen sind sehr unterschiedlich: Person A kann den Erdboden als durchsichtig sehen und darunter Wasser erblicken. Person B kann einen Wasserfall oder ein fließendes Bächlein hören. Person C kann, während sie über den Boden geht, an einer Stelle das Gefühl haben, ihr Fuß sei naß. Person D kann die Vision eines Kahns haben und mit einer Kahnfahrt, die sie vor kurzem unternommen hat, Wasser assoziieren. Person E (die in der Vergangenheit vielleicht schlechte Erfahrungen mit Wasser gemacht hat) kann plötzlich Atemnot bekommen, als ertrinke sie. Dies sind nur einige wenige Beispiele, die Hinweis auf den ungeheuer weiten Bereich an Möglichkeiten geben. In der Regel wird das Vorhandensein von Wasser immer in einer Erfahrungsform, in der sich das Denken, die Assoziationen oder Erinnerungen der erlebenden Person in Verbindung mit Wasser widerspiegeln, symbolisch dargestellt.

---

* Erschienen im Ariston Verlag, Genf, 1975.

○ Menschen mit starkem Glauben an das Übernatürliche können Symbole wahrnehmen, die ihren Glaubensüberzeugungen entsprechen: sie können einen Gott oder Engel sehen (hören oder spüren), der ihnen sagt: »Hier ist Wasser.« Sie können den Geist eines toten Verwandten oder Freundes sehen, der ihnen die Botschaft übermittelt. Oder ein »kleines grünes Männchen vom Planeten Venus« kann ihnen als Ufo-Bote erscheinen, der sich die Mühe machte, die Information zu überbringen.

○ Manchmal kann jemand eine völlige Persönlichkeitsveränderung erleben; er hat dann das Gefühl, wirklich eine andere Persönlichkeit zu sein – ein Geist, Engel, Dämon, ein Wesen von einem anderen Planeten oder etwas anderes, das den Launen seines Unterbewußtseins entspringt. Dann hat er den Eindruck, als diese andere Persönlichkeit natürlichen Zugang zu der Information zu haben.*

○ Jemand anderer kann eine außerkörperliche Erfahrung durchleben. Er hat das Gefühl, sein »Geist« verlasse den Körper und schaue von irgendeinem anderen Ort her auf das Wasser oder springe vielleicht gar hinein, um ein erfrischendes Bad zu nehmen.

Außerkörperliche Erfahrungen können also durch ASW vermittelte Erkenntnisse offenbaren. Dies zeigt ihre enge Verbindung mit psychischen Phänomenen auf. In einigen – sehr seltenen – Fällen ging eine außerkörperliche Erfahrung sogar mit PK-Effekten einher. So wurde beispielsweise ein Phantom der erlebenden Person an dem Ort gesehen, wo die Person zu sein glaubte und wo sie die ASW-Information erhielt. Solche Fälle werden wir später, im Kapitel über »Erscheinungen« erörtern. Hier sei unterdessen nur darauf hingewiesen, daß diese Phänomene offensichtlich alle in Wechselbeziehung zueinander stehen und eine Erklärung von einem gemeinsamen Prinzip aus erfordern.

Außerkörperliche Erfahrungen, in denen auch ASW wirkt, lassen sich durch Hypnose relativ leicht auslösen. Derartige Erfahrungen bezeichnet man gewöhnlich als reisendes Hellsehen.

Wenn Sie mit einer empfänglichen hypnotisierten Versuchsperson arbeiten, können Sie ihr suggerieren, daß sie ihren Körper verlasse. Von diesem Augenblick an wird sie sich verhalten, als existiere ihre wirkliche Persönlichkeit außerhalb ihres Körpers. Dann können Sie

---
* Letzteres geschieht in Fällen sogenannter »Besessenheit«, siehe Seite 77.

Ihrer Versuchsperson zum Beispiel suggerieren, daß sie (in ihrer Imagination) in einer Ecke des Zimmers stehe, sich umdrehe und auf ihren Körper blicke (der natürlich in seiner ursprünglichen Stellung verbleibt). Die Versuchsperson wird sich, das heißt ihren eigenen Körper klar sehen, ihn und seine Stellung richtig beschreiben, genau wie sie jeden Gegenstand beschreiben kann, den zu beobachten man sie auffordert. Die subjektive Erfahrung der Versuchsperson wird sein, daß sie jemand anderer ist, daß sie von ihrem Körper losgelöst ist und ihn als etwas von ihr Getrenntes betrachtet.

Als ich mittels Hypnose die ASW-Fähigkeit meiner Versuchspersonen entwickelte, war dieses Verfahren tatsächlich einer der zwei gängigsten Wege, auf denen ich erreichte, daß eine hypnotisierte Versuchsperson beim ASW-Test Erfolg hatte.

Der erste Weg bei solchen ASW-Experimenten bestand darin, daß ich einen kleinen Gegenstand in die Hand nahm, die Finger darum schloß, die Versuchsperson aufforderte, auf meine geschlossene Faust zu schauen, und ihr suggerierte, sie habe »Röntgen-Augen«: »Die Haut auf meiner Hand wird durchsichtig, Sie werden die Knochen sehen, dann werden sogar die Knochen durchsichtig, und Sie werden sehen, was ich in der Hand halte.« Die Versuchsperson hatte die suggerierte Folge von Visionen und war schließlich dank ASW fähig, den Gegenstand zu beschreiben und zu identifizieren.

Der zweite Weg führte über die Auslösung einer außerkörperlichen Erfahrung: Die Versuchsperson wurde aufgefordert, ihren Körper zu betrachten. In diesem Stadium mußte keine ASW beteiligt sein; das Unterbewußtsein der Versuchsperson kannte die Position ihres Körpers, deshalb hätte sie ihn ohnehin richtig gesehen. Wenn die Versuchsperson berichtete, daß sie ihren Körper sehe, trat ich hinter sie und forderte sie auf, meine Stellung richtig zu beschreiben. Ich ermutigte sie, indem ich sagte, wenn sie ihren eigenen Körper sehe, müsse sie mich genausogut sehen. Oder ich legte einen Gegenstand hinter den Kopf der Versuchsperson, an eine Stelle, die sich außerhalb ihres normalen Gesichtsfeldes befand, und forderte sie auf, hinzusehen und zu sagen, was für ein Gegenstand dort liege. Die richtige Lösung einer solchen Aufgabe signalisierte bereits das Wirken von ASW.

In solchen Experimenten verhielt sich das projizierte »Ich« der Versuchsperson oft, als existiere es wirklich außerhalb ihres Körpers. Ich konnte ihr suggerieren, näher an den Gegenstand heranzutreten und ihn eingehender zu betrachten, anderswohin zu gehen und den

Gegenstand von einem anderen Blickwinkel anzuschauen (wenn die dreidimensionale Form des Gegenstandes ausgemacht werden sollte) oder den Gegenstand in ihrer Imagination zu berühren, seine Struktur zu fühlen usw. Die Versuchsperson konnte aber auch von sich aus beschließen, diese Dinge zu tun, ohne von mir dazu aufgefordert zu werden.

Ich konnte die Versuchsperson auch ersuchen, den Raum durch die Tür, durchs Fenster oder sogar durch die Wand zu verlassen und zu beschreiben, was im Nebenraum vorging. Oder ich konnte sie in eine weit entfernte Wohnung schicken, und die Versuchsperson beschrieb deren Bewohner, die Einrichtung und ähnliches korrekt. (Natürlich waren verschiedene Versuchspersonen bei der Lösung einer solchen Aufgabe unterschiedlich erfolgreich, einige machten mehr Fehler als andere, aber die besseren Versuchspersonen gaben ziemlich genaue Beschreibungen.)

Der Ort, den eine Versuchsperson in einem derartigen Experiment schildert, kann sich in der Nähe befinden oder weit entfernt sein. Die Distanz hat bei dieser ASW-Aufgabe kaum Einfluß auf den Erfolg. In meinen Experimenten war das ganze Verfahren sehr einfach und natürlich. Die Versuchsperson wurde von mir beispielsweise an einen anderen Ort in derselben Stadt geschickt und aufgefordert zu beschreiben, was sie dort sah. Führte ich die Versuchsperson an weiter entfernte Orte, erhielt sie die Anweisungen genau in der Art, wie ein Polizist einer Person den Weg beschreiben würde, wenn sie ihn danach fragte. Zum Beispiel: »Gehen Sie diese Straße entlang, biegen Sie nach drei Häuserblöcken rechts ein, dann die nächste Straße links ... Betreten Sie das zweite Haus auf der rechten Straßenseite, gehen Sie in den zweiten Stock« – und so fort.

Das Verhalten der Versuchsperson war dann genau so, als lege sie den Weg gemäß meinen Anweisungen zurück. Manchmal benutzte sie sogar ihre ASW dazu, versehentliche Fehler von mir zu korrigieren. Sagte ich beispielsweise: »Gehen Sie drei Blöcke weiter, und wenn Sie dort an der Ecke eine Buchhandlung sehen, biegen Sie rechts ab«, konnte es sein, daß die Versuchsperson fragte: »Wollen Sie, daß ich bei der Buchhandlung abbiege oder nach drei Häuserblöcken? Ich bin bei der Buchhandlung, aber sie ist vier Häuserblöcke von meinem Ausgangspunkt entfernt.«

Bei Projektionen an weiter entfernte Orte war sogar die Benutzung einer Karte hilfreich, um der Versuchsperson den Weg zu weisen.

Alle diese Experimente waren sehr lebensecht, und die Versuchspersonen berichteten stets, sie hätten das Gefühl, wirklich physisch an dem fernen Ort anwesend zu sein. Gleichzeitig schilderten sie, was sie dort sahen, hörten oder empfanden, und diese Eindrücke erbrachten richtige ASW-Informationen. Es war ähnlich, als schicke beispielsweise der Kapitän eines Schiffs einen Taucher mit dem Auftrag hinunter, den Meeresboden zu untersuchen, als erteile er dem Mann durchs Telefon Anweisungen und höre sich an, was der Mann über seine Ermittlungen berichte.

Manchmal wurden die Versuchspersonen auf gleiche Weise auch in eine ferne Zeit geschickt, in die Vergangenheit oder die Zukunft, und wieder lieferten sie richtige ASW-Informationen. Hier ein Beispiel: »Stellen Sie sich in die Ecke da und folgen Sie diesem Raum in die Zukunft. Es wird der Abend kommen, Lampen werden brennen, dann wird es Nacht sein, und alles wird dunkel sein. Gehen Sie weiter in die Zukunft, bis Sie den Tagesanbruch sehen, den nächsten Morgen, dann werden Sie eine Person in den Raum treten sehen. Beschreiben Sie mir die erste Person, die eintritt, sagen Sie mir, wer diese Person ist und was sie tut.« Ein anderes Beispiel: »Stellen Sie sich nahe hinter dieses Haus und folgen Sie ihm in der Zeit zurück. Sie werden sehen, daß Winter ist, der Boden ist schneebedeckt, und wenn Sie weiter zurückgehen, wird es Herbst sein, bunte Blätter werden auf dem Boden liegen, dann wird es warm, es ist Sommer. Gehen Sie noch weiter zurück, in den Frühling, verfolgen Sie den Wechsel der Jahreszeiten, es wird wieder Winter sein, wieder wird Schnee liegen. Gehen Sie noch weiter zurück, und wenn Sie zum Sommer kommen, beschreiben Sie, welche Veränderungen Sie an dem Haus zu dieser Zeit sehen.«

Auch diese Aufgabe ist für die hypnotisierte Versuchsperson nicht sehr schwer. Sie wird das Gefühl haben, sich an einem anderen Ort und möglicherweise in einer anderen Zeit zu befinden, und sie wird fähig sein, eine bedeutende Zahl richtiger Informationen zu liefern, die sie mittels ASW erhält. Die Versuchsperson wird ihre Projektion sehr lebhaft empfinden, als sei ihr physischer Körper tatsächlich an dem fernen Punkt in Raum und Zeit anwesend. Doch ihr Körper wird die ganze Zeit über vor mir auf dem Stuhl sitzen. Sie wird auf meine verbalen Instruktionen reagieren, Fragen beantworten und in keiner Weise überrascht sein über die Absurdität der Situation.

Außerkörperliche Erfahrungen lassen sich also durch hypnotische Suggestionen künstlich herbeiführen. In unseren Experimenten konnten wir sie sehr leicht auslösen, und sie dienten als Träger oder Vehikel für ASW. In den Experimenten wurde der möglichen Existenz von Geistern nie Rechnung getragen, und die subjektiven Erfahrungen der Versuchspersonen sowie ihre späteren Erinnerungen besagten immer, daß sie ihre eigenen Fähigkeiten nutzten – *ASW des lebenden Menschen.* Experimente in reisendem Hellsehen können überaus aufregend sein und sind auch sehr vielversprechend, was die praktische Anwendung der ASW in Zukunft angeht – doch sie berechtigen in keiner Weise dazu, sie als Aktivität bzw. Reisen von Geistern – verstanden als unkörperliche bewußte Träger der menschlichen Persönlichkeit – auszulegen.

Andererseits verleiht das Wirken von ASW den Experimenten mit außerkörperlichen Erfahrungen eine besondere Bedeutung. Es werden tatsächlich richtige Informationen von fernen Orten eingeholt, die räumlich und manchmal auch zeitlich weit entfernt sind. In solchen Fällen müssen wir postulieren, daß irgendein Prozeß der wahrnehmenden Person die Information von dem fernen Ort übermittelt.

Vielleicht empfiehlt es sich, den Prozeß graphisch zu veranschaulichen, indem man die visuelle Beobachtung ferner Objekte, nehmen wir Planeten, als Vergleich heranzieht:

O *Modell A:* Normalerweise würden wir uns auf das Licht verlassen, das von dem fernen Objekt kommt, und es mit Hilfe von Teleskopen analysieren. – Vielleicht läuft bei ASW ein ähnlicher Prozeß ab, d. h. direkter Empfang eingehender Signale, die auf einer bislang unbekannten Energie basieren.

O *Modell B:* Oder wir schicken eine Raumsonde (einen Sensor, das heißt ein lebloses Instrument) zu dem fernen Planeten. Die Sonde würde Informationen aus der Umgebung des Planeten sammeln und sie zur Erde funken, wo sie weiter verarbeitet würden. – Dieses Modell widerspiegelt unsere ASW-Theorie, die wir später erläutern werden, und scheint alle existierenden Daten über ASW am besten zu erklären – vielleicht in Kombination mit dem vorhergehenden Modell.*

O *Modell C:* Schließlich können wir uns vorstellen, daß wir eine Raumfahrermannschaft, das heißt Wesen mit Bewußtsein, zu

---

* Diese Kombination scheint folgendermaßen zu funktionieren: Die »unbekannte Energie« ist gleichbedeutend mit dem vom fragenden Gedanken der Person erzeugten ASW-Organ. Das Organ wird zur Informationsquelle gesandt. Letzteres entspräche einem Blitzlicht oder Laserstrahl, womit man den fernen Gegenstand beleuchtet. Die vom Gegenstand zurückkommende Information würde dann dem reflektierten Licht entsprechen, in dem wir den Gegenstand sehen.

dem Planeten schicken. Sie fliegen dorthin, sammeln Daten, untersuchen und analysieren sie noch während ihres Aufenthaltes. Die Raumfahrer können sogar neue Untersuchungen oder Experimente planen, um Probleme zu lösen, die sich bei ihrer Arbeit ergeben haben. Die Endergebnisse ihrer Untersuchungen funken sie zur Erde oder bewahren sie mit dem gesammelten Material für einen Bericht nach der Rückkehr auf. Die Raumfahrer wären bei ihren Beobachtungen und Aktivitäten weitgehend unabhängig von der Erde. Es wäre sogar denkbar, daß sie überleben würden, falls eine kosmische Katastrophe die Erde zerstörte. – Dieses Modell zieht einen Vergleich mit der spiritistischen Theorie, nämlich mit dem Postulat, daß es intelligente bewußte Wesen – Geister – gibt, die reisen, Informationen sammeln, analysieren und berichten und die eventuell nach der Vernichtung des Körpers durch den Tod weiterleben.

Modell B scheint den ASW-Prozeß am besten darzustellen. Tatsächlich hat es den Anschein, als verlasse irgend etwas den Körper und werde an den Ort projiziert, wo sich die Quelle der ASW-Information befindet. Unter diesem Gesichtspunkt müssen wir also zugeben, daß eine gewisse Ähnlichkeit mit der spiritistischen Theorie besteht. Doch sie besteht nur insoweit, als behauptet wird, *etwas* verlasse den Körper – unserer Theorie zufolge ist dieses Etwas das psychische »ASW-Organ« und entspricht der Raumsonde. Der grundlegende Unterschied liegt in der Auffassung von dem projizierten Element. Die Spiritisten stellen es sich als bewußt und voll funktionierend vor, während es nach unserer Interpretation unbewußt ist und nur als Instrument zum Einholen der ASW-Information dient. In unserer Theorie befindet sich das Bewußtsein im Körper – im Gehirn – und ist Erzeuger des projizierten »ASW-Organs«, das den Körper verläßt, die ASW-Informationen einholt und gelegentlich auch PK-Effekte verursachen kann. Im Spiritismus dagegen hält man den Geist für das Primäre und glaubt, er benutze den Körper als Werkzeug.

❉

Der Vollständigkeit halber wollen wir hier an unsere frühere Erörterung der Psychometrie (siehe Seite 18) erinnern, auch wenn sie keinen direkten Bezug zur Überlebensfrage hat. Wir können sie jetzt mit einigen konkreten Aussagen ergänzen, die zeigen, wie sehr die Phänomene zusammenhängen und miteinander in Wechselbeziehung stehen und wie gut unsere Theorie ihre verschiedenen Verästelungen erklärt.

In der Psychometrie hält bekanntlich ein Sensitiver einen Gegenstand in der Hand und berichtet seine ASW-Eindrücke über den oder die Eigentümer sowie über vergangene Ereignisse, die mit dem Gegenstand verbunden sind. Um zu verstehen, wie die Psychometrie funktioniert, haben wir uns die Zeit als zusätzliche Raumdimension vorgestellt. Mit unseren Körpern können wir uns nach Norden und Süden, Osten und Westen, nach oben und unten bewegen; wir postulieren jedoch, daß sich die ASW-Funktion zusätzlich dazu auch in der Zeit bewegen kann: in die Vergangenheit und die Zukunft. Für uns ist dieses Merkmal natürlich nur schwer zu begreifen, weil wir gewohnt sind, die Dinge vom Standpunkt unserer Körper zu betrachten, und weil unsere Körper nicht in der Zeit reisen können.

Bei jeder Person und jedem Gegenstand erstreckt sich eine Lebensspur von einem Punkt im Raum und in der Vergangenheit (an welchem der Mensch geboren oder der Gegenstand hergestellt wurde) zu einem Punkt im Raum und in der Zukunft (an welchem der Mensch stirbt oder der Gegenstand vernichtet wird). Wir postulieren, daß das »ASW-Organ reist« und der Lebensspur – im Raum sowie in der Zeit – folgt wie der Zug den Geleisen von einer Station zur anderen.

Während der Sensitive dieser Lebensspur einer Person oder eines Gegenstandes folgt, bemerkt er Verschiedenes und berichtet es: höchstwahrscheinlich einige besondere mit dem Gegenstand verbundene Ereignisse, die für ihn, den Sensitiven, am interessantesten sind. Die Auswahl wird vom Denken, von den vergangenen Erfahrungen und den Interessen des Sensitiven bestimmt – und es ist wieder ähnlich wie bei einer Zugfahrt, in deren Verlauf wir vor allem die interessantesten Ansichten der Szenerie bemerken.

Was aber läßt das ASW-Organ zur Informationsquelle reisen? Der psychometrische Gegenstand weist den Weg mehr oder weniger automatisch. Es genügt, daß die Versuchsperson an den Gegenstand denkt, dann reist ihr Psi-Organ an dessen Lebenslinie entlang. Doch der Gegenstand ist gar nicht erforderlich. In Hypnose-Experimenten mit reisendem Hellsehen wird die Führung durch direkte Anweisungen des Experimentators erreicht, der den Weg beschreibt. Auch ein lebhafter Gedanke an die Informationsquelle kann genügen. Bei spontanen außerkörperlichen Erfahrungen sind das unterbewußte

Interesse des betreffenden Menschen und sein persönliches emotionelles Engagement der Leitfaktor.

6. Erscheinungen

Auch Gesichte und Erscheinungen zählen zu den Erfahrungen, in welchen man Überlebensbeweise suchte. Sie stellten für die frühesten Forscher der Londoner Society for Psychical Research ein sehr wichtiges Interessensgebiet dar.

Immer wieder kam es vor, daß ein Mensch, der sich anscheinend im Wachzustand befand, plötzlich und ohne erkennbaren normalen Grund die Gegenwart eines anderen, zu diesem Zeitpunkt weit entfernten Menschen spürte oder sogar die Gestalt dieses Menschen sah; gewöhnlich, aber nicht unbedingt, handelte es sich um einen engen Freund oder nahen Verwandten.

Erscheinungen gibt es nicht nur in alten Spukschlössern oder viktorianischen Landhäusern. Als Beispiel dafür sei ein interessanter Fall angeführt, der sich erst vor einigen Jahren ereignete: Am 29. Dezember 1972 stürzte in Everglades, Florida, ein Flugzeug ab, und neunundneunzig der hundertsechsundsiebzig Insassen fanden den Tod. Teile der Maschine konnten geborgen werden und fanden in anderen Flugzeugen Verwendung. In den Maschinen, die solche geborgenen Teile enthielten, sahen Passagiere und Besatzungsmitglieder noch mehr als ein Jahr nach dem Absturz immer wieder deutlich erkennbare Erscheinungen des Flugkapitäns und des Bordingenieurs, die beim Absturz ums Leben gekommen waren. Die Erscheinungen wurden von Leuten identifiziert, die beide Männer zu deren Lebzeiten gekannt hatten. Bisweilen waren sie so lebenswahr, daß man sie für lebende Menschen hätte halten können; nur antworteten sie nicht, wenn man sie ansprach, und sie verschwanden plötzlich. Mehrmals zeigten sie sich besorgt um die Sicherheit der betreffenden Flugzeuge: Einmal warnte die Erscheinung vor einem drohenden Stromausfall, und bei einer daraufhin vorgenommenen Kontrolle fand man tatsächlich einen Fehler im Stromkreislauf; ein andermal sagte sie die Gefahr eines Triebwerkbrandes richtig voraus; und wieder ein anderes Mal führte die Erscheinung einen Bordingenieur zu einer defekten Stelle im Hydrauliksystem. Die Erscheinungen wurden oft von mehreren Personen gleichzeitig gesehen.*

Erscheinungen wirken oft sehr lebensecht und weisen alle Merkmale eines physischen Körpers auf, so daß man glaubt, einen wirklichen Menschen vor sich zu haben, den »Geist« in Fleisch und Blut zu sehen. Manchmal allerdings ist die Erscheinung weniger klar, sondern schattenhaft, schemenartig oder nebelig. Und auch eine lebensechte Erscheinung gewahrt man meist nur flüchtig; nach einer Weile verschwindet die Gestalt plötzlich, zum Beispiel wenn der Beobachter sie anspricht, zu berühren versucht oder sich ihr nach kurzer Ablenkung durch etwas anderes wieder zuwendet. Die Erscheinung kann auch durch eine geschlossene Tür oder durch die Wand verschwinden, und sie kann andere für körperliche Wesen ungewöhnliche Verhaltensmerkmale zeigen. Die meisten dieser Visionen hatten jeweils einwandfrei subjektiven Charakter; doch einigen einwandfrei bezeugten Erscheinungen haftete auch das Kriterium einer gewissen Objektivität an: sie wurden von mehreren Beobachtern gleichzeitig gesehen.

Bei den von mehreren Personen beobachteten Fällen handelte es sich häufig um Erscheinungen von Menschen, die zu diesem Zeitpunkt gerade starben. Die Häufigkeit der berichteten Beobachtungen muß natürlich nicht unbedingt die Häufigkeit des Auftretens widerspiegeln, denn zu jener Zeit – wir sprechen über das Ende des neunzehnten Jahrhunderts – achteten die Menschen, die sich mit den Rätseln des Todes und der spiritistischen Theorie beschäftigten, vorwiegend auf solche Erscheinungen. Die Häufigkeit ihres Auftretens und ihr besonderer Gefühlsgehalt trugen ihnen sogar eine eigene Bezeichnung ein: »Krisenerscheinungen«. Daneben aber sah man auch Erscheinungen von Menschen, die längst tot waren, und Erscheinungen Lebender.

Die spiritistische Theorie bietet eine einfach klingende Erklärung, die alle Erscheinungen auf der Basis eines gemeinsamen Prinzips deutet: Geister erscheinen aus irgendeinem persönlichen Grund, gewöhnlich um eine Botschaft zu übermitteln; entweder sind es Geister toter Menschen, oder es kommen Geister sterbender Menschen zu ihren Freunden und geliebten Angehörigen, um ihr Weggehen anzukündigen; und Geister lebender Menschen können kurz Besuch machen, bevor sie in ihren Körper zurückkehren. Wäre diese

---

* Siehe John G. Fuller: *The Ghost of Flight 401,* New York, 1976.

Erklärung richtig, stellten die Visionen von Geistern toter Menschen einen unmittelbaren Beweis für die spiritistische Theorie dar, nämlich einen Beweis, den unsere Sinne uns aus erster Hand liefern. Die Erscheinungen Lebender wären dann ein indirekter Beweis, der auf folgendem Argument beruht: Wenn ein Geist zu Lebzeiten des Menschen außerhalb des Körpers unabhängig existieren und agieren kann, dann kann er es vermutlich auch nach dem Tod des Körpers. Dieses Bild ist jedoch von irreführender Einfachheit. Es täuscht, weil ähnliche, dennoch aber verschiedene Phänomene willkürlich unter einem einzigen Aspekt zusammengefaßt wurden: Eine Erscheinung sehen. (Die Einordnung ist etwa so, wie wenn man behauptete, Delphine und Wale müßten Fische sein, einfach weil sie im Wasser schwimmen.) In Wirklichkeit spielen bei Erscheinungen von einem Fall zum anderen unterschiedliche Phänomene mit, und wir werden sehen, daß sich die diversen Erscheinungen auch unterschiedlich erklären. Die übliche Unterteilung in Erscheinungen Toter, Sterbender und Lebender ist nur eine oberflächliche Klassifizierung, worin die Natur des Phänomens nicht sichtbar wird. Eingeführt hat man sie unter dem Einfluß des Spiritismus, weil man überzeugt war, daß Erscheinungen mit dem Sterben in Zusammenhang stünden und daß der Augenblick des Todes größte Bedeutung für die Betroffenen habe; deshalb faßte man auch die Erscheinungen Sterbender in einer eigenen Kategorie zusammen. Wir werden die Unterteilung trotz ihrer Oberflächlichkeit beibehalten, allerdings nur zu didaktischen Zwecken, denn sie hilft uns, die ablaufenden Prozesse zu beschreiben und zu verstehen.

Die Phänomene, die bei Erscheinungen Toter auftreten, werden mit den Phänomenen des Mediumismus in Verbindung gebracht. Tatsächlich behaupteten Medien oft, Geister toter Menschen zu sehen. Meist hatte das Medium das Gefühl, es werde vom Geist »in Besitz genommen«; seine Persönlichkeit veränderte sich, und der »Geist« sprach durch das Medium. Kam es zu keiner vollkommenen Persönlichkeitsveränderung, behauptete das Medium, es sehe und höre den Geist nur; es berichtete dann, »was der Geist ihm sagte«.

Im Prinzip unterscheiden sich Visionen wacher Menschen nicht von mediumistischen Visionen. Was ein Medium erleben kann, das kann bis zu einem gewissen Grad jedermann erleben. Man braucht sich nur vor Augen zu führen, daß hier jene Erwägungen zutreffen, die wir bereits im Zusammenhang mit mediumistischen Phänomenen und außerkörperlichen Erfahrungen erörterten. Eine subjektive Erfahrung, so lebendig sie sein mag, muß nicht unbedingt eine Wirklichkeit widerspiegeln. Unsere Erörterung der mediumistischen Phänomene (Seiten 79 – 80) hat bereits veranschaulicht, daß zumindest manche Geistervisionen reine Phantasien seitens der Medien waren.

Die bereits früher angestellten Überlegungen gelten auch hier. Wenn wir von einem Verstorbenen nur träumen, finden die meisten von uns dies ganz normal. Wir nehmen – richtigerweise – an, daß unsere Gedanken über den Verstorbenen oder unsere Erinnerung an ihn den Traum auslösten. Die Lebendigkeit des Traums verwirrt uns nicht. Kommt so etwas jedoch in mediumistischer Trance vor (das heißt in einem schlafähnlichen Zustand, in dem das Medium sich fast wie ein wacher Mensch verhalten kann), sieht alles viel geheimnisvoller aus und wirkt viel erregender. Und haben wir gar eine lebensechte Vision, während wir uns vollkommen wach fühlen, empfinden wir dies als noch rätselhafter. Wir neigen dazu, eine solche Vision als wirklich anzusehen, weil wir gewohnt sind, Mitteilungen unserer Sinne als wahr zu akzeptieren. Wir lehnen uns gegen die Möglichkeit auf, daß unsere eigene Erfahrung uns täuschen könnte.

Haben wir jedoch einmal erkannt, daß auch ein normaler Mensch unter besonderen psychophysiologischen Bedingungen Halluzinationen haben kann, löst sich ein großer Teil des Rätsels von selbst auf. Wir begreifen, daß eine solche Vision nichts anderes als eine Halluzination, eine subjektive Erfahrung ohne jede objektive Grundlage, ist. Wir können etwas »in unserem Geist sehen«, aber diese Erfahrung entspringt inneren psychologischen Gründen, und es gibt keine entsprechenden Lichtsignale, wie sie beim normalen objektiven Wahrnehmungsprozeß auf unser Auge treffen.

Die erste Erklärung, die zumindest für *einige* Erscheinungen gültig ist, muß also lauten: Nichts Wirkliches, nur eine Vorstellung oder vielleicht eine Sinnestäuschung, ausgelöst durch einen ungewöhnlichen Zustand des Gehirns.

Diese Erklärung gilt für das einfache Sehen von Erscheinungen, mit dem keine anderen, nämlich besonderen Merkmale einhergehen. Viele Beobachtungen von Erscheinungen sind jedoch ganz offensichtlich mehr als ein bizarres Spiel kranker Sinne oder eines ermüdeten Geistes. Visionen Verstorbener – sowohl seitens der Medien als auch seitens wacher Menschen – bringen oft irgendeine unbekannte Information. Die Erscheinung kommt offenbar, um eine Botschaft zu übermitteln, eine verborgene Tatsache zu enthüllen oder einen

Erscheinungen 121

Wunsch zu äußern, der von dem Toten zu stammen scheint. Zweifellos macht diese verblüffende Tatsache solche Erfahrungen besonders bemerkens- und berichtenswert.

Derartige Fälle begegneten uns schon im Kapitel über mediumistische Phänomene. Erlebnisse, welche die Medien hatten, wurden gelegentlich auch von normalen Menschen berichtet, die sich nicht in mediumistischer Trance befanden. Doch die Erklärung, die wir für mediumistische Erfahrungen gaben, gilt auch hier. Der Wahrnehmende ist hier ein wacher Mensch – oder besser: ein *scheinbar* wacher Mensch, weil er gewöhnlich entspannt oder in Gedanken versunken ist. Er benutzt seine ASW, um die gesuchte Information zu erhalten. Oft erleichtern das persönliche Engagement und die Motivation des Wahrnehmenden, der ganz bestimmte Detailkenntnisse erlangen will, den Vorgang. Die scheinbare Mitwirkung einer verstorbenen Person verleiht der Geschichte nur zusätzliche Würze und dramatische Züge.

Die mittels ASW erlangte Information wird vom Unterbewußtsein des Wahrnehmenden verarbeitet und ins Phantastische verzerrt. (Dieser Prozeß ist im wesentlichen identisch mit der Verzerrung von ASW-Impressionen in anderen Situationen und unterliegt weitgehend jenen Mechanismen, die auch unseren Träumen den phantastischen Charakter verleihen.) Es ist die schöpferische Phantasie unseres Unterbewußtseins, die eine ASW-Information als Vision eines »Geistes« darstellt, der uns eine Botschaft enthüllen will. Wir dürfen nicht vergessen, daß die meisten solchen Fälle von Personen beobachtet und berichtet wurden, deren ganzes Denken und Fühlen sich mit der Möglichkeit der Aufnahme einer Verbindung zu weiterlebenden Geistern Verstorbener beschäftigte, und daß zur damaligen Zeit der Glaube an Geister in breiten Bevölkerungsschichten sehr lebendig war. Diese Tatsache förderte natürlich das Auftreten von Erlebnissen oder Erfahrungen gerade dieses Typs.

Die z w e i t e Erklärung *einiger* Erscheinungen lautet also: Die vom Beobachter (durch seine eigene ASW-Aktivität) erhaltene ASW-Information wird in seiner Traumphantasie dramatisch verzerrt, besonders wenn ihn Geistergeschichten sehr fesseln.

Bitte beachten Sie, daß die erste und die zweite Erklärung eng miteinander verknüpft sind. Wenn ein Traum oder kranke Phantasie mich ein Phantom oder einen Geist sehen lassen, ist Erklärung 1 angebracht; wenn das gleiche geschieht, der Geist aber dazuhin eine bisher unbekannte Information enthüllt, gilt Erklärung 2.

Krisenerscheinungen, das heißt das Sehen von Menschen, die dem Tode nahe sind oder im Sterben liegen, bilden ebenfalls eine komplexe Gruppe verschiedener Phänomene. Als erstes können wir feststellen, daß sie gewöhnlich irgendeine ASW-Information enthalten: Die Botschaft, daß die betreffende Person sterbe oder gerade gestorben sei. Die so gesehene Person, meist ein Verwandter, ein Freund oder ein anderer dem Beobachtenden nahestehender Mensch, kann vollkommen gesund gewesen und überraschend gestorben sein, beispielsweise bei einem Unfall. Ein solcher plötzlicher Unfalltod schlösse dann die Möglichkeit aus, daß die Vision und der Zeitpunkt ihres Auftretens eine Folge von Sorgen über die Gesundheit der betreffenden Person sind.

Für die Vision als solche gelten die obigen Überlegungen. Sie kann bloße Halluzination sein (gemäß Erklärung 1). Doch allein schon die Tatsache, daß die Erscheinung im Augenblick des Todes der Person gesehen wurde, bedeutet mehr: Offenbar wurde auch die Information über den Zeitpunkt des Todes der Person empfangen. Diese Information ist mittels ASW erhältlich, und wir dürfen sehr wohl erwarten, daß sie dramatisch verhüllt und als Geistererfahrung dargestellt wird (gemäß Erklärung 2).

Träte das Erlebnis in einem Traum auf, hätten wir auch hier kaum Schwierigkeiten, es als Fall von Traum-ASW zu identifizieren. Die Ungewöhnlichkeit und die starke emotionale Wirkung erhält das Erlebnis dadurch, daß es auftritt, während wir uns wach fühlen. Abgesehen davon paßt es natürlich vollkommen in den Rahmen unseres Wissens über die Funktionsweise von ASW.

Selbstverständlich sind wir an unserem Freund oder geliebten Angehörigen interessiert. Unsere Gefühlsbindung an ihn ist ein Motivationsfaktor, der unsere ASW anweist, die Information auszuwählen, daß der betreffende Mensch gestorben ist oder im Sterben liegt. Die Information wird dann dramatisch verwandelt, zur Vision dieses Menschen umgestaltet – und wir sehen seine Gestalt, sie setzt uns über seinen Tod ins Bild und sagt uns auf Wiedersehen.

Die dramatische Gestaltung des Erlebnisses kann beispielsweise auch die ASW-Feststellung über die Todesart des Verstorbenen widerspiegeln. Ist er ertrunken, kann das Erlebnis dies beispielsweise symbolisch in der Vision einer Gestalt ausdrücken, deren Kleider tropfnaß sind.

Die ASW-Funktion findet natürlich parallel zu anderen Funktionen des Wahrnehmenden statt. Dies veranschaulicht der folgende psychologisch interessante Fall *, in dem ein normaler Sinnesreiz zur Auslösung der Gespenstererfahrung beitrug und einige ihrer Merkmale bestimmte. Herr C. in Grenoble hatte sich eben zu Bett gelegt, als er plötzlich die Tür seines Zimmers aufgehen sah. Die Gestalt eines Mädchens, in das er verliebt war, kam herein und trat an sein Bett. Herr C. ergriff ihre Hand, doch zu seiner Überraschung war die Hand kalt. Als er nach dem Schock wieder zu sich kam, merkte er, daß er ein Glas Wasser in der Hand hielt. Das Mädchen, das er zu sehen gemeint hatte, war zur gleichen Zeit in Toulouse gestorben.

Eine solche Vision muß nicht unbedingt *genau* zum Todeszeitpunkt auftreten (tatsächlich zeigten bereits die frühesten Untersuchungen der Londoner Society for Psychical Research, daß Vision und Tod zeitlich oft nur ungefähr zusammenfallen). Gehen wir richtigerweise davon aus, daß es sich hier um eine ASW-Information handelt, so kann diese Tatsache auf viel natürlichere Weise erklärt werden als mit der Geisterhypothese. Natürlich kann durch ASW die Information über den bevorstehenden Tod erlangt werden, noch bevor die Person stirbt, und die Vision kann dann dem Tod vorausgehen. Oder die Information trifft in unserem Unterbewußtsein ein, aber – wie es bei ASW-Impressionen oft geschieht – ihr Auftauchen ins bewußte Erleben ist abgeblockt. Wir sind vielleicht mit anderen Problemen beschäftigt, unsere Aufmerksamkeit wird durch etwas anderes festgehalten, und wir sind nicht bereit, die Information bewußt zu erfahren. Später, wenn sich der Rahmen unseres Denkens ändert, wird unser Geist aufnahmebereit für die Erfahrung, und wir sehen die Erscheinung mit einiger Verzögerung; dies erklärt dann Visionen, die nach dem Tod der Person auftreten.

Die Person muß jedoch nicht unbedingt sterben. Derartige Erscheinungen können auch vorkommen, wenn eine Person in eine lebensgefährliche Situation gerät (Krise, schwere Krankheit, Unfall usw.), diese aber überlebt. Hier erscheint die ASW-Erklärung noch natürlicher als die Geisterhypothese.

In solchen Fällen geht es dann nicht um den Tod selbst, sondern um die für das Auftreten von Erscheinungen offenbar höchst wichtige *dramatische Situation vor dem Tod* – ob dieser nun tatsächlich eintritt oder nicht. Wieder erfahren wir durch *unsere* ASW von der Gefahr, und das Wissen wird in dramatisch gestalteter Form als Erscheinung eines Phantoms erlebt.

---

* C. Flammarion: *L'inconnu et les problèmes psychiques.*

In dem nachfolgenden typischen Beispiel für einen solchen Fall trat ein Hörerlebnis an die Stelle der Erscheinung. Dadurch ändert sich jedoch nichts. Es gibt keinen Grund, warum die visuelle Erfahrung eine Sonderstellung unter den Sinneserfahrungen einnehmen sollte. Der Fall ist interessant, weil die in eine kritische Situation geratene Person ebenfalls ein ASW-Erlebnis hatte.

Ein junger Engländer fiel in der Nähe der Insel Java von einem Schiff und wäre fast ertrunken. In seiner Agonie, bevor ihm die Sinne schwanden, rief er: »Mutter!« Als er nach seiner Rettung das Bewußtsein wiedererlangte, erinnerte er sich, daß er seine Mutter und seine restliche Familie zu Hause in England gesehen hatte. Bei seiner Heimkehr bestätigten die Angehörigen, daß sie sich zur Zeit seines Erlebnisses genau in der von ihm gesehenen Situation befunden hatten (ein Fall von ASW seinerseits). Interessanterweise berichtete seine Mutter, daß sie ihn in dem kritischen Augenblick hatte rufen hören (sie hatte mittels des Gehörsinns seine »Phantom«-Stimme wahrgenommen). Der durch die geographische Breite bedingte Zeitunterschied war berücksichtigt worden.

Dieses Erlebnis liefert uns ein Argument gegen die spiritistische Theorie: Das Auftreten von Erscheinungen ist unabhängig davon, ob die betreffende Person gestorben ist oder nicht. Andererseits bringen Erscheinungen oft symbolisch die Information über den Tod der gesehenen Person oder über eine ihr drohende Gefahr. Diese Tatsache verträgt sich kaum mit der spiritistischen Theorie, dagegen voll und ganz mit der ASW-Theorie. Tatsächlich stehen, wenn die ASW-Theorie gültig ist, genau solche Erlebnisse zu erwarten.

Es gibt viele Beobachtungen, die aufzeigen, in welcher Weise und wie stark eine Erscheinung vom Denken der erlebenden Person abhängt. Folgender Fall* veranschaulicht beispielsweise, daß der gleiche Reiz bei zwei Personen ähnliche, aber doch unterschiedliche Erlebnisse auslösen kann.

Mrs. E. lag im Sterben. In der Nacht, während ihrer letzten Augenblicke, sprach sie von ihrem Schwager, den sie »Onkel Done« zu nennen pflegte. Der Schwager hörte sie zur selben Zeit rufen: »Onkel, Onkel!« Verwirrt lief er aus seinem Zimmer und traf auf seine Nichte, die aus ihrem Zimmer kam, weil sie hatte rufen hören: »Rosy, Rosy!«

---

* E. Gurney, F. W. H. Myers, F. Podmore: *Phantasms of the Living.*

Im allgemeinen läuft ein solches Erlebnis nach allen Gesetzen ab, die für die symbolische Verzerrung von ASW-Impressionen charakteristisch sind. In einem von W. H. C. Tenhaeff berichteten interessanten Fall lebte ein alter Mann in einem Bauernhaus. Der Wahrnehmende hatte ihn dort oft besucht und war immer an einer Ziege vorbeigegangen, die mit einem Strick vor dem Haus angebunden war. Als der alte Mann starb, sah der Wahrnehmende nicht dessen Gestalt, sondern ein Symbol, das er in seinem Geist mit dem alten Mann assoziierte: Er sah das Phantom der Ziege des Mannes.

Die Abhängigkeit der Erscheinungen von der Psychologie der wahrnehmenden Person liefert uns ein weiteres Argument gegen die spiritistische Erklärung, denn diese Abhängigkeit steht völlig im Einklang mit der Erklärung durch ASW; die spiritistische Erklärung dagegen würde eine Abhängigkeit von der Psychologie der sterbenden Person (vom »Geist«) erwarten.

In diesem Fall war das Tier nur ein Symbol für die sterbende Person. Doch es wurden auch echte Erscheinungen von Tieren gesehen und berichtet. So hatte beispielsweise Frau C. einen Hund und eine Katze, die einander haßten. Der Hund kam bei einem Verkehrsunfall um. Eines Abends, als Frau C. an ihren Hund dachte, hörte sie ihn unter ihrem Stuhl bellen. In dem Moment rannte die Katze voller Angst davon. Während der nächsten zwei Wochen mied die Katze alle Plätze, die sie seit dem Tod des Hundes besonders gemocht hatte. Statt dessen blieb sie an einem Platz, der ihr zu Lebzeiten des Hundes als Versteck und Schutz vor seinen Angriffen gedient hatte. Sie zeigte auch noch andere Verhaltensmerkmale, die für ihre früheren Kämpfe mit dem Hund charakteristisch gewesen waren.*

Wollten wir immer noch an der spiritistischen Erklärung festhalten, müßten wir annehmen, daß es auch »Geister« von Tieren gibt. Doch ich bezweifle nicht, daß der Leser im Laufe unserer Erörterung erkannt hat, wie absurd die spiritistische Erklärung ist.

Die ASW-Theorie erklärt den geschilderten Fall weit besser, in einer Art, die uns interessanterweise an die Kreuzentsprechungen erinnert, die ja dadurch zustande kamen, daß ein Medium andere Medien telepathisch beeinflußte. In unserem Fall hier war das Nachdenken von Frau C. über den Hund offensichtlich der stimulierende Faktor; ihre Gedanken lösten ihr eigenes Erlebnis aus und beeinflußten dazuhin telepathisch die Katze.

---
* Zeitschrift *Light*, 1936, Seite 470.

Wir sind jetzt an einem Punkt angelangt, wo wir *andere Erklärungen von Erscheinungen* erörtern können. Bis jetzt lautete unsere Erklärung, daß Erscheinungen nur im Erleben des Wahrnehmenden existierten, was für viele Erscheinungen zweifellos auch zutrifft. Daneben gibt es jedoch zahlreiche Fälle, die auf eine Mitwirkung des Agenten (der sterbenden Person) hindeuten. Dazu gehört der Fall des ertrinkenden jungen Engländers (Seite 124), der darauf schließen läßt, daß an beiden Enden der Kommunikationsleitung eine psychische Beteiligung stattfinden könnte.

Der Augenblick des Todes hat für jeden Menschen einmalige Bedeutung. Wir dürfen erwarten, daß der Mensch in einem solchen Augenblick – oder eher kurz davor – in einen besonderen Geistes- und Gemütszustand gerät, der das Auftreten außerkörperlicher Erfahrungen und das Wirken von ASW begünstigt. (Eingehender werden wir dieses Merkmal später, bei der Behandlung von Sterbebettvisionen, erörtern.) Wegen seiner Einmaligkeit im Leben kann der besagte Zustand stark mit Gefühlen beladen, eine Art »letzter Schrei« der sterbenden Person sein. Oder ihr Zustand ist friedlich, von einem einzelnen, langsam ersterbenden und entschwindenden Gedanken geprägt. Und bei einer Person, die in akute Lebensgefahr gerät, darf man annehmen, daß sie einen Zustand inneren Sturms durchmacht, für den intensive Gedanken und Gefühle charakteristisch sind.

Alle genannten Zustände aktivieren vermutlich den Psi-Prozeß. Das ist der Grund dafür, daß Sterbende oft ASW-Erlebnisse haben. Hat der Sterbende einen einzelnen, konzentrierten Gedanken und richtet sich dieser auf eine andere Person, einen Freund oder Verwandten, mag er ASW-Informationen über diese andere Person empfangen. Befaßt er sich ganz mit seinem eigenen Sterben, wird er eher die Information erhalten, daß jemand, für den er sich interessierte, gestorben ist. In einer dramatischen Verzerrung der Erfahrung kann er die Gestalt dieses Verstorbenen unter anderen »Geistern« von Menschen sehen, über deren Tod er Bescheid weiß. Dies geschah im folgenden Fall (er ist ein typisches Beispiel für Sterbebettvisionen, die wir später behandeln werden).

Zwei etwa achtjährige Mädchen, Jennie und Edith, Schulkameradinnen und enge Freundinnen, erkrankten an Diphtherie. An einem Mittwoch um die Mittagszeit starb Jennie. Ediths Eltern taten alles, um dies vor Edith zu verbergen, weil sie fürchteten, es könnte ihr ernstlich schaden. Die Geheimhaltung gelang ihnen auch, wie aus der Tatsache zu ersehen ist, daß Edith am Samstag mittag, als ihr eigener Zustand sich stark verschlechterte, zwei Fotos von sich auswählte und bat, man solle sie Jennie als Abschiedsgeschenk geben. Edith starb am Samstag abend. Kurz vor ihrem Tod sprach sie über das Sterben und schien einige ihrer Freundinnen zu sehen, von denen sie wußte, daß sie tot waren. Plötzlich wandte sie sich mit allen Anzeichen der Überraschtheit an ihren Vater und rief: »Ich werde Jennie mitnehmen! Aber, Papa, du hast mir gar nicht gesagt, daß Jennie hier ist!« Dann streckte sie die Arme nach vorn und sagte: »Oh, Jennie, ich bin so froh, daß du hier bist!«*

Bei anderen Gelegenheiten mag der Sterbende mehr an einer lebenden Person interessiert sein. Während des ASW-Kontakts mit dem lebenden Freund und der Einholung von ASW-Informationen über ihn sucht das »ASW-Organ« des Sterbenden den Freund auf. Der Gedanke des Sterbenden, daß er vor seinem Tod den Freund gern noch einmal sehen würde, kann der stimulierende Faktor sein. Das »ASW-Organ« holt Informationen über den Freund ein, die vom Sterbenden als außerkörperliche Erfahrung erlebt werden können (aber nicht unbedingt so erlebt werden müssen). Das »ASW-Organ« ist natürlich dem normalen Gesichtssinn unzugänglich, kann aber mittels ASW wahrgenommen werden.

Zur gleichen Zeit wird der Freund, wenn er bereit ist, ASW zu benutzen *(seine eigene* ASW!), den Sterbenden in seiner Nähe spüren. Er wird tatsächlich die Anwesenheit des »ASW-Organs« spüren und so den Sterbenden identifizieren können und mittels seiner ASW von der Krisensituation erfahren. Die Gegenwart des fremden Agenten samt der damit verbundenen ASW-Informationen wird dann in dramatischer Form erlebt, zum Beispiel als Erscheinung: Das visuelle Bild des Sterbenden (und/oder seine Stimme) wird erscheinen und die Botschaft übermitteln.

Damit kommen wir zur dritten Erklärung *einiger* Erscheinungen: Sie treten als Folge eines »Rufs« auf, der vom Sterbenden ausgeht und vom lebenden Wahrnehmenden empfangen wird. Beachten Sie jedoch, daß der geistige Ruf des Sterbenden, ein Funke seines letzten Gedankens, empfangen wird – *nicht* der überlebende Geist. Außerdem wird dieser Ruf nicht mittels der normalen Sinne wahrgenommen, sondern durch ASW. Gemäß den Gesetzmäßigkeiten, denen die ASW unterliegt, kann der Ruf in vielfältigen Formen empfangen werden – das Sehen einer Erscheinung ist nur eine von vielen Möglichkeiten. Beachten Sie weiters, daß der »letzte Ruf« ein

---
* James H. Hyslop: *Psychical Research and the Resurrection,* Boston, 1908.

Gedanke des *noch lebenden* (wenn auch sterbenden) und nicht des toten Menschen ist. Lebt ein Mensch noch, kann es natürlich geschehen (wie dies in dem auf Seite 124 geschilderten Fall des vom Tod durch Ertrinken bedrohten jungen Engländers zutraf), daß ein »letzter Ruf« hinausgeht, daß der Empfänger ihn wahrnimmt und daß der Sender anschließend gerettet wird und überlebt.

Die Intensität des »Rufs« und das Engagement des sterbenden Initiators können von einem Fall zum anderen schwanken. Beim Engagement unterscheiden wir mehrere Grade:

○ *Grad 1:* Die sterbende Person erzeugt in der Nähe des Wahrnehmenden einen psychischen Effekt, doch dieser ist ziemlich schwach, und der Wahrnehmende vermag ihn mittels ASW nur wahrzunehmen, wenn er dazu bereit und nicht anderweitig abgelenkt ist. Sollten mehrere Personen gleichzeitig zur Wahrnehmung des Effekts mittels ASW bereit sein, stellt sich uns dies als eine kollektive Erscheinung dar, die von mehr als nur einem Wahrnehmenden gesehen wird. (Selbst dann kann es jedoch sein, daß andere Anwesende, deren Geist nicht zur Wahrnehmung der Erscheinung bereit ist, sie nicht sehen; oder es kann vorkommen, daß eine Person die Erscheinung mittels ASW wahrnimmt und dann andere Anwesende telepathisch beeinflußt, so daß sie die Erscheinung auch sehen; letzteren Prozeß postulieren wir angesichts des Phänomens der Kreuzentsprechungen und in dem auf Seite 125 geschilderten Fall des toten Hundes.)

○ *Grad 2:* Der Sterbende erzeugt einen psychischen Effekt mit viel größerem Durchdringungsvermögen. Trifft die Information beim Wahrnehmenden ein, wird die psychische Aktion der sterbenden Person sie aktiv in dessen Bewußtsein drängen. Dies ist ebenfalls ein psychischer Prozeß, aber die Bewußtwerdung der Information erfolgt nicht aufgrund der Aktivität des Wahrnehmenden wie bei Grad 1, sondern aufgrund der dominierenden Aktivität des Gedankens der sterbenden Person (dieser Prozeß einer Gedankenübertragung mit ausgeprägter Aktivität des Senders wird gewöhnlich als »Kappa-Telepathie« bezeichnet).

○ *Grad 3:* Eine noch stärkere Aktion des Gedankens der sterbenden Person ist denkbar (und mit dem vereinbar, was wir über die psychischen Kräfte wissen): Die projizierte Aktion ist so stark, daß sie an dem fernen Ort eine physikalische Veränderung hervorruft. Diese sollte dann mit den normalen Sinnen und von allen Anwesenden wahrzunehmen sein.

Erscheinungen 129

Solche Phänomene mit der Stärke von Grad 3 wurden, obwohl theoretisch möglich, selten berichtet, und wir müssen uns fragen, ob man sie überhaupt je einwandfrei und zuverlässig bezeugt beobachtet hat. Es gibt jedoch anekdotische Berichte über solche Phänomene, unter anderem in einem Lied über die Uhr des Großvaters, die »für immer stehenblieb, als der alte Mann starb«. Gerade dieser Effekt, die beim Tod ihres Besitzers stehenbleibende Uhr, oder auch jener des beim Tod von der Wand fallenden gerahmten Bildes werden in der Volksmeinung häufig angeführt. Grundsätzlich muß man sagen, daß jedes der zahlreichen sogenannten »Poltergeist«-Phänomene auf derartige Weise hervorgerufen werden kann.

Bei der Rekapitulation des bisher Gesagten erkennen wir in Erscheinungen regelmäßig eines von drei verschiedenen Phänomenen:

O *Erscheinungen gemäß Erklärung 1:* Keine entsprechende objektive Wirklichkeit; nur Illusionen, Halluzinationen oder kranke Phantasie.

O *Erscheinungen gemäß Erklärung 2:* ASW der wahrnehmenden Person; durch die Phantasie verzerrte Erfahrung.

O *Erscheinungen gemäß Erklärung 3:* Von der in einer Krise befindlichen Person, dem Agenten, ausgehende psychische Aktion, symbolisch wahrgenommen vom Wahrnehmenden. Der ursprüngliche psychische Reiz weist einen von drei Intensitätsgraden auf:

Während Phänomene von Grad 3 vollkommen objektiv sind und von allen Anwesenden gesehen werden müßten, sind Phänomene von Grad 2 und besonders von Grad 1 subjektive Erfahrungen »privilegierter« Beobachter mit aktiver ASW; andere Anwesende haben an der Erfahrung, die der Beobachter macht, gewöhnlich nicht teil.

Gelegentlich sehen zwei oder mehrere Personen die gleiche Erscheinung. Interessanterweise muß ein Phänomen aber sogar dann, wenn es von mehreren Personen gesehen wird, nicht einwandfrei objektiv sein. Tatsächlich wurde diese »halbe Objektivität« von Erscheinungen wiederholt berichtet: So kam es vor, daß eine Erscheinung von mehreren Zeugen gesehen wurde, nicht aber von gleichzeitig anwesenden anderen Personen. Auch können sich, wenn eine Erscheinung von mehreren Personen wahrgenommen wird, deren Erfahrungen in Einzelheiten stark unterscheiden. Der Grund liegt darin, daß die unterschiedliche Psyche der Personen die Erfahrungen unterschiedlich verzerrt. Einigen Berichten zufolge können Erscheinungen sogar von Tieren wahrgenommen werden. Jeder Fall einer kollektiv gesehenen Erscheinung muß gesondert, gemäß seiner spezifischen Bedingungen, erklärt werden. Die ASW-Gesetze lassen mindestens zwei verschiedene Wege zu, auf denen diese halbe Objektivität erzeugt werden kann.

Erstens: Mehrere Personen setzen ihre ASW gleichzeitig ein und nehmen den gleichen projizierten Effekt unabhängig und mit individuellen Unterschieden wahr.

Zweitens: Einer der Wahrnehmenden empfängt die ASW-Information, beeinflußt telepathisch die anderen und zwingt ihnen die gleiche Erfahrung auf (durch Kappa-Telepathie bei dominierendem Einfluß des ersten Wahrnehmenden).

Verbleiben die Erscheinungen Lebender. Wir können feststellen, daß sie im Grunde kein andersgeartetes Phänomen sind. Schließlich sind die Phantomgestalten Sterbender in Wirklichkeit Erscheinungen von Personen, die den Effekt auslösten, während sie noch lebten. Wie wir bereits wissen, werden Erscheinungen vom lebhaften Gedanken der sterbenden (aber noch lebenden) Person hervorgerufen. Doch die am Weiterleben von Geistern interessierten Menschen sahen in den Erscheinungen einen brauchbaren, bequemen Beweis für ihren Glauben und stellten darum die Erscheinungen verstorbener oder sterbender Personen groß heraus, wogegen sie Erscheinungen lebender Personen – die ungewöhnlich waren und besondere Aufmerksamkeit verdient hätten – schlicht vernachlässigten.

Erscheinungen Lebender kommen vor, und sie lassen sich zum Glück besser untersuchen, eben weil sie mit einem lebenden Menschen verknüpft und möglicherweise sogar bei der gleichen Person wiederholbar sind, die man dann interviewen und über die Einzelheiten der Erfahrung befragen kann. Außerdem kommt ihnen ein deutlicher erklärender Wert zu. Sie vertragen sich schwer mit der spiritistischen Erklärung – auch wenn man natürlich immer behaupten kann, ein »Geist« sei fähig, sogar den lebenden Körper vorübergehend zu verlassen. (Unbekannten Geistern kann man schließlich jede Eigenschaft andichten, die man für eine Erklärung braucht!) *

---

* Vor zweihundert Jahren, als den Chemikern die Oxydation noch ein Rätsel war, erfanden sie eine hypothetische Substanz, das sogenannte »Phlogiston«, das nach ihrem Glauben in Flammen aus dem brennenden Gegenstand entwich und diesen so zu Asche zerfallen ließ. Weil aber die Asche (wenn Stoffe wie Schwefel oder

Doch im Ernst: Erscheinungen lebender, aktiver und gesunder Menschen lassen sich einwandfrei als Effekte erkennen, die ausschließlich von lebenden Personen erzeugt werden – entsprechend den Bedingungen entweder vom »Agenten« (Sender) oder vom »Perzipienten« (der wahrnehmenden Person), stets gemäß den drei vorhin erörterten Erklärungen.

Der Effekt tritt manchmal spontan auf: Jemand sieht plötzlich die Phantomgestalt einer anderen lebenden Person. Diese andere Person, gewöhnlich ein Freund oder Verwandter, macht zur gleichen Zeit oft eine außerkörperliche Erfahrung durch, in der sie die erste Person besucht; doch keine der beiden Personen hat eine besondere Anstrengung unternommen, um den Kontakt herzustellen. Eine der beiden kann sich in einer Krisensituation befinden; das muß aber nicht sein. Oft wird auch von einem Zustand der Entspannung berichtet, von Schlaf, Gedankenversunkenheit und ähnlichem seitens einer der Personen oder seitens beider.

Gelegentlich werden die Effekte bewußt hervorgerufen, zumal in Experimenten mit absichtlich herbeigeführten außerkörperlichen Erfahrungen. Manche Menschen können sie auslösen, indem sie sich ganz auf die Erzeugung eines solchen Effekts konzentrieren (zum Beispiel, indem sie vor dem Schlafengehen ihre Gedanken auf den Wunsch konzentrieren, im Traum jemanden zu besuchen). Ab und zu wurden die Effekte auch in Experimenten mit reisendem Hellsehen beobachtet: Die hypnotisierte Versuchsperson erhielt den Auftrag, an einen bestimmten Ort zu »gehen« und zu berichten, was sie dort mittels ASW wahrnahm; zur gleichen Zeit wurde dann an dem Ort eine Phantomgestalt der Versuchsperson gesehen.

Festhalten sollten wir hier, daß Erscheinungen – ob sie spontan auftreten, absichtlich herbeigeführt oder experimentell hervorgerufen werden – sehr häufig mit außerkörperlichen Erfahrungen verknüpft sind und als Vehikel für ASW-Informationen dienen. Diese enge Verbindung der Erscheinung mit ASW und die Art, in der sie den Gesetzmäßigkeiten der ASW-Funktion unterliegen, zeigen deutlich, daß eine echte Verwandtschaft zwischen Erscheinungen und ASW

Phosphor verbrannten, deren Oxyde in der Asche blieben) manchmal mehr wog als das ursprüngliche Material, stellten sie die Hypothese auf, das »Phlogiston« müsse ein *negatives Gewicht* haben. Um die Entstehung von Wärme beim Brennen zu erklären, erfanden sie ein weiteres Phantasiegebilde, einen »Wärmestoff«, angeblich eine immaterielle, gewichtslose Substanz, welche die Ursache von Wärme sein sollte. Auch hier wurden, wie man heute weiß, willkürlich Eigenschaften hypothetischer Prinzipien ersonnen, damit man erklären konnte, was erklärt werden sollte.

besteht. Wir werden dies an einigen typischen Fällen veranschaulichen.

Frau H. hatte einen wiederkehrenden Traum, in dem sie ein bestimmtes Haus samt der Einrichtung sah, aber den Standort nicht ausmachen konnte. Einige Zeit später mietete ihr Mann ein Haus. Während der Verhandlungen sagte ihm die Besitzerin, die seine Frau noch nicht kennengelernt hatte, in dem Haus spuke ein weiblicher »Geist«. Beim Einzug erkannte Frau H. das Haus als jenes ihrer Träume, und die Besitzerin erkannte in ihr das »weibliche Gespenst«, das in dem Haus gespukt hatte.*

Ein Gast von Dr. E. in England sah im Hause seines Gastgebers eine hübsche junge Dame mit rötlich-goldenem Haar und einem braunen Kleid. Niemand sonst sah sie, aber später wurde die Gestalt auch von Frau R. gesehen, die ebenfalls Gast im Hause von Dr. E. war, und danach noch von einem Dienstmädchen. Frau R. hielt die Erscheinung für ein Familienmitglied und streckte die Hand aus, um sie zu berühren, aber ihre Hand ging durch die Gestalt hindurch, und diese verschwand. Etwa ein Jahr später kam der Sohn von Dr. E. aus Australien zurück. Während seines Aufenthalts dort hatte er geheiratet, und er brachte nun seine junge Frau mit. Sowohl Frau R. als auch das Dienstmädchen erkannten in der jungen Ehefrau die »braune Dame«, die im Hause von Dr. E. gespukt hatte. Dr. E. und seine Gemahlin erwähnten gegenüber ihrer Schwiegertochter nichts von der Sache, aber diese sagte im Lauf eines Gesprächs wie nebenbei, sie sei in den letzten Jahren krank gewesen und habe während ihrer Krankheit oft Visionen des Hauses gehabt, in dem die Eltern ihres Mannes lebten.**

Drei Monate nach dem Tod ihres Vaters, zu dem sie eine besonders enge Beziehung gehabt hatte, erwachte eine junge Frau nachts plötzlich mit dem Gefühl, der Vater sei da. Dann sah sie ihn in der Tür stehen und hörte ihn sagen: »Mach dir keine Sorgen, Carolyn, alles wird gut werden. Mama wird ins Krankenhaus kommen, aber sie wird gesund werden.« Ihre Mutter, die zu diesem Zeitpunkt kerngesund war, mußte zwei Monate danach zu einer schweren Operation ins Krankenhaus. Sie erholte sich wieder ganz.***

---

* Bericht in der *Revue des Sciences Psychiques,* 1902.
** »Census of Hallucinations«, *Proceedings of the Society for Psychical Research,* Band 10.
*** L. E. Rhine: »Hallucinatory Psi Experiments«, *Journal of Parapsychology,* 1957, Seite 216.

Herr X. war Maschinist auf einem Schiff. Eines Tages, während er eine Zeitschrift las, sah er plötzlich das Gesicht seiner Frau und hörte sie sagen: »Es ist nicht meine Schuld!« Dann sah er das Gesicht eines unbekannten Mannes. Nach der Heimkehr erzählte er seiner Frau von der Vision, worauf sie bekannte, daß sie zu diesem Zeitpunkt intimen Verkehr mit einem anderen Mann gehabt hatte. Der Maschinist begegnete diesem anderen Mann später, sein Gesicht war identisch mit dem Gesicht in der Vision.*

Herr F. Rose versuchte, seine Phantomgestalt zu seiner Freundin zu schicken. Er stellte sich den Weg zu ihrem Haus lebhaft vor und malte sich aus, daß er an ihrer Tür klingle. Die Frau und ihre Tochter schliefen zu dieser Zeit. Beide erwachten mit einem Gefühl seltsamen Unbehagens. In dem Moment kam das Zimmermädchen herein, weil es die Türglocke hatte gehen hören. Ein andermal erschien Herrn Roses Phantomgestalt visuell als leuchtendes Nebelgebilde, das verschwand, als die Frauen es ansprachen.* *

Der schwedische Parapsychologe John Björkhem berichtete ein Experiment in reisendem Hellsehen, im Zuge dessen er ein hypnotisiertes Mädchen aufforderte, geistig ihre Eltern zu besuchen, die an einem mehrere hundert Kilometer entfernten Ort wohnten. Das Mädchen beschrieb richtig, was die Eltern taten. Nach einer Weile riefen die Eltern an: Sie hatten die Phantomgestalt der Tochter in ihrer Küche gesehen und fürchteten, dies bedeute schlechte Nachricht über sie.* * *

Ein anderer Schwede, der Arzt Alfred Backmann, führte ähnliche Experimente durch. Einmal schickte er seine Versuchsperson zu seinem Freund. Sie schilderte den Freund, der in seinem Arbeitszimmer am Schreibtisch saß und schrieb. Außerdem erwähnte sie verschiedene Gegenstände in seinem Arbeitszimmer, darunter einen auf dem Schreibtisch liegenden Schlüsselbund. Backmann forderte sie auf, die Schlüssel zu ergreifen und zu schütteln und dem Freund die Hand auf die Schulter zu legen. Das Experiment endete, als die Versuchsperson erklärte, sie sei sicher, daß der Freund von ihr Notiz genommen habe. Der Mann gab später folgenden Bericht: Er hatte weder die Hand auf seiner Schulter gespürt noch eine Bewegung der Schlüssel beobachtet oder ein von ihnen ausgehendes Geräusch gehört. Doch während er so dagesessen hatte, ganz in seine Arbeit

---

* W. H. C. Tenhaeff: »Spontane paragnosie«, *Tijdschrift voor Parapsychologie,* 1954.
* * *Journal of the Society for Psychical Research,* Band 8, Seite 250.
* * * J. Björkhem: *Die verborgene Kraft,* 1954.

vertieft, war sein Blick plötzlich auf den Schlüsselbund gefallen, der neben ihm auf dem Schreibtisch lag. Er hatte aufgehört zu arbeiten und sich gefragt, wie die Schlüssel dorthin kämen, weil er sie normalerweise nicht dorthin legte. Mitten in seinen Überlegungen hatte er plötzlich eine Frau gesehen. In der Meinung, es sei das Dienstmädchen, hatte er dem keinerlei Bedeutung beigemessen, doch als die Frau wiederholt erschienen war, hatte er sie angerufen und sich erhoben, um nachzuschauen, was los sei. Doch er hatte niemanden gefunden und auf seine Erkundigung gesagt bekommen, weder das Dienstmädchen noch eine andere Frau sei in seinem Zimmer gewesen.*

Die einzelnen Erfahrungen dieses Typs sind unterschiedlich zu erklären, doch die drei Erklärungen von Erscheinungen Sterbender können hier unverändert angewandt werden. Zwischen den Erscheinungen Lebender und denen Sterbender besteht nur ein einziger Unterschied, und der ist bedeutungslos: Erzeuger des Effekts ist bei ersteren nicht der letzte Gedanke einer sterbenden Person, sondern irgendeiner aus der ungeheuren Vielfalt intensiver Gedanken, die einem lebenden Menschen in den Sinn kommen – unabsichtlich, durch eine Laune des Unterbewußtseins oder experimentell durch entsprechende meditative Anstrengungen. Grundsätzlich vermag der Gedanke jedes normalen lebenden Menschen die gleichen Effekte zu erzeugen wie der Gedanke eines Sterbenden.

Stellen Sie sich vor, ein lebender Mensch projiziere seine Gedanken an einen fernen Ort. Wenn der projizierte Effekt bewirkt, daß jemand die Erscheinung dieses Menschen sieht, haben wir es mit dem Phänomen der Bilokation zu tun: eine Person wird an zwei Orten gleichzeitig gesehen. In dieser Erklärung sieht das Phänomen viel weniger geheimnisvoll und rätselhaft aus als in den Sensationsberichten, die es als einzigartigen Beweis dafür anführten, daß der »Geist« (oder der »Astralkörper«) an einen fernen Ort projiziert werden und ein Doppel der Persönlichkeit schaffen könne.

Ein interessantes zusätzliches Argument für unsere Deutung von Erscheinungen – nämlich daß sie Produkte der psychischen Aktivität lebender Menschen sind – liefern uns Fälle, in denen jemand experimentell an einem fernen Ort die Phantomgestalt einer anderen (dritten) Person hervorrief. Dies tat beispielsweise H. M. Wassermann, der in seinen Experimenten versuchte, schlafenden Freunden

---

* G. N. M. Tyrrell: *Apparitions*, 1953.

telepathisch verschiedene Bilder durch Projektion zu übermitteln. Bei einem dieser Experimente wollte er einem bestimmten Mann einen Traum von einer Frau übertragen, die fünf Jahre zuvor gestorben war. Entgegen seiner Erwartung ging der Mann abends nicht zur gewohnten Zeit schlafen, sondern unterhielt sich mit einem Bekannten. Beide sahen plötzlich die Zimmertür leise aufgehen und eine Frau eintreten (die Erscheinung war sehr deutlich, später konnten die Männer ihr Kleid genau beschreiben und ihre Ähnlichkeit mit der Toten bestätigen). Die Gestalt grüßte die Herren mit Gesten und verließ dann das Zimmer geräuschlos.*

Wir lehnen zwar die spiritistische Erklärung entschieden ab, aber hier scheint es angebracht, noch einmal darauf hinzuweisen, daß unsere Theorie der spiritistischen Interpretation nicht völlig widerspricht. Unsere Theorie modifiziert sie vielmehr und paßt sie damit besser in den Rahmen moderner wissenschaftlicher Kenntnisse ein. Zwischen beiden Erklärungen besteht ein ähnlicher Unterschied wie zwischen einer leblosen Raumsonde und einem lebenden Kosmonauten im Weltraum (siehe Seite 112 f.).

Wird mittels ASW eine Information von einer fernen Quelle eingeholt, muß ganz ohne Zweifel ein nichtphysikalischer Empfänger oder Übermittler der Information außerhalb der wahrnehmenden Person existieren. In unserer Theorie denken wir ihn uns als »ASW-Organ«, das von forschenden, fragenden Gedanken gebildet wird; seine Qualität und seine Leistungsfähigkeit hängen von der Intensität und Dauer dieser Gedanken ab. Wir stellen uns vor, daß dieses Organ zur Informationsquelle projiziert wird. Obwohl durch Gedanken der Person geschaffen, existiert es außerhalb des Körpers. Vermutlich ist es mit dem Körper in irgendeiner lockeren Weise verbunden, so daß es die Information zum Gehirn zurücktragen kann. Wir sollten hier erwähnen, daß der »Astralleib« gewöhnlich genauso beschrieben wird, sogar bis zu dem Detail der »silbernen Schnur«, die ihn angeblich mit dem Körper verbindet. Wenn wir wollten, könnten wir sogar den allerdings durch Fehlvorstellungen belasteten Ausdruck »Astralleib« benutzen – aber wir müßten uns darüber klar sein, daß er *kein Bewußtsein* hat, auch wenn er durch einen bewußten Geistesakt geschaffen wird.

Der Unterschied zwischen unserer Theorie und der spiritistischen Auffassung liegt in der Frage, ob diese immaterielle Komponente ein

---
* E. Mattiesen: *Das persönliche Überleben des Todes*, I, Seite 29.

Bewußtsein besitzt oder nicht. Spiritisten behaupten: Sie ist der Geist, sie hat ein Bewußtsein, unabhängige Intelligenz, die Fähigkeit zu unabhängiger Aktivität usw. Nach dem Tod des Körpers lebt sie weiter, verläßt den Körper und setzt ihre Existenz als Träger der Persönlichkeit fort, so daß der Verstorbene ohne wirklich bedeutsame Veränderung auf eine neue Existenzebene gelangt.

Unserer Theorie zufolge wird dagegen behauptet: Diese Komponente besitzt kein Bewußtsein, sie ist nur ein Organ zum Sammeln und Übermitteln von Informationen, die letztlich im Gehirn verarbeitet werden. Das *Gehirn* bildet den Mittelpunkt des Bewußtseins und der Persönlichkeit. Unsere *Hirntätigkeit* erzeugt dieses Organ (in einem Prozeß, den wir noch nicht zu erklären vermögen). Einmal gebildet, kann dieses Organ zur Informationsquelle reisen, Botschaften einholen und sie dem Gehirn mitteilen. Es kann sogar nach dem Tod des Körpers weiterleben – zumindest eine Zeitlang –, freilich *nicht* als voll funktionsfähige bewußte Fortsetzung der Persönlichkeit. Bestenfalls ist es ein Abdruck, eine Spur der Persönlichkeit – jener Persönlichkeit, die sich in den Gedanken spiegelte, von denen es geschaffen wurde.

Schließlich gibt es noch eine Gruppe von Erscheinungen, die ein ganz andersgeartetes Phänomen zu beinhalten scheint: Wiederholt auftretende Phantomgestalten, die an einen bestimmten Ort gebunden sind. Gewöhnlich, aber nicht immer sind sie Restspuren eines in der Vergangenheit geschehenen dramatischen Ereignisses (Selbstmord, Mord oder einer anderen Tragödie); sie erhielten die Bezeichnung S p u k p h ä n o m e n e .

Als typischen Fall können wir den Bericht von Frau B. anführen, die unweit einer Straße am Fluß die Gestalt eines Mannes sah, der mit verzweifeltem Blick ins Wasser starrte. Die Gestalt wurde am selben Ort wiederholt auch von anderen Personen gesehen. Einige Zeit davor hatte ein Mann dort aus Liebeskummer Selbstmord durch Ertränken begangen.*

Zu den am häufigsten zitierten und am besten belegten Fällen zählt die von Miß Morton (ein Pseudonym) berichtete Geschichte über ein »Gespenst«. Miß Morton war Medizinstudentin und eine gründliche Beobachterin, wie aus der Tatsache zu ersehen ist, daß sie versuchte, mit dem Gespenst Experimente zu machen. Sie zog 1882 in ein Haus, in dem sich Jahre zuvor eine Familientragödie abgespielt hatte. Eines

---

* *Journal of the Society for Psychical Research,* Band 12, Seite 18.

Erscheinungen 137

Abends hörte Miß Morton ein Geräusch an der Tür ihres Zimmers, und als sie nachschaute, sah sie auf dem Gang eine große Dame in schwarzem Kleid und schwarzem Schleier gehen. Zwischen 1882 und 1884 erblickte sie die Gestalt fünf- oder sechsmal; auch ihre Schwester, ihr Bruder, das Dienstmädchen und eine kleines Kind sahen sie – insgesamt etwa zwanzig Personen, darunter von auswärts gekommene Gäste. Zwei Hunde, die zum Haushalt gehörten, ließen erkennen, daß sie die Gestalt ebenfalls sahen. Das Gespenst legte immer den gleichen Weg zurück, automatisch, wie im Traum, ohne eine intelligente Reaktion auf die von den Beobachtern ausgehenden Reize. Miß Morton und ihr Bruder sahen das Phantom ganz klar. Von dessen Subjektivität zeugt jedoch die Tatsache, daß andere gleichzeitig anwesende Personen es oft nicht sehen konnten. Miß Morton versuchte verschiedentlich, mit dem Phantom zu sprechen, bekam aber nie Antwort; sie berührte es, worauf es verschwand, und zwar einmal, als sie es in die Ecke getrieben hatte, sogar durch die Wand; und sie spannte Schnüre über die Treppe, auf der es zu gehen pflegte, es schritt vorbei, ohne daß die Schnüre in Bewegung gerieten. Am häufigsten wurde das Phantom zwischen 1884 und 1885 gesehen, dann verlor es zunehmend an Deutlichkeit. Nach 1889 sah man es nicht mehr, aber seine Schritte waren bis 1892 im Haus zu hören. Man erkannte in ihm Frau S., die früher in dem Haus gewohnt hatte. Am längsten verweilte es an Stellen, die Frau S. zu Lebzeiten besonders gemocht hatte.*

Die Erklärung für Spukphänomene muß man in der am Ort des Geschehens haftenden »geistigen Imprägnation« bzw. dem »Fokaleffekt« suchen. Dies bringt uns zur vierten Erklärung *einiger* Erscheinungen, die – vielleicht ist es wichtig, darauf hinzuweisen – nur eine Variation von Erklärung 3, Grad 1 oder 2 (siehe Seite 128) darstellt.

Ein dramatisches Ereignis ist zwangsläufig mit intensiven Gedanken jener Personen verbunden, die es durchleben. Wir haben bereits erwähnt, daß Gedanken, die Interesse an einer Person oder einem fernen Ort beinhalten, das heißt, den Wunsch nach Informationen darüber, ein »ASW-Organ« erzeugen. Dieses Organ bringt ASW-Informationen, die auf verschiedenste Art erfahren werden können, beispielsweise durch eine außerkörperliche Erfahrung, und oft auch für die andere Person, der das Interesse gilt, ein Stimulans sind, so daß sie eine Erscheinung sieht.

---

* R. C. Morton: »Record of a Haunted House«, *Proceedings of the Society for Psychical Research,* 1892, Seiten 311–322.

Gedanken mit starkem Gefühlsgehalt erzeugen auf gleiche Weise eine geistige Spur, eine Imprägnation des Orts, in der sich das dort geschehene Ereignis widerspiegelt. Diese Spur kann von einer sensitiv veranlagten Person, die an den Ort kommt, mittels ASW erfahren werden, natürlich in allen denkbaren Formen einer dramatischen Verzerrung; dazu zählt das Sehen der Phantomgestalt des oder der am Drama Beteiligten. Gleichzeitig verstärken die Gedanken der erlebenden sensitiven Person die aufgeprägte Spur und fügen einige neue Merkmale hinzu: den Aspekt, daß eine Erscheinung gesehen wird. Dieses neue Merkmal wird später dann auch von anderen sensitiv veranlagten Personen wahrgenommen, die zufällig an den Ort kommen. So kann durch geistige Aktionen aufeinanderfolgender Beobachter der »Spuk« intensiviert und erhalten werden.

Es ist auch denkbar, daß ein »Spuk« ohne erzeugendes dramatisches Ereignis geschaffen wird. Eine Person mit lebhafter Phantasie oder mediumistischen Talenten kann an irgendeinem Ort ein starkes Erlebnis haben. Ihre Gedanken sind dem Ort aufgeprägt, und wenn ihn eine sensitiv veranlagte Person besucht, lösen sie bei ihr ein entsprechendes Erlebnis aus. Mit jeder Wiederholung des Erlebnisses bei späteren Besuchern kann der Effekt weiter verstärkt werden.

Unsere Erklärung von Spukphänomenen wird durch eine Beobachtung ges ützt, die typisch für diese Phänomene zu sein scheint und immer wieder berichtet wurde: Im Gegensatz zu Erscheinungen, die andere Ursachen haben (zum Beispiel symbolisch verkleidete ASW-Erfahrungen des oder der Wahrnehmenden) lassen Spukgestalten kein intelligentes Verhalten erkennen. Sie verhalten sich vielmehr wie Automaten, bleiben am gleichen Ort oder wiederholen die gleiche Tätigkeit in gedankenloser, stereotyper Manier. Diese Tatsache zeigt deutlich, daß die Phantome nichtdenkende Spuren sind, Aufzeichnungen der Vergangenheit, die auf der Szene immer wieder durchgespielt wurde, und keine intelligenten, aktiven Teilnehmer an den Ereignissen (wie man es von Geistern annehmen müßte).

Bitte beachten Sie, daß wir hier von »Spuk«-Erscheinungen sprechen. Andere Erscheinungen, die sich auf eine ASW-Erfahrung der lebenden Person zurückführen lassen (siehe Erklärungen 1 und 2), können ebenfalls ein vielfältiges Verhalten zeigen, aber hier entsteht die Vielfalt aus den Traumbildern der erlebenden Person und wird den Reichtum ihres Denkens widerspiegeln.

Doch nicht einmal die Spukerscheinungen bilden eine völlig eigene, gesonderte Kategorie. Im wirklichen Leben beeinflußt eine komplexe Vielfalt zusammen- und gegeneinanderwirkender Faktoren je nach den wesentlichen Punkten der einzelnen Situationen die endgültige Entwicklung des Phänomens. Auch hier finden wir Anzeichen für die unlösbare Verbindung zwischen Erscheinungen und anderen psychischen Kräften.

Beispielsweise hieß es in einem Bericht über eine Erscheinung, bei der es sich offenbar um ein Spukphänomen handelte, daß der »Geist« des früheren Bewohners immer an einer bestimmten Stelle durch die Wand verschwinde. Spätere Nachforschungen ergaben, daß genau an der Stelle einst eine Tür gewesen war. Bei einer Renovierung des Hauses hatte man sie zugemauert.

Der »Geist« von Flug 401 (siehe Seite 117) demonstrierte ebenfalls ASW, besonders Präkognition, als er vor drohenden Gefahren warnte. Doch auch hier läßt sich alles viel besser und natürlicher ohne Aktivität eines »Geistes« erklären, und zwar durch ASW der wahrnehmenden Personen. Psychische Imprägnation, erzeugt durch die sterbenden Besatzungsmitglieder, haftete an den Flugzeugteilen. Nahm jemand diese Imprägnation mittels ASW wahr, konnte ihm seine ASW auch jede andere Information liefern, darunter die Warnung vor einer dem Flugzeug drohenden Gefahr. In einer dramatischen Ausarbeitung wurden zwei getrennte ASW-Feststellungen (»Hier ist eine Spur eines toten Besatzungsmitglieds« und »Dem Flugzeug droht Gefahr«) zu der Erfahrung kombiniert, daß die Erscheinung eine Warnung äußere.

Natürlich können von einem lebenden Agenten verursachte Erscheinungen, wenn sie wiederholt am gleichen Ort auftreten, irrtümlicherweise für einen »Spuk« gehalten werden. Dies geschah offensichtlich bei Frau H., deren Phantomgestalt in dem Haus gesehen wurde, das sie im Laufe einer außerkörperlichen Traumerfahrung besuchte, und bei der jungen australischen Ehefrau (siehe Seiten 132 f.). Vor kurzem berichtete der amerikanische Parapsychologe D. Scott Rogo einen ähnlichen Fall, in welchem er selbst – oder, besser gesagt, sein Denken – der erzeugende Agent zu sein schien.

Der Fall trug sich 1977 zu, während Rogo auf einer Geschäftsreise in New York war. Er hatte mit einem Freund vereinbart, daß dieser sich während seiner Abwesenheit um sein Haus in Los Angeles kümmere und nachts dort schlafe. Rogo hatte während seiner Reise mehrere sehr lebhafte außerkörperliche Erfahrungen, und zwar in Träumen, in denen er sich zu Hause befand. An einem bestimmten Tag sah er, daß der Bruder seines Freundes im zweiten Schlafzimmer schlief, was nicht vereinbart gewesen war. Als Rogo heimkehrte, erzählte ihm sein Freund, es habe im Haus gespukt, er habe seltsame Geräusche, Klopfen und Stöhnen gehört. Die Störungen fielen zeitlich mit Rogos außerkörperlichen Erfahrungen zusammen. (Es wurde auch ein ungewöhnliches Merkmal beobachtet: Manchmal begann der Spuk kurz *bevor* Rogo seine außerkörperliche Erfahrung hatte – während er noch wach war, ehe er zu Bett ging; der Zeitunterschied zwischen den verschiedenen Zeitzonen wurde berücksichtigt.) Der Freund hatte eines Tages (es war der Tag, an dem Rogo den Bruder sah) wiederholtes Klopfen an der Tür gehört; als er nachgeschaut hatte, war niemand dort gewesen. Später hatte er die undeutliche Phantomgestalt eines Menschen gesehen, und zwar genau an dem Platz, wo Rogo sich während seiner außerkörperlichen Erfahrungen befunden hatte. Den Freund hatten die Vorkommnisse dermaßen entsetzt, daß er seinen Bruder gebeten hatte, mit ihm in dem Haus zu übernachten; der Bruder hatte tatsächlich in dem Zimmer geschlafen, in dem Rogo ihn in seiner Vision gesehen hatte.*

Immer wieder werden wir auf die echte Wechselbeziehung zwischen allen psychischen Phänomenen hingewiesen. Verknüpft sind diese Phänomene auch mit den Bewußtseinszuständen, und sie werden von unbewußten Elementen der Persönlichkeit eines lebenden Menschen beeinflußt. Somit zeigt sich erneut die Notwendigkeit, psychische Phänomene in Verbindung mit dem Bewußtsein und mit der unbewußten Hirntätigkeit vom gleichen Prinzip aus zu erklären. Genau dies versucht unsere Theorie.

---

* Zeitschrift *Fate*, Februar 1979.

7. Erlebnisse Sterbender

Diese besondere Gruppe von Erfahrungen erregte seit jeher die Aufmerksamkeit der Überlebensforscher. Der Tod ist ein einmaliger Moment im Leben jedes einzelnen und interessierte verständlicherweise schon immer alle, die wissen wollten, was danach kommt. Als Übergangsstadium schien er die Möglichkeit zu enthalten, daß Sterbende Blicke auf das erhaschen, was auf den Tod folgt.*

Die älteste und bis vor einiger Zeit einzige Methode zur Untersuchung der Sterbeerfahrung bestand darin, die Sterbenden zu beobachten und aus ihrem Verhalten, ihrem Mienenspiel oder ihren gelegentlichen Äußerungen abzulesen, welche inneren Erfahrungen sie durchlebten. Oft brachten Sterbende zum Ausdruck, sei es durch Worte oder andere Hinweise, daß sie unvergleichliche Erlebnisse hatten, meist Erlebnisse visueller Art. Gewöhnlich bezeichnete man diese als »Sterbebettvisionen«.

Sterbebettvisionen fanden schon das Interesse der ersten Forscher der Londoner Society for Psychical Research und wurden seither in gewissen Zeitabständen immer wieder untersucht, natürlich bis in unsere Zeit, beispielsweise von William Barrett, Karlis Osis und anderen. Die allgemeine Öffentlichkeit sieht in ihnen einen starken Hinweis auf das Weiterleben nach dem Tod. Das vielleicht verblüffendste und zumindest für die frühesten Forscher überzeugendste Merkmal solcher Visionen wurde von vielen Sterbenden berichtet: Der Sterbende sah offenbar Gestalten toter Verwandter und Freunde, die allem Anschein nach erschienen, um ihn willkommen zu heißen und ihm beim Übergang ins Jenseits zu helfen. Natürlich besagt dies

---

* Der Glaube, daß sterbende Menschen einen Blick ins unbekannte Jenseits werfen können, inspirierte zu dem früheren Namen für die Erfahrungen dieser Gruppe: »Peak-in-Darien«-Fälle. (Darien ist der östliche Teil des Isthmus von Panama.) Diesen poetischen Namen benutzte der romantische Dichter John Keats bei der Beschreibung des Erlebnisses alter Seefahrer, die nach einer langen Reise endlich einen fernen Berg des neu entdeckten Landes in Sicht bekamen. In Anspielung darauf sind hier ein Blick in die Ferne und die sich dem Ende nähernde Reise des Menschen (= sein Leben) gemeint.

nicht, daß jeder Sterbende ein solches Erlebnis hat. Viele Sterbende, vielleicht die meisten, sinken nach und nach in einen Zustand des Vergessens. Hatten sie jedoch eine solche Vision, dann erzeugte diese den Eindruck, als warteten Geister auf den Geist des Sterbenden, um ihm Gesellschaft zu leisten und ihn in die neue Existenz zu geleiten.

In manchen Fällen sahen Sterbende überraschenderweise sogar »Geister« von Personen, die tot waren, von deren Tod sie jedoch *nichts wußten*. Während man Visionen von Personen, deren Tod bekannt war, als halluzinatorische Begegnungen erklären konnte, die zu erwarten standen, schienen Visionen von Personen, über deren Tod man nichts gewußt hatte, auf eine wirkliche Begegnung mit einem Geist hinzuweisen, dessen Kommen nicht zu erwarten war. (Als Beispiel für ein solches Erlebnis können wir den Fall von Edith und Jennie anführen, siehe Seite 126 f.).

Ist die Erklärung derartiger Fälle durch Geister wirklich zwingend? Zugegeben, allein schon die Vision eines toten Freundes, der allem Anschein nach erscheint, um den Sterbenden willkommen zu heißen, könnte viele Menschen überzeugen. Außerdem hat die Vision starken Gefühlswert, denn sie bietet genau jenen Trost, den viele von uns suchen: daß man im Augenblick des Todes nicht allein ist, sondern in Gesellschaft mitfühlender Wesen, die bereit sind, jede nötig werdende Hilfe zu leisten. Dieses Element, das die Gefühle so sehr anspricht, trägt zweifellos zur Glaubensbereitschaft bei, selbst wenn die Logik eines Falles nicht ganz überzeugen sollte.

Wenn wir den Aspekt der emotionellen Anziehungskraft einmal außer acht lassen, befinden wir uns hier in einer Situation, die wir aus der vorausgegangenen Erörterung bereits kennen. Visionen von Geistern, so lebendig sie sein mögen, sind lediglich subjektive Erfahrungen. Für sich genommen, können sie nichts anderes als Halluzinationen sein und liefern deshalb keinen Beweis für das Weiterleben. Die Erklärung ist oft sehr einfach: Der Sterbende, der seinen bevorstehenden Tod ahnt oder sogar davon weiß, interessiert sich natürlich für alles, was mit Tod und Sterben zusammenhängt, und denkt selbstverständlich an jene, die vor ihm gestorben sind. Er stellt Überlegungen über den weitverbreiteten Glauben an die Möglichkeit an, im Jenseits tote Freunde und Verwandte zu treffen. Emotionell akzeptiert er die angenehmen Aspekte dieser Möglichkeit. Macht seine nach und nach zurückgehende Geistestätigkeit ihn empfänglich für Halluzinationen, können alle genannten Faktoren zusammenkommen und den Traum auslösen (einen Tagtraum, eine

Vision, ein Gefühl, eine Phantasie usw.), daß er tatsächlich seinen geliebten Verstorbenen begegnet. Auch der andere Visionstyp, das Sehen von Personen, deren Tod nicht bekannt ist, läßt sich auf der Grundlage dessen, was wir bereits wissen, ganz leicht erklären. Der Sterbende kann in einen Zustand geraten, in dem seine ASW aktiviert wird. Auf dem Hintergrund seines vorherrschenden Interesses an geliebten Menschen, die vor ihm gestorben sind, ist es in der Tat wahrscheinlich, daß seine ASW ihm vor allem Informationen über den Tod von Angehörigen liefert, den man ihm verheimlicht hat. Dieses ASW-Wissen kann dann eine dramatische Verzerrung erfahren, die es in die gesamte restliche Erfahrung eingliedert, und er wird dann diese tote Person unter den ihn willkommen heißenden »Geistern« sehen.

❊

Die jüngsten Fortschritte in den Wiederbelebungstechniken eröffneten einen neuen Weg zur Erforschung der Sterbebettvisionen, den man vor wenigen Jahrzehnten für undenkbar hielt. Es gibt unter uns viele, die ein normales, gesundes Leben führen, lange nachdem sie für klinisch tot erklärt und wieder ins Leben zurückgerufen wurden. Diese Menschen kann man über ihre Erfahrungen während ihres »Todeszustands« befragen. Ein großer Teil erinnert sich an wirklich ungewöhnliche Erfahrungen.

Die Befragung solcher Menschen bietet zweifellos Vorteile gegenüber dem früheren Weg. Das ärztliche Personal oder Angehörige von Sterbenden ziehen oft die Angemessenheit und Ethik einer solchen Forschung in Zweifel. Das Verlangen, daß ein Sterbender an einem derartigen Projekt mitwirken soll, wird gemeinhin als nicht sehr taktvoll empfunden. Doch praktisch gesehen ergeben sich andere Schwierigkeiten: Die Sterbenden sind in der Regel mit ihrer eigenen Situation beschäftigt, und ihre geistigen Fähigkeiten schwinden, so daß man sie nur selten über ihre Erfahrungen direkt befragen kann. Der Interviewer muß sich meist mit einigen allgemeinen Verhaltensbeobachtungen begnügen, die Anwesende machen (zum Beispiel: der Sterbende blickt intensiv in eine Richtung, sein Gesicht hellt sich auf usw.). Oder der Interviewer erhält einige Äußerungen, die manchmal vage und zweideutig sind und ihm häufig nur von dritten Personen, Zeugen des Sterbens, berichtet werden. Und danach ist der Verstorbene fort, nie mehr für Nachfolgeuntersuchungen, weitere Fragen und ähnliches erreichbar.

Untersuchungen von Personen, die ins Leben zurückgerufen wurden, sind ungleich lohnender. Solche Menschen sind wieder im normalen Dasein tätig, ihre geistigen Fähigkeiten sind wiederhergestellt, und sie hatten Muße, über die Erfahrung nachzudenken und deren Bedeutung selbst zu analysieren; folglich können sie ihre Eindrücke als kühle, distanzierte Beobachter schildern, und sie haben soviel Zeit, wie für angebrachte zusätzliche Forschungen über ihre Erfahrung nötig sein kann.

Berichte von Menschen, die ins Leben zurückgerufen wurden, verursachten vor noch nicht allzu langer Zeit eine ziemliche Sensation. Allein wegen der Tatsache, daß man den Betreffenden für tot erklärt hatte, wird die Situation oft so hingestellt, als wäre er wirklich gestorben, als könnte er aus erster Hand berichten, wie der Tod ist, und wäre nur zurückgekommen, um genau dies zu tun: um uns zu melden, »wie es sich anfühlt, tot zu sein«.

Zahllose populärwissenschaftliche Artikel und Bücher, ja sogar regelrechte metaphysische Bewegungen entstanden als Folge solcher Berichte. Die Unbestimmtheit, mit der man den Begriff »Tod« benutzte, verursachte viele Mißverständnisse, zu denen zweifellos alle Menschen beitrugen, die – absichtlich oder infolge Unwissenheit – aus den sensationellen Aspekten der Geschichte Kapital schlugen.

Wenn wir die Probleme, um die es hier geht, wirklich verstehen wollen, müssen wir erst genau die Bedeutung von Tod definieren. Tatsächlich gibt es drei verschiedene Definitionen dessen, was »tot sein« heißt:

Definition 1: »Tod« ist das Aufhören klinisch feststellbarer Lebensfunktionen. Der Mensch hört auf zu atmen, sein Herz steht still, die Pupillen sind weit, die Körpertemperatur beginnt zu sinken usw.

Anhand dieser klinischen Kriterien wird seit jeher festgestellt, ob der Mensch gestorben ist oder nicht. Tatsächlich gilt ein Mensch seit Jahrhunderten oder vielmehr Jahrtausenden für alle praktischen Zwecke als tot, wenn er diese Zeichen zeigt, und sein Körper zerfällt in angemessener Frist. In jüngster Zeit gelang es jedoch dank moderner Wiederbelebungstechniken, viele Menschen, die nach dieser Definition tot waren, wieder ins Leben zurückzuholen. Außerdem erforderten Fortschritte in der Herzchirurgie und rechtliche Erwägungen im Hinblick auf Herztransplantationen eine Neudefinierung des Begriffes »Tod«. Der Herzstillstand erwies sich als unzureichendes

Kriterium: tatsächlich kann ein stehengebliebenes Herz wieder zum Schlagen gebracht werden. Statt dessen wählte man irreversible Veränderungen im Hirngewebe, den »Hirntod« als Kriterien des eintretenden Todes.

Definition 2: »Tod« ist das Fehlen elektrischer Hirntätigkeit.

Man hat ermittelt, daß bereits fünf bis sechs Minuten nach dem Erlöschen der Blutzirkulation das Hirngewebe normalerweise irreversible Veränderungen erfährt, die zu einer bleibenden Schädigung seiner Funktion führen. Wenn das Herz stillsteht und eine unveränderlich flache EEG-Aufzeichnung das Erlöschen der Hirntätigkeit anzeigt, haben wir ein objektives Zeichen dafür, daß der unentbehrlichste Teil des Körpers gestorben ist und daß bei dem betreffenden Menschen die normalen Funktionen nicht wiederhergestellt werden können – selbst wenn es gelingen sollte (mit der Herz-Lungen-Maschine) im restlichen Körper Lebenssignale aufrechtzuerhalten. Die auf die Hirntätigkeit abgestellte Definition scheint also die Erfordernisse der heutigen Medizin besser zu befriedigen.

Doch gelegentlich wurden schon Menschen mit flacher EEG-Aufzeichnung wieder ins Leben zurückgeholt, und in besonderen Situationen, wie Ertrinken in eiskaltem Wasser, gelang dies sogar noch zwanzig oder mehr Minuten nachdem die Blutzufuhr zum Gehirn aufgehört hatte. Somit ist auch diese Definition nicht absolut richtig. Die einzige wirklich gültige Definition des Todes ist zweifellos die folgende.

Definition 3: Der »Tod« ist das *irreversible* Aufhören der Lebensfunktionen.

In dieser Definition wird der Tod als Unmöglichkeit der Wiederbelebung dargestellt. Mit anderen Worten: Eine erfolgreiche Wiederbelebung impliziert, daß der betreffende Mensch nicht wirklich tot war. Wäre er tot gewesen, würde eine Wiederbelebung *von der Definition* her unmöglich sein.*

In den meisten, vermutlich fast allen Wiederbelebungsfällen wurden die Menschen nach klinischen Kriterien gemäß Definition 1 für »tot« erklärt. Da es sich gewöhnlich um Notfälle handelte, ging es

---

* Das heißt, sofern wir nicht von »Wiederauferstehung« sprechen. Wenn wir die religiösen Nebenbedeutungen außer acht lassen, wissen wir nicht, was Wiederauferstehung – sofern sie eine faktische Möglichkeit ist – tatsächlich bedeutet. Wir könnten sie uns als psychisches Phänomen vorstellen, als letztlich perfekte Materialisation, nämlich Materialisation des ganzen Körpers; aber zweifellos handelt es sich nicht um die physiologische Wiederbelebung, die für unsere Überlegungen hier relevant ist.

dem ärztlichen Personal vordringlich um die Wiederbelebung des Patienten und nicht um eine pedantisch genaue Diagnose. Normalerweise hatte man nicht die Möglichkeit und die Zeit, noch bestand die Notwendigkeit, das EEG-Gerät anzuschließen, um die Hirntätigkeit einzig zu Diagnosezwecken zu prüfen, das heißt um festzustellen, ob auch die Hirntätigkeit aufgehört hatte.

Die Patienten waren also gemäß Definition 1 »tot«. Normalerweise, ohne Anwendung besonderer Wiederbelebungsmaßnahmen, hätte sich bei ihnen nach dem Atem- und Herzstillstand das Sterben mit dem Hirntod (Definition 2) und dem unwiderruflichen Zerfall des Körpers (Definition 3) fortgesetzt. Aber es *wurden* besondere Wiederbelebungsmaßnahmen ergriffen, der für tot erklärte Patient durchlief die fortgeschritteneren Stadien des Sterbens nicht und war natürlich nicht »wirklich tot«. Wirklicher Tod bedeutet die irreversible Vernichtung des Körpers gemäß Definition 3, die für Zwecke der Überlebensforschung die einzige akzeptable Definition des Todes ist.

Ein gemäß Definition 1 toter Mensch *lebte noch,* allerdings in einem Stadium, das dem Tod nahekam und normalerweise im Lauf der Zeit auch zum wirklichen Tod gemäß Definition 3 geführt hätte. Doch die Wiederbelebung unterbrach den Prozeß, und der Mensch wurde im letzten Augenblick am Leben erhalten. Wir dürfen uns also nicht täuschen lassen: Erfahrungen solcher Menschen sind *keine* Erfahrungen wirklich toter, sondern nur dem Tode naher, vielleicht *sehr* naher Personen. Mehr nicht.

Dies ist eine unstrittige Tatsache. Selbstverständlich sind, nüchtern betrachtet, die sensationellen Behauptungen, die Toten kehrten mit Erinnerungen ans »Leben danach« ins Erdenleben zurück, absolut ungerechtfertigt. Es handelt sich dabei um Erfindungen, Phantasien, Irrtümer oder blanke Lügen. Andererseits aber haben die Erfahrungen, die man in solcher Todesnähe macht, vielleicht doch einen speziellen Wert. Wir werden nun zu analysieren versuchen, welche Bedeutung sie für unser Problem besitzen.

Die Bedeutung von Sterbebetterfahrungen kann man im Hinblick auf zwei Belange betrachten: erstens praktische Beratung und zweitens ihre Relevanz für die Überlebensforschung.

Vom Gesichtspunkt der praktischen psychologischen Beratung ist es wichtig, daß man die üblichen Empfindungen des Sterbenden kennt. Dieses Wissen wird künftig Sterbende auf die Hinnahme des Unausweichlichen vorbereiten, und es wird den zurückbleibenden

Angehörigen und Freunden helfen, besser mit der Situation fertig zu werden. Die Erforschung von Sterbebetterfahrungen hat in dieser Hinsicht bereits Ergebnisse von unzweifelhaft positivem Wert erbracht. Sie enthalten eine tröstliche Botschaft: Die von verschiedenen Forschern untersuchten Patienten scheinen einhellig die Erfahrung des Sterbens als friedlich und in Anbetracht der Umstände als überraschend angenehm zu empfinden (nur bestimmte Umstände, wie Selbstmord, scheinen in Ausnahmefällen zu weniger angenehmen Sterbeerfahrungen zu führen). Sogar bei leidenden Patienten scheinen, nachdem die mit der Krankheit verbundenen Schmerzen und die Angst vor dem Sterben vorbei sind, die letzten Augenblicke nicht von Leiden und Einsamkeit geprägt zu sein, sondern von innerem Frieden, Ruhe, Hoffnung und einem angenehmen Gefühl des Eingehens in Liebe und Sympathie.

Der zweite Punkt bezieht sich unmittelbar auf das, was uns hier interessiert. Tatsächlich berechtigt die besondere Situation sterbender Patienten zu dem Glauben, daß ihre Erfahrungen eine gültige Information über das Dasein nach dem Tode enthalten können; nicht weil diese Menschen wirklich ihren Tod durchlebt hätten – wie wir sahen, waren sie *nicht* wirklich tot –, sondern aus einem ganz anderen Grund.

Während der Sterbende langsam absinkt und sich dem Todespunkt nähert, erlischt seine wache Denktätigkeit. Er erreicht ein Stadium, in dem er nur noch einen einzigen Gedanken hat, auf den eine Leere des Geistes folgt; das bewußte Denken hat bereits aufgehört, obwohl die betreffende Person noch nicht gestorben ist, und die Denkprozesse gehen meist noch für kurze Zeit auf unbewußter Ebene weiter; wir können diesen Zustand mit dem Bewußtloswerden oder, besser, dem Einschlafen vergleichen. Soweit wir wissen, wird dieser Zustand an einem wichtigen Punkt kurz vor dem Ende der Kette von Ereignissen, die allmählich zum Tod führen, fast regelmäßig durchlebt. Und dieser Zustand führt bekanntermaßen auch zu ASW. Wir dürfen darum folgern, daß der Sterbende in einem gewissen Stadium des Sterbevorgangs mit ziemlicher Sicherheit einen Zustand durchläuft, der seine ASW-Fähigkeit stimuliert. Überdies ist der Augenblick des Sterbens, der so ernste Folgen für den Menschen hat, zwangsläufig ein Ereignis, mit dem starke Gemütsbewegung einhergeht. Wir dürfen erwarten, daß der letzte Gedanke über längere Zeit aufrechterhalten und sogar intensiviert, zu einem emotionell geladenen »seelisch-geistigen Aufschrei« wird.

Dieser letzte »seelisch-geistige Aufschrei« muß nicht unbedingt unangenehm sein, im Gegenteil. Vermutlich ist er die Ursache für den raschen panoramischen Überblick über das ganze Leben, der so häufig als Teil von Sterbeerfahrungen berichtet wird. Wegen seiner emotionellen Untertöne kann er vorübergehend das schwindende Bewußtsein intensivieren (wie es im normalen Leben eine anregende Droge, plötzlich erwachendes Interesse oder auch eine Notsituation tun würden) und die während des Lebens angesammelten Erinnerungen aktivieren. Genau dies ist auch ein Merkmal des Zustandes, der ASW stimuliert.

Räumen wir einmal ein, daß der Sterbende ASW haben kann, dann wissen wir auch, daß er diese Fähigkeit für alle denkbaren Zwecke einzusetzen vermag. Je nach den Interessen und der Veranlagung des Sterbenden kann dessen letzter Gedanke einem geliebten Menschen gelten, in welchem Fall wir damit rechnen dürfen, daß er eine außerkörperliche Erfahrung hat und diesen Menschen zu besuchen glaubt, daß er ASW-Informationen darüber erhält, was dieser Mensch gerade tut oder ob er vielleicht gar vor kurzem gestorben ist. Er kann auch spontan eine telepathische Botschaft (mittels Kappa-Telepathie) an den geliebten Menschen senden, die von dessen ASW dann in verschiedenen Formen wahrgenommen werden kann, beispielsweise als Erscheinung des Sterbenden. Richtet sich der letzte Gedanke des Sterbenden eher fragend auf das, was vor ihm liegt, wird er höchstwahrscheinlich einige ASW-Impressionen über die Existenz nach dem Tode empfangen. Erkennt ein Mensch, daß er sterben wird, erhält natürlich die Frage, was nach dem Tod kommt, für ihn besondere Aktualität und Tragweite. Dies steigert die Wahrscheinlichkeit, daß seine ASW, wurde sie erst einmal aktiviert, genau darüber Informationen liefert.

Die vorstehenden theoretischen Überlegungen werden durch tatsächliche Beobachtungen gestützt. Wir brauchen nur auf unser gesichertes Wissen zu verweisen, nämlich darauf, daß sowohl ASW- als auch PK-Phänomene verhältnismäßig oft in Verbindung mit Sterbenden beobachtet wurden – ungeachtet der Tatsache, ob die Menschen dann wirklich starben oder ob man sie später ins Leben zurückholte. Das beweist, daß die Phänomene von noch lebenden Menschen verursacht werden, vor dem Eintritt des unwiderruflichen Todeszustands.

Sterbebetterfahrungen scheinen also Elemente von ASW-Informationen über die Existenz nach dem Tode zu enthalten. Mit anderen

Erlebnisse Sterbender 149

Worten, sie widerspiegeln tatsächlich die Existenzform, die auf den Tod folgt. Der Sterbende kann wirklich einen »Blick über den Zaun« ins Land des Todes werfen. Dabei handelt es sich jedoch nicht um eine direkte persönliche Erfahrung, sondern um einen Einblick aufgrund seiner ASW – mit allen Unsicherheiten und Verzerrungen, denen ASW-Erfahrungen unterliegen.

Wie bei ASW-Erlebnissen üblich, können die Informationen in einem dem Traumablauf verwandten Prozeß durch Symbole dramatisch verzerrt werden. Sie können auch zahllose Irrtümer aufweisen und Verzerrungen erfahren, die von Glaubenssystemen, vom kulturellen und sozialen Hintergrund oder vom allgemeinen psychophysiologischen Zustand des Sterbenden abhängen. Wir müssen deshalb sehr vorsichtig sein, bevor wir sie als gültig akzeptieren. Und wir können fast sicher sagen, daß Sterbebetterfahrungen die jenseitige Wirklichkeit nicht präzise darstellen. Diese Wirklichkeit verbirgt sich vielmehr hinter einem dichten Schleier aus Symbolen und Dramatisierungen. Halten wir also fest:

Erstens, einige Elemente der Erfahrungen widerspiegeln ASW-Informationen, geben vermutlich aber nur ein verzerrtes Bild der dahinter verborgenen Wirklichkeit.

Zweitens, wir müssen auch mit Elementen rechnen, die überhaupt keine ASW-Informationen enthalten – die nichts anderes als Halluzinationen oder Irrtümer der bereits geschwächten Sinne sind. Diese müssen von den ASW-Einblicken getrennt werden. Halluzinationen Sterbender können vielerlei Ursachen haben, zum Beispiel infolge der Wirkung von Arzneimitteln, Fiebers, toxischer Effekte von Stoffwechsel-Abfallprodukten (beispielsweise Urämie) auftreten, infolge der Abnahme der Sauerstoffzufuhr zum Gehirn, allgemeiner Schwäche von Körper und Gehirn und ähnlichen mehr, darunter psychologischen Ursachen wie den Auswirkungen von Isolation, Entzug von Sinneseindrücken usw.

In dem Zusammenhang muß gesagt werden, daß die Forscher auf diesem Gebiet sich bemühten, ihre Resultate gegen Fehler abzusichern, wie sie aus Halluzinationen resultieren. Die meisten der untersuchten Patienten befanden sich in einem Zustand, in dem Halluzinationen nicht zu erwarten standen: sie hatten keine Arzneimittel bekommen, waren fieberfrei und manchmal sogar bei guter Gesundheit (es handelte sich um gesunde Menschen, die schwere Unfälle erlitten hatten). Interessanterweise wurden sehr ähnliche Erfahrungen in einigen Fällen sogar von völlig gesunden Menschen berichtet, die am Rande des Todes gestanden hatten – nicht als Folge von Krankheit oder Verletzung: Menschen, die bei einem Unfall plötzlich in akute Lebensgefahr geraten, jedoch unversehrt davongekommen waren. Diese Tatsache ist ein starkes Argument zugunsten der Ansicht, daß solche Erfahrungen mit einem intensiven, gefühlsbetonten Gedanken ans Sterben zusammenhängen, der zwangsläufig kommt, wenn wir dem Tode nahe sind. Dies wiederum steht vollkommen im Einklang mit unserer ASW-Erklärung.

Verzerrungen durch Glaubensüberzeugungen scheinen überraschenderweise bei Sterbebettvisionen keine wichtige Rolle zu spielen: Patienten mit unterschiedlichem kulturellem Hintergrund, die unter dem Einfluß völlig verschiedener Religionen erzogen worden waren und unterschiedliche Erwartungen im Hinblick auf das hegten, was nach dem Tod kommt, hatten unabhängig voneinander ähnliche Erlebnisse, deren Einzelheiten häufig ihren Erwartungen widersprachen. Daher erschien folgender Schluß zwingend: Das gemeinsame Element dieser Erfahrungen enthält wahrscheinlich *echte Einblicke in den Zustand nach dem Tode* – wenn vielleicht auch verzerrt durch Symbole und Irrtümer, die unser beschränktes menschliches Verständnis der Dinge dokumentieren, und zweifelsohne verändert durch mancherlei Dramatisierungen und »Showeffekte«, wie wir sie aus Träumen kennen. So hatten reanimierte Patienten beispielsweise häufig die Vision eines Wesens, das sie »zurückschickte«, gelegentlich mit einer Erklärung: »Du mußt noch leben, du hast noch Pflichten zu erfüllen.«

Wir können uns also der Schlußfolgerung nicht entziehen, daß alle in diesem Kapitel beschriebenen Phänomene – seien es außerkörperliche Erfahrungen, Visionen, Erscheinungen oder Erfahrungen Sterbender – verwandt sind und sich im Lichte unseres Wissens über ASW und PK vollständig erklären lassen.

Was nehmen die Sterbenden nun wahr? Hier muß erst einmal gesagt werden, daß viele von ihnen keinerlei besondere Erlebnisse haben. Sie versinken einfach nach und nach in Bewußtlosigkeit und sterben – oder erinnern sich an nichts, falls sie zurückgeholt werden.

Doch jene, die Erlebnisse haben, geben unabhängig voneinander überraschend ähnliche Beschreibungen dessen, was sie erlebten. Natürlich unterscheiden sich die Erfahrungen verschiedener Menschen; aber es gibt zahlreiche gemeinsame Elemente, die in diversen Variationen immer wieder auftreten.

Erlebnisse Sterbender

Nachfolgend nun die Hauptstufen der Sterbeerfahrung, übernommen aus einer sehr anschaulichen Darstellung, die Raymond Moody gibt.*
1. Der Sterbende hört, daß man ihn für tot erklärt.
2. Er nimmt ein unangenehmes Geräusch wahr (durchdringendes Läuten, Brummen usw.).
3. Gleichzeitig hat er das Gefühl, daß er sich rasch durch einen langen dunklen Tunnel bewegt.
4. Dann befindet er sich außerhalb seines Körpers, sieht diesen von einem günstigen Punkt in der Nähe aus und kann sogar Zeuge der Wiederbelebungsbemühungen sein.
5. Er stellt fest, daß er außerhalb seines physischen Körpers existiert.
6. Dann begegnet er »Geistern« von Freunden und Verwandten, die vor ihm gestorben sind. Alle diese Wesen kommen in der ostentativen Absicht, ihm beim Übergang zu helfen. Die Begegnung ist gewöhnlich von Sympathie und liebevoller Hilfsbereitschaft geprägt.
7. Sehr charakteristisch für diese Phase ist die Begegnung mit einem »Lichtwesen«. Es fragt ihn (nicht mit Worten, er spürt die Frage nur in seinen Gedanken) nach seinem Leben, führt ihn durch einen raschen panoramischen Ablauf der wichtigsten Ereignisse in seinem Leben, hilft ihm, sein Leben zu bewerten, und zeigt ihm vielleicht auch verschiedene Konsequenzen seiner Taten. Die Betonung liegt jedoch auf der Lernerfahrung und nicht auf der Bestrafung für Fehler. Das Lichtwesen ist immer mitfühlend und voll Verständnis; es hilft dem Sterbenden, aus seinen Fehlern zu lernen.
8. An irgendeinem Punkt stellt er fest, daß er sich einer Art Schranke oder Grenze nähert, die offenbar die Scheidelinie zwischen diesem Leben und der nächsten Existenz darstellt (einem Fluß, einer Türe, einem Zaun, grauem Nebel usw.).
9. Er kann sich auf den Weg über die Grenze machen, aber an irgendeinem Punkt wird er aufgehalten und ins Leben zurückgeschickt. In dieser Phase sträubt er sich gegen die Rückkehr, denn ihn haben überwältigende Gefühle der Freude, der Liebe und des Friedens erfaßt. Doch trotz seines gegenteiligen Wunsches muß er ins Leben zurück.

---

* In seinem Buch »*Leben nach dem Tod*«, Rowohlt-Verlag, Reinbek, 1977.

10. Er erwacht, nachhaltig beeindruckt von der Erinnerung an sein Erlebnis. Er hat keine Angst mehr vor dem Tod, künftig ganz andere Ansichten über das Sterben und eine sinnvollere Einstellung zum Leben.

11. Später versucht er anderen sein Erlebnis zu schildern, aber das fällt ihm schwer. Er findet keine Worte, um treffend zu beschreiben, welche Erfahrungen er gemacht hat. Außerdem stellt er fest, daß man ihm mit Spott begegnet, darum erzählt er lieber nichts mehr. Die Unauslöschlichkeit ist sehr charakteristisch für solche Erfahrungen.

Wichtig dürfte auch sein, daß die in den Religionen dargestellten traditionellen Szenen von Himmel und Hölle nicht vorkommen; es gibt kein Paradies, keine goldenen Straßen, keine geflügelten Engel oder Dämonen mit Mistgabeln.

Diese Darstellung schildert allerdings einen Idealfall, der fast alle Elemente beinhaltet, die in Sterbeerlebnissen am häufigsten vorkommen. Einige der Elemente fehlen meist in einzelnen Schilderungen. Als sehr generelle Regel zeichnet sich ab: Je länger die Periode des klinischen Todes dauert oder je enger die Berührung des Patienten mit dem Tod ist, desto höhere Stufen auf dem vorstehend dargestellten Weg erreicht er.

8. Erinnerungen an frühere Leben

Wenn Sterbebettvisionen direkte und gültige Einblicke in den Zustand nach dem Tod zu gewähren scheinen, ist dies bei angeblichen Erinnerungen an frühere Leben zweifellos nicht der Fall. Gelegentlich, vor allem in Ländern wie Indien, wo der Glaube an Reinkarnation Bestandteil der nationalen religiösen Überlieferung ist, werden solche Fälle berichtet: Eine Person (oft ein Kind) beginnt plötzlich das Gefühl zu haben, sich an ein früheres Leben zu erinnern.

Die Schilderungen solcher Spontanfälle implizieren ein logisches Argument: Wenn man die Reinkarnation beweisen kann, wenn man eine aufeinanderfolgende Kette von Leben einer einzigen Person beweisen kann, so bedeutet dies, daß es ein *individuelles* Weiterleben nach dem Tod gibt (ein »Geist« muß am Leben bleiben, wenn später eine Reinkarnation erfolgen soll). Aber wie läßt sich die Reinkarnation beweisen? Auf diese Frage wird folgende Antwort gegeben: Der Beweis, daß der Mensch Erinnerungen an seine früheren Leben hat, ist gleichzeitig ein Beweis für den Fortbestand der individuellen Persönlichkeit, die weiterlebt und reinkarniert.

Normalerweise würden wir solche Fälle als reine Phantasien abtun, doch manchmal enthalten die Erinnerungen ein Wissen, das der erlebende Mensch nicht besaß und das charakteristisch für die andere Persönlichkeit – die »frühere Inkarnation« – zu sein scheint.

Als Beispiel kann der Fall des japanischen Jungen Katsogoro dienen, der sich mit acht Jahren »erinnerte«, daß er in seinem früheren Leben Tozo geheißen hatte und der Sohn eines Bauern namens Kjubei in dem Dorf Hodokubo gewesen war. Er sagte, seine Mutter habe ein zweitesmal geheiratet, und er sei ein Jahr nach dem Tod seines Vaters im Alter von sechs Jahren gestorben. Die von ihm genannten Personen hatten in dem Dorf gelebt, und ihre Geschichte stimmte mit seiner Beschreibung überein. Auch andere Aussagen des Jungen waren richtig. Sein Verhalten wirkte sehr überzeugend und lebensecht. Als man ihn in das Dorf brachte, führte er seine Begleiter ohne Zögern zu dem Haus, in dem seine »früheren Eltern« gewohnt hatten. Unterwegs zeigte er auf ein Geschäft und einen danebenstehenden Baum und bemerkte, beides sei damals nicht dagewesen, was auch stimmte.

Es herrscht der verbreitete Glaube, daß solche demonstrierten Kenntnisse echte Einnerungen an frühere Leben darstellen. Doch diese Schlußfolgerung ist nicht zwingend. Zunächst einmal müssen wir uns darüber klar sein, daß viele diesbezügliche Berichte ganz oder teilweise gefälscht sein können. Tatsächlich ist es sehr schwer, solche Berichte zu untersuchen. Gewöhnlich hat der Forscher mit eher ungebildeten, unkritischen Menschen zu tun, die oft nur Aufmerksamkeit erregen, bekannt werden und etwas verdienen wollen; und er muß sich in einer Fremdsprache verständigen. Befindet er sich gar in einem Land, dessen Sprache er nicht beherrscht, ist er praktisch wehrlos gegen absichtliches Geflunker.

Dazu kommt, daß in keinem der Fälle, die dem Forscher vorgetragen werden, ideale Bedingungen herrschten. Wir würden uns wünschen, daß das Kind seine Geschichte in einer einzigen Sitzung erzählt, daß alles aufgezeichnet und die Geschichte anschließend verifiziert wird. Im wirklichen Leben jedoch »erinnert« sich das Kind nur an einige Einzelheiten, die dann verifiziert werden, und während der Verifikation erfährt das Kind weitere Einzelheiten – auf normalem Weg. Wird schließlich ein wissenschaftlicher Beobachter auf den Fall aufmerksam, sind die auf normalem Weg erfahrenen Fakten der Geschichte längst einverleibt; das Kind kann sogar vergessen haben, wie und wo es sie erfuhr, und »erinnert« sich an sie genauso wie an den Rest der Geschichte. Niemals läßt sich genau verifizieren, was das Kind auf normalem Weg erfahren haben kann und was nicht. Sogar ein Analphabet kann aus Gesprächen mit anderen Menschen, aus dem Radio usw. eine Menge erfahren. Dazu kommt noch, daß die Geschichte in der Erinnerung von Zeugen oft weiter angeschönt und bereichert wird.

Doch für unsere Erörterung hier dürfen wir diese Schwierigkeiten ruhig außer acht lassen und annehmen, das Kind »erinnere« sich wirklich (das heißt, es erzähle, als erinnere es sich) an Einzelheiten über Ereignisse, die in ferner Vergangenheit geschahen, die es normalerweise nicht wissen konnte, die später verifiziert und für richtig befunden wurden.

Solches Wissen beweist jedoch die individuelle Erinnerung nicht – genausowenig, wie es die weiterlebende Erinnerung von »Geistern« beweisen könnte (siehe das Kapitel 4 über mediumistische Phänomene). Tatsächlich lassen sich alle diese Fälle vom gleichen Prinzip aus erklären: Die Persönlichkeitsveränderung, wie sie normalerweise im Trancezustand vorkommt oder durch Hypnose hervorgerufen wird, erfolgt hier mehr oder minder spontan und ist weniger vollständig: die jeweilige Person hat nicht das Gefühl, eine andere Persönlichkeit zu sein, sondern »erinnert« sich nur, früher eine gewesen zu sein. Die andere Persönlichkeit ist eine unterbewußte Dramatisierung, die auf dem vorherrschenden religiösen Glauben beruht. Bei Spiritisten wird sie durch den Glauben an Geister verursacht, die vom Körper Besitz nehmen, hier vom Glauben an Reinkarnation. Die mittels ASW erhaltenen Informationen werden in Übereinstimmung mit der vorherrschenden Glaubensüberzeugung dramatisiert.

In dem Zusammenhang können wir unser Beispiel vom Einsatz der ASW zum Aufspüren einer Wasserquelle anführen (siehe Seite 107). Wir haben gesehen, daß die ASW-Information: »Hier ist Wasser!« auf verschiedene Arten erfahren wird. Wenn Sie Spiritist sind, können Sie einen Geist sehen, der Ihnen die Information gibt. Begeistern Sie sich für Ufos, können Sie ein Wesen von einem anderen Planeten sehen. Glauben Sie fest an die Reinkarnation, können sie genausogut die Erfahrung machen: »Ich erinnere mich an mein früheres Leben, und wir hatten hier, an der Stelle, einen Brunnen.«

Für diese Theorie sprechen einige besondere Merkmale, die wir in vielen derartigen Erfahrungen finden. So »erinnerte« sich beispielsweise Katsogoro an Einzelheiten diverser Ereignisse, die sich während seiner Beerdigung zutrugen. (Sollte dies bedeuten, daß das vollkommen wache, beobachtende Bewußtsein und die Erinnerung auch im körperlosen Zustand vorhanden sind? Das Bewußtsein ist doch untrennbar mit der Hirntätigkeit verbunden!) In einem anderen berühmten Fall »erinnerte« sich ein junges Mädchen namens Shanti Devi* an ihr früheres Leben in einem fernen Dorf. Sie nannte zahlreiche Einzelheiten über die Familie und das Haus, in dem sie angeblich gewohnt hatte, die sich alle bestätigten. Unter anderem gab sie an, daß sie vor ihrem Tod gespartes Geld unter dem Boden des Hauses versteckt habe. Ihr angeblicher früherer Mann fand wirklich das Geld nach dem Tod seiner Frau (die Shanti Devi in ihrem früheren Leben gewesen zu sein glaubte).

Solche Fälle lassen sich viel leichter mit ASW als durch Reinkarnation erklären. Was ist einfacher, als mittels ASW die Information zu

---

* Ausführlicher ist der Fall erörtert in Dr. Milan Rýzls Buch *ASW-Phänomene*, Ariston Verlag, Genf.

erhalten, »daß unter dem Boden dieses Zimmers Geld versteckt ist (oder war)«? Die Information wird dann in der phantastischen Verzerrung so erlebt: »Ich erinnere mich, daß ich in meinem früheren Leben Geld dorthin gab.«

In jüngerer Zeit widmete vor allem Ian Stevenson* Fällen dieses Typs besondere Aufmerksamkeit. Einige der von ihm gesammelten Fälle zeichnen sich nicht nur durch den Erhalt speziellen Wissens aus, sondern dazuhin durch ein weiteres eigenartiges Merkmal: Die betreffende Person hatte am Körper Markierungen oder Verunstaltungen, die einem charakteristischen Detail aus der Geschichte über das »frühere Leben« entsprachen. Die folgenden Beispiele mögen als Illustration dienen:

Ein Junge hatte am Körper Markierungen, die wie Schußnarben aussahen. Er behauptete, sich zu erinnern, daß er in seinem früheren Leben, während des Ersten Weltkriegs, gefallen sei. Stevenson berichtet auch von einer Person, die sich »erinnerte«, daß sie in ihrem früheren Leben einen Messerstich in den Rücken erhalten hatte. Am nächsten Tag wurde bei der Person ein Erythem (Rötung der Haut) an der Körperstelle gefunden, wo sie angeblich die Stichverletzung erlitten hatte. Dieser Fall ist besonders interessant, weil er zeigt, daß nicht nur ASW, sondern auch psychosomatische Phänomene (denken Sie an Stigmen!) für verblüffende Übereinstimmungen zwischen der Reinkarnationserfahrung und der somatischen Wirklichkeit verantwortlich sein können.

Das nächste unserer Beispiele weist eine interessante Verbindung zum Spiritismus auf. Solche Erfahrungen kommen im täglichen Leben tatsächlich vor, und die daran beteiligten Menschen sind selbst komplexe Wesen mit mannigfaltigen Kombinationen von Interessen, psychologischen Abläufen und sogar seelischen Störungen. Kein Wunder, daß die Phänomene eine Vielfalt ineinander verwobener Merkmale und Beziehungen aufweisen.

Während einer spiritistischen Séance, die im Hause von Dr. M. D. stattfand, nahm ein neuer »Geist« Verbindung mit den Teilnehmern auf. Er behauptete, Felix F. zu sein, ein ehemaliger Diener der Familie, der vor längerer Zeit gestorben war. Felix hatte zu Lebzeiten ein deformiertes rechtes Ohr gehabt. Jetzt behauptete der »Geist«, er werde in einer bestimmten Familie wiedergeboren werden, und als Beweis für seine Identität führte er an, das Kind werde dieselbe

---

* Siehe z. B.: Ian Stevenson: *Die Reinkarnation – Der Mensch im Wandel von Tod und Wiedergeburt*, Aurum Verlag, Tübingen, 1976.

Mißbildung aufweisen. Anhand seiner Aussagen identifizierte man die Familie, und dort kam ein Junge zur Welt, der eine leichte Mißbildung am rechten Ohr hatte. Solche Fälle werden als besonders starker Beweis für die Reinkarnation hingestellt. Auftretende objektive Merkmale wirken viel verblüffender als bloßes subjektives Wissen. Leider können jedoch auch objektive Körpermarkierungen solchen Phantasien über eine Wiedergeburt keine Beweiskraft verleihen. Wir finden für derartige Fälle mühelos eine ASW-Erklärung, die mit dem gesicherten Wissen über ASW und mit unseren Erklärungen ähnlicher Phänomene voll und ganz übereinstimmt. Für den geschilderten Fall können wir die einfache Erklärung bieten: Das Medium machte durch ASW (Präkognition) ein Baby mit einem mißgebildeten Ohr ausfindig und dramatisierte diese Feststellung unbewußt zu einer seinem Glauben entsprechenden, aufregenden Reinkarnationsgeschichte. Man darf sich durch die scheinbare Kompliziertheit solcher Fälle nicht täuschen lassen. Die Aufgabe, eine Person zu finden, deren Lebenslauf so ist, daß eine bestimmte existierende körperliche Mißbildung hineinpaßt, erscheint nur als kompliziert, wenn man sie vom Standpunkt der Eingeengtheit unserer normalen Sinne betrachtet. Tatsächlich wäre es eine schwierige Aufgabe, müßte man sie mit den normalen Sinnen lösen und vielleicht mehrere Millionen menschliche Lebensgeschichten durchforsten. Doch mit ASW ist sie beim Vorhandensein einer besonderen Motivation einfach. Im vorliegenden Fall beispielsweise kann man von einem Medium, das Beweise für Reinkarnation erbringen möchte, sehr wohl erwarten, daß es eben solche Informationen liefert. (Erinnert sei hier an die scheinbare Komplexität der Kreuzentsprechungen: mehrere weit voneinander entfernte Medien waren an einer Botschaft beteiligt; es kam vor, daß eines der teilnehmenden Medien sich in London aufhielt, ein zweites an einem anderen Ort in England war, wie Cambridge, und ein drittes in Indien.)

Für solche Fälle gibt es tatsächlich zwei mögliche Erklärungen, und die Hauptmerkmale jedes einzelnen Falles sind ausschlaggebend dafür, welche der beiden die zutreffende ist (je nachdem, ob sich einige der erhaltenen Informationen als richtig erweisen oder nicht und ob sie normalerweise der erlebenden Person unzugänglich waren): Erstens, die Person ist sich natürlich ihrer körperlichen Kennzeichen bewußt und gestaltet einfach in ihrer Phantasie ein völlig fiktives Leben, so daß dieses auf dramatische Weise den

Merkmalen entspricht. Oder, zweitens, ASW wird dazu benutzt, irgendwo in der Vergangenheit eine Person zu finden, deren Leben eine dramatische Beziehung zu den vorhandenen körperlichen Merkmalen hat; die in Phantasie gehüllte und vom vorherrschenden Glauben an Reinkarnation beeinflußte ASW-Feststellung bewirkt eine subjektive Erfahrung: »Ich erinnere mich, dies war mein früheres Leben.«

Daß ein solcher Dramatisierungsprozeß wirklich stattfinden kann, läßt sich an einem Fall demonstrieren, der dadurch gekennzeichnet ist, daß ein normales, teilweise vergessenes Sinneserlebnis (ganz ohne ASW) zu einem Déjà-vu-Erlebnis führte, also zum Gefühl, etwas bzw. eine Situation bereits gesehen zu haben, und dieses mit einer Reinkarnationsphantasie kombiniert wurde.

Ein englischer Armeeoffizier und seine Frau reisten durch das Land und kamen an einen unweit der Straße gelegenen Teich, den sie beide gleichzeitig erkannten. Sie waren überzeugt, ihn bereits gesehen zu haben, wußten aber auch, daß sie noch nie in diesem Teil Großbritanniens gewesen waren. Sie folgerten, daß sie in ihrem früheren Leben hier gewohnt haben müßten. Das erschien ihnen sehr einleuchtend: Wenn sie einander bereits aus einem früheren Leben kannten, war es nur natürlich, daß sie sich auch in diesem Leben ineinander verliebt und geheiratet hatten. Wieder in London, besuchten sie jedoch eine Kunstgalerie, in der sie kurz vor ihrer Reise gewesen waren. Dort entdeckten sie ein Gemälde von dem Teich, das sie auch bei ihrem ersten Besuch der Galerie gesehen, aber vergessen hatten. Als sie zu dem wirklichen Ort gekommen waren, hatten sie nur noch ein Gefühl der Vertrautheit im Gedächtnis gehabt – das gerade stark genug gewesen war, um sie glauben zu machen, sie hätten den Teich in ihrem früheren Leben gesehen.*

※

Im Gegensatz zu diesen spontanen Fällen können »Erinnerungen an frühere Inkarnationen« auch künstlich hervorgerufen werden, und zwar durch hypnotische Regression.

Es ist möglich, mittels hypnotischer Suggestion starken Einfluß auf die hypnotisierte Versuchsperson auszuüben und ihre subjektiven Erfahrungen drastisch zu verändern – bis zu dem Punkt, wo neue

---

* I. Stevenson: »The evidence for survival from claimed memories of former incarnations«, *Journal of the American Society for Psychical Research*, 1960.

Persönlichkeiten entstehen, die ganz den Launen und der Phantasie des Hypnotiseurs entsprechen.

Ein sehr einfaches Verfahren besteht beispielsweise darin, der Versuchsperson zu suggerieren, sie werde jünger, und sie so in eine frühere Zeit zurückzuführen, natürlich noch in *diesem* Leben. Versuchspersonen nehmen solche Suggestionen bereitwillig an. Diese Technik wird in der Psychiatrie und Hypnosetherapie mit Erfolg angewandt. Viele neurotische Symptome und sogar auch ernstere psychiatrische Probleme sind auf traumatische Erlebnisse in der Kindheit zurückzuführen, die bewußt vergessen wurden, aber im Unterbewußtsein eine tiefsitzende Narbe hinterließen und zum Ursprung späterer Probleme werden.

Wenn die hypnotische Regression in die Kindheit zur Reaktivierung längst vergessener Erinnerungen beiträgt, wenn das Kindheitstrauma wieder ins Gedächtnis tritt und noch einmal durchlebt wird, kann der Patient unter fachkundiger Führung lernen, die Natur und den Ursprung seiner Probleme zu verstehen. Dank der reiferen Einsicht des Erwachsenen wird er das Kindheitstrauma mit Distanz und weniger Emotion sehen. Folgendes Beispiel soll die Situation veranschaulichen: Ein Kind, das sexuell belästigt wurde, kann die Episode vergessen, aber später im Leben Eheprobleme entwickeln. Die Erinnerung an das Kindheitserlebnis in der Regression wird eine Neubewertung der Situation auf der Basis des Wertsystems eines Erwachsenen erlauben. Das Verständnis der Ursachen und ihre rationale Betrachtung aus der Erwachsenenperspektive wird die Heilung fördern.

Zur Bestätigung des eben Gesagten kann ich einen Fall anführen, den ich selbst beobachtet habe: Als ich einmal im Unterricht die hypnotisierte Regression demonstrierte, meldete sich ein Student freiwillig, um sich »rückversetzen« zu lassen. Es bestand bei dem Experiment keinerlei besonderes medizinisches Interesse, keinerlei Absicht, ein Leiden zu heilen; doch der Student, der sich freiwillig gemeldet hatte, litt zufällig an einem psychoneurotischen Problem: Nach dem Experiment erzählte er uns, daß seine Augen »schwach« seien und er immer eine dunkle Sonnenbrille trage, nicht nur bei Tageslicht, sondern auch am Abend bei künstlicher Beleuchtung: ohne die Brille fühlte er sich stets geblendet. Als er bei der Regression zum Augenblick seiner Geburt gekommen war, hatte er sich an eine Szene »erinnert«: eine Kinderschwester hatte ihn unter eine schmerzend helle Lampe gelegt. Die Echtheit der Geschichte ließ sich zwar nicht nachprüfen, aber der Student akzeptierte sie sofort und hatte nach diesem einen Hypnoseerlebnis keine Probleme mit seinen Augen mehr. Am folgenden Tag kam er ohne Sonnenbrille zur Vorlesung, und künftig brauchte er sie nicht mehr, außer bei hellem Sonnenschein – wie jeder andere auch.

Die hypnotische Regression kann somit bedeutenden medizinischen Wert haben, und zwar in der Diagnose wie in der Therapie. Doch es handelt sich dabei immer um eine Regression in frühere Stadien *dieses* Lebens.

Manche Hypnotiseure jedoch gingen weiter: Sie rückversetzten ihre Patienten in den Augenblick der Geburt (aufgrund der Theorie, daß das Geburtstrauma die Ursache späterer Phobien und anderer neurotischer Symptome sein kann), führten sie ins intra-uterine Leben zurück, zum Augenblick der Empfängnis – und darüber hinaus. Wenn wir so in der Zeit rückwärtsgehen, kommt schließlich die Frage nach dem »früheren Leben der Person« (wir sollten hinzufügen, »falls es eines gibt«, aber die Hypnotiseure bemühen sich in solchen Experimenten gewöhnlich kaum um Objektivität und methodische Präzision; sie implizieren vielmehr, daß die Versuchsperson tatsächlich ein früheres Leben hatte).

Die hypnotisierte Versuchsperson, die an Reinkarnation glaubt oder stillschweigend annimmt, daß der Hypnotiseur wünscht, sie solle eine Reinkarnationsepisode erleben, gehorcht dem ausdrücklichen oder stummen Befehl des Hypnotiseurs. Sie fühlt, was der Hypnotiseur sie zu fühlen auffordert. Wollte er einen »Geist« haben, bekäme er ihn. Dieses Mal jedoch verlangt das suggestive Pathos der Szene nach einer Reinkarnationsersinnung. Die Versuchsperson wird sie auch prompt liefern, und wenn der Hypnotiseur ihr nicht genügend Hinweise auf die von ihm gewünschte Persönlichkeit gibt, wird sie ihr Bestes tun, eine zu erfinden.

Der Psychiater E. S. Zolik führte seinem Bericht im *Journal of Clinical Psychology*, 1958, zufolge mit seinen Patienten viele solche Hypnosesitzungen durch und stellte fest, daß sie bereitwillig eine »frühere Inkarnation« phantasierten. Doch die neue Persönlichkeit – das angebliche »frühere Leben« – war nicht unabhängig von der hypnotisierten Versuchsperson. Im Gegenteil, das Denken der Versuchsperson kam in der Regel darin, mehr oder weniger verhüllt, zum Ausdruck. Was als »frühere Inkarnation« dargeboten wurde, war Phantasie, künstlich beschworen durch die Suggestion, die Versuchsperson solle »ihr vergangenes Leben noch einmal durchleben«.

Die neue so geschaffene Persönlichkeit wies laut Zolik folgende Merkmale auf:
1. Historisches Wissen der Versuchsperson über den Ort, an dem sie in ihrem angeblichen früheren Leben gewohnt, und über die Periode, in der sich diese sogenannte vergangene Inkarnation abgespielt hatte;
2. ausgewählte Merkmale von Helden aus Romanen oder Filmen, welche die Versuchsperson kannte, oder von Persönlichkeiten, die sie bewunderte;
3. Dramatisierungen von Elementen der Persönlichkeit und des Denkens der Versuchsperson selbst: ihrer Charaktereigenschaften, Ängste, Wünsche, Tagträume usw.

Zolik folgerte, daß die Reinkarnations-Phantasiefigur keine neue Persönlichkeit ist, sondern nur ein verzerrtes Bild dessen bietet, was die Versuchsperson bewußt und unbewußt weiß und denkt.

Wir stellen fest, daß hier wieder der gleiche Prozeß abläuft wie im Mediumismus, wo die »Geister« angeblich den Körper des Mediums »besitzen«. Dort kommen in den Zügen und dem Verhalten der angeblichen »Geister« das Wissen, das Denken, die Persönlichkeit des Mediums und sogar die Launen seines Unterbewußtseins zum Ausdruck.

Wären alle Reinkarnationserinnerungen nichts anderes als Phantasie, könnten wir sie einfach ad acta legen, weil sie unsere Aufmerksamkeit nicht verdienten. Doch sie enthalten etwas, das für unsere Untersuchung hier bedeutsam ist, und zwar ein Merkmal, das wir ebenso in mediumistischen Phänomenen, außerkörperlichen Erfahrungen und Sterbebettvisionen fanden. Ein Merkmal, das uns so vertraut ist, weil es uns durch unsere ganze bisherige Untersuchung begleitete. Wir wissen jetzt auch, wie es zu erklären ist.

Einige Autoren berichteten, daß die hypnotisierte Versuchsperson beim Durchleben der angeblichen früheren Inkarnation sich an Dinge »erinnerte«, die ihr selbst und dem Hypnotiseur unbekannt waren, sich aber dennoch später als historisch richtig erwiesen.*

---

* Der wohl bekannteste Fall dieser Art war jener einer Amerikanerin, die behauptete, im achtzehnten Jahrhundert in Irland gelebt zu haben. Weder sie noch der Hypnotiseur waren je in Irland gewesen, aber sie interessierte sich für die »grüne Insel« und hatte irische Freunde (denken Sie an Zolik und seine Liste). Sie machte eine Reihe Aussagen, nannte zum Beispiel Namen obskurer Lebensmittelhändler aus ihrem angeblichen seinerzeitigen Heimatdorf: später wurden die Aussagen nachgeprüft und für richtig befunden. Doch bei zahlreichen anderen Aussagen unterliefen ihr Fehler. Siehe Morey Bernstein: *Protokoll einer Wiedergeburt*, Scherz Verlag, Bern, 1973.

Wir wissen bereits, daß dieses Merkmal die Reinkarnation nicht beweisen kann. Es erfordert lediglich, daß wir Zoliks Liste einen weiteren Punkt anfügen:

4. Mittels ASW erhaltene Informationen werden dramatisch in die neue Persönlichkeit integriert und als »Erinnerungen« erlebt.

Tatsächlich fördert ja der hypnotische Zustand, in dem solche Experimente durchgeführt werden, das Wirken von ASW entscheidend.

❊

In jüngster Zeit wurde die Regression in frühere Leben überaus populär. Verschiedene Hypnotiseure nutzten dieses Interesse weidlich aus, und gelang es ihnen nicht, ihre Versuchspersonen in hypnotische Trance zu versetzen, unterließen sie die Hypnose einfach. Sie brachten die Versuchspersonen lediglich in einen Zustand der Entspannung und steuerten dann deren Phantasie. Die Versuchspersonen, die natürlich frühere Inkarnationen durchleben wollten, waren willfährig und behaupteten, sich an »frühere Leben« zu erinnern. Unternehmungslustige Medien und Hellseher spezialisierten sich darauf, gegen eine Gebühr Sitzungen zu veranstalten, indem sie »frühere Leben« ihrer Kunden beschrieben. Ein Kommentar erübrigt sich.

Wir sollten hier auch die Versuche erwähnen, das Reinkarnationskonzept zu therapeutischen Zwecken einzusetzen. Mehrere Autoren (D. Sutphen, E. Fiore und andere) sowie diverse pseudoreligiöse Bewegungen (beispielsweise die Scientology-Organisation) behaupten, daß traumatische Spuren früherer Inkarnationen die Ursache von Problemen im gegenwärtigen Leben sein könnten.

Tatsächlich warteten Patienten, wenn man sie in Hypnose in ihre »früheren Leben« rückversetzte, mit »Erinnerungen« auf, die ihre Probleme erklärten. Ihre Erlebnisse hören sich in den Aufzeichnungen der Séancen aufregend dramatisch an und müssen im wirklichen Leben noch weit dramatischer und unterhaltsamer gewesen sein. Doch die gebotenen Erklärungen sind von wahrhaft naiver Einfachheit.

In einem Fall wurde das mangelnde Interesse einer Frau an der politischen Tätigkeit ihres Mannes so erklärt: In ihrem vergangenen Leben war ihr Liebhaber bei einem politischen Aufstand umgekommen (Sutphen).

Der Fall einer frigiden Frau, die an Kopfschmerzen litt: Im vergangenen Leben war sie mit einem Knüppel angegriffen, auf den Kopf geschlagen und vergewaltigt worden (Fiore).

Der Fall eines Mannes mit Übergewicht und einer Allergie gegen Hühnerfedern: Im früheren Leben war er Matrose gewesen; als das Schiff sich einmal auf einer langen Reise befunden und die ganze Besatzung Hunger gelitten hatte, hatte er ein Huhn, das den Offizieren gehörte, gestohlen und verspeist, wofür er hart bestraft worden war (Fiore).

Eine Frau mit Gewichtsproblemen war im früheren Leben sehr arm gewesen und Hungers gestorben (Fiore).

Ein Fall von sexueller Unverträglichkeit zwischen Ehemann und Ehefrau: In einem früheren Leben, als den beiden die gleichen Rollen zugeteilt gewesen waren, hatte der Mann seine Frau geschändet und auch ihren Tod verursacht (Sutphen).

Ergebnisse von Experimenten dieser Art sind fast immer reine Phantasien. Die vom Hypnotiseur ermutigten Patienten erfanden eine Rolle, die ihr »Problem« erklärte. Und von den gelegentlich erwähnten richtigen historischen Fakten kann ein großer Teil mit der im Hypnosezustand geschärften Erinnerung erklärt werden; umgekehrt ist es praktisch unmöglich zu *beweisen,* daß ein Mensch *nie im Leben* Zugang zu einer gewissen Information hatte. Für den Rest der richtigen Informationen lautet die wahrscheinlichste Erklärung: ASW.

Aber selbst wenn diese Experimente nur Phantasieprodukte erbringen, so können sie doch vom rein utilitaristischen, praktischen Standpunkt einigen Wert haben. Sofern der Patient fest an Reinkarnation glaubt und diese für den Ursprung seiner Symptome hält, ist denkbar, daß eine auf Reinkarnation abgestellte Beratung ihm hilft. Nach dem derzeitigen Stand unseres Wissens liegt der Wert eines solchen Verfahrens natürlich nur in seiner Suggestivkraft; es ist ähnlich wie die Verabreichung von Placebos in der Medizin. Aus demselben Grund lassen wir in einem ASW-Experiment mit einem spiritistischen Medium das Medium ruhig glauben, daß Geister anwesend sind, denn jeder Streit oder Disput, jede unbedachte oder taktlose Ablehnung des vom Medium akzeptierten Glaubens und Rituals würde nur die günstige psychologische Atmosphäre stören und eine möglicherweise vielversprechende ASW-Darbietung verderben.

9. Alte Täuschung oder neue Wahrheit?

In den vorhergehenden Kapiteln konnten wir verfolgen, wie Menschen, die seltsame Erfahrungen in veränderten Bewußtseinszuständen untersuchten, immer derselben Täuschung unterlagen: *Eine intensive subjektive Erfahrung wurde irrtümlicherweise als objektive Realität angesehen.* Wirkte während der Erfahrung ASW, erkannte man sie nicht als solche, sondern mißverstand sie als »Beweis« für die gezogene falsche Schlußfolgerung. Die Erfahrung erdrückte infolge ihrer überwältigenden Dramatik alle kritischen Überlegungen.

Jahrhundertealte Fehler passierten auch jüngsten Generationen immer wieder, nur in etwas »modernisierter« Form.

Im Mittelalter deutete man seltsame Trancephänomene, die manchmal psychopathologischer Natur waren, als »Besessensein« vom »Teufel« – oder vom »heiligen Geist«, je nachdem, ob die betroffene Person bei der Kirche in Gnade oder in Ungnade stand.

Später, in der Blütezeit des Spiritismus, hatten die Medien das Gefühl, sei seien von weiterlebenden Geistern Verstorbener besessen oder stünden mit ihnen in Verbindung. Glaubte ein Medium, der Geist zu sein, und enthielt die »Geisterbotschaft« eine (mittels der ASW des Mediums erlangte) ASW-Information, dann meinte das Medium, es selbst als der »Geist« erinnere sich an die Information; eine solche Erfahrung wurde fälschlicherweise für bare Münze genommen und als Erinnerung des Geistes ausgelegt.

In jüngerer Zeit hielt man Erlebnisse der Art, daß sich jemand, entweder in Hypnose oder manchmal sogar spontan im Wachzustand, an vergangene Leben zu erinnern glaubte, für echte Erinnerungen an frühere Existenzen. Zumindest Reinkarnationsgläubige taten dies. Dabei vermögen wir solche Erfahrungen mühelos als Träume, Phantasien oder falsche Erinnerungen zu erklären.

In ähnlicher Weise wurden außerkörperliche Erfahrungen irrtümlich als Beweise für die unabhängige, vom Körper getrennte Existenz der »Seele« betrachtet.

Die gleiche Fehldeutung erfolgte auch bei den jüngsten »Sterbebetterfahrungen« und den Erinnerungen von Menschen, die klinisch für tot erklärt und später reanimiert worden waren, obgleich es auf der Hand liegt, daß sie sich nicht daran erinnern können, wie es ist, wirklich tot zu sein, und daß sich in ihren Erfahrungen immer nur eine verzweifelte Lebenssituation spiegelt, nicht aber der Tod.

So dramatisch und verblüffend lebendig Erfahrungen dieser Art für Menschen ohne wissenschaftliches Spezialwissen auch sein mögen, sie können weder die unabhängige Existenz der Seele noch das Weiterleben nach dem Tode, noch die Reinkarnation beweisen. Die Intensität und der starke emotionelle Eindruck einer derartigen Erfahrung sind keine Garantien für ihre Echtheit.

Wir führten aber bereits aus, daß sogar falsche Überzeugungen eine positive Wirkung haben können, denn sie dienen oft als eine Art »psychologische Krücke« – in ähnlicher Weise wie das Placebo, das in der Medizin Anwendung findet.

Glaubt beispielsweise ein Neurotiker, er sei vom Teufel besessen, und kann man ihn von der Wirksamkeit des Exorzismus überzeugen, so werden ihn entsprechende exorzistische Riten vermutlich heilen. Hypnose erfüllt denselben Zweck. Glaubt ein spiritistisches Medium, es beziehe seine Kräfte von Geistern, so wird eine imaginäre oder suggerierte Mitwirkung von mächtigeren Geistern seine Leistung auf dem Gebiet der ASW steigern. Andererseits aber wird jeder Versuch, seine Überzeugung anzuzweifeln und eine Mitwirkung von Geistern abzustreiten, seine Leistungen bei ASW-Aufgaben mindern. (Die Überzeugung des Mediums hat unter Umständen auch negative Folgen: die Angst, daß Geister als unabhängige Wesenheiten launisch sein und ihren »Beistand« verweigern könnten, läßt die Leistung des Mediums oft unzuverlässig werden.) Der Glaube eines Menschen vermag ihm zu helfen, mag der Glaube auch falsch sein. Ist jemand überzeugt, daß seine Schwierigkeiten aus einer früheren Inkarnation erwachsen, wird er vermutlich eine geschickte Beratung oder Psychotherapie bereitwillig akzeptieren und von seinen Problemen befreit werden.

❊

In einer Zusammenfassung unserer Erörterung der hier untersuchten Phänomene ist vor allem die Feststellung wichtig, daß Erfahrungen dieser Art im wirklichen Leben *nie streng getrennt voneinander vorkommen.* Manchmal treten die Phänomene zwar einzeln auf,

Alte Täuschung oder neue Wahrheit?

bisweilen aber auch in einer bunten Vielfalt von Misch- und Zwischenformen, woraus ihre gegenseitigen Wechselbeziehungen zu ersehen sind. So verschieden die Phänomene zu sein scheinen, sie müssen zweifellos als Manifestationen eng verwandter Prozesse betrachtet werden. Zudem geht mit den Phänomenen oft ASW einher, die zwar häufig klar als solche erkennbar ist, gelegentlich aber auch übersehen oder als Auftreten unkörperlicher Wesen mißdeutet wird.

Beispielsweise kann eine Person, die eine außerkörperliche Erfahrung hat und von dem besuchten fernen Ort eine ASW-Information empfängt, dort als Erscheinung gesehen werden. Dieses bizarre Phänomen bezeichnet man, wie schon erwähnt wurde, auch als Bilokation. Der Name bringt den Glauben zum Ausdruck, daß ein Mensch gleichzeitig an zwei Orten sein könne. Ruft man das Phänomen absichtlich hervor, in Experimenten mit reisendem Hellsehen unter Hypnose, ist zu erkennen, daß es ganz offensichtlich in enger Verbindung mit dem gesamten ASW-Prozeß steht.

Auch mit Sterbebettvisionen gehen oft außerkörperliche Erfahrungen einher. Der Sterbende kann das Gefühl haben, an einem fernen Ort zu sein, um dort beispielsweise einen geliebten Menschen zu besuchen, er vermag dann die mit Hilfe seiner ASW gewonnenen Eindrücke über diesen Ort zu berichten und kann gelegentlich dort sogar als Erscheinung gesehen werden.

Erscheinungen Sterbender oder Verstorbener waren seinerzeit vom Spiritismus mit seinem besonderen Interesse an Verstorbenen in den Brennpunkt der allgemeinen Aufmerksamkeit gerückt worden. Doch schon lange vor dem Spiritismus war der Tod, dieses einzigartig wichtige Ereignis im Menschendasein, gern mit mysteriösen und abergläubischen Überzeugungen umgeben worden. Tatsächlich aber sind Erscheinungen Verstorbener und Sterbender keineswegs ein besonderes Phänomen. Ein Mensch braucht nicht tot zu sein oder zu sterben, damit man ihn als Erscheinung sehen kann, wie ja die Bilokationsfälle beweisen.

Wichtig ist hier des weiteren die Feststellung, daß die genannten Phänomene nicht im normalen Wachzustand, sondern *in verschiedenen veränderten Bewußtseinszuständen auftreten*, in Trancezuständen unterschiedlicher Tiefe – angefangen bei einfacher Entspannung mit Tagträumen bis zu tiefster Trance mit Persönlichkeitsveränderungen und Amnesie. Diese Zustände können subjektiv unterschiedlich erlebt werden, aber für alle ist eine gesteigerte, in eine einzige Richtung gehende Aufmerksamkeit charakteristisch, wobei die wirkliche Umgebung vergessen wird. Alle diese Zustände und sämtliche damit verknüpften Phänomene lassen sich sehr gut durch Hypnose herbeiführen, und die hypnotischen Experimente liefern uns den Schlüssel zum Verständnis der Phänomene.

Die Tiefe des Trancezustandes ist auch bei mediumistischen Phänomenen unterschiedlich. In einer typischen mediumistischen Erfahrung hat das Medium das Gefühl, ein Geist zu sein. In anderen Fällen jedoch findet keine vollständige Persönlichkeitsveränderung statt: Das Medium behält seine eigene Persönlichkeit und berichtet dann nur, daß es Geister sieht und deren Botschaften hört. Bei anderen mediumistischen Manifestationen kann das Medium glauben, in einen Geist verwandelt zu werden (das heißt von einem Geist besessen zu sein), eine ganze Schar Geister zu sehen und zu hören bzw. mit ihnen Verbindung zu haben.

Natürlich unterscheiden sich nicht nur die subjektiven Erfahrungen von Medium zu Medium, sondern auch die Situationsmerkmale: Einige Medien versinken in tiefe Trance, andere arbeiten in leichten Trancezuständen oder sogar in Zuständen, die an normales Wachsein grenzen. Die Kommunikation erfolgt meist verbal, der »Geist« spricht durch den Mund des Mediums; doch auch andere Kommunikationsformen kommen vor; ein Beispiel dafür ist das »automatische Schreiben«: Die »Geister« prägen ihre Botschaften dem Gehirn des Mediums mittels Telepathie ein.

Besessenheitsfälle sind im wesentlichen identisch mit mediumistischen Phänomenen. Der Unterschied liegt darin, daß im Mediumismus das besitznehmende Wesen als »Geist eines Verstorbenen« angesehen wird, während es in anderen Besessenheitsfällen alles sein kann, menschlich oder unmenschlich, was immer die erregte Phantasie der betreffenden Person aus den Launen ihres Unterbewußtseins und aus ihren Glaubensüberzeugungen schöpft. Im Mediumismus findet das »Besessensein durch den Geist« außerdem mit Zustimmung oder auf ausdrücklichen Wunsch des Mediums statt, während typische Besessenheitsfälle pathologisch sind und gegen den Wunsch, oft sogar zum großen Unbehagen und zur Verzweiflung der besessenen Person auftreten.

Ein interessantes Beispiel, das veranschaulicht, in welch bunter Mischung die Phänomene vorkommen können, liefert der Fall des Mediums Helène Smith (siehe Seite 96). Manchmal behauptete Helène Smith, Mitteilungen weiterzugeben, die von verschiedenen entkörperlichten Persönlichkeiten (»Geistern«) stammten. Interessanterweise konnten diese Persönlichkeiten, wie oft auch bei anderen spiritistischen Medien, durch Suggestion seitens der Séanceteilnehmer beeinflußt und verändert werden. Mitunter nahm das Medium auch die Persönlichkeit verschiedener Menschen an, deren Leben es in früheren Inkarnationen gelebt zu haben meinte. Eine dieser Persönlichkeiten behauptete, ein ehemaliger Bewohner des Planeten Mars zu sein; allein dies zeigt, daß es sich bei ihm um eine fiktive Persönlichkeit handelte.* Auch in anderen Tranceprodukten Hélène Smiths spiegelten sich das Wissen und das Unterbewußtsein des Mediums; so wies beispielsweise ihre berühmte Marssprache, obwohl auf einem einzigartigen Alphabet aufbauend, deutliche grammatikalische Merkmale des Französischen auf, der Muttersprache des Mediums.

Reinkarnationserfahrungen andererseits sind als eine Art außerkörperlicher Erfahrungen zu verstehen, in welchen die Projektion nicht nur an einen anderen Punkt im Raum, sondern auch an einen anderen Punkt *in der Zeit* erfolgt. Bei einer solchen Projektion können natürlich auch ASW-Informationen über vergangene Ereignisse erlangt werden.

Genaugenommen findet bei Reinkarnationserlebnissen keine vollständige außerkörperliche Erfahrung statt. Wäre sie vollständig, hätte die betreffende Person das Gefühl, sich selbst anderswo in Raum und Zeit zu befinden und die Ereignisse dort zu beobachten (solche Erfahrungen lassen sich in Experimenten mit reisendem Hellsehen durch hypnotische Suggestion auslösen, indem die Versuchsperson die Anweisung erhält, sich in eine andere zeitliche Periode zu begeben). In der Reinkarnationserfahrung dagegen hat die Person zwar das Gefühl, sich anderswo in Raum und Zeit zu befinden, aber eine eigenartige Verbindung zur eigenen Person bleibt bestehen: das Empfinden, daß es immer noch *sie* sei, die sich dort befindet, nicht etwa nur als ASW-Beobachterin, sondern als wirkliche Teilnehmerin an Ereignissen – trotz anderen physischen Aussehens und anderen Namens unter aufrechterhaltener persönlicher Identität.

Die Reinkarnationserfahrung läßt sich durchaus mit einer mediumistischen Erfahrung vergleichen. Hier wie dort handelt es sich um

---

* Dies ereignete sich kurz vor 1900, zu einer Zeit, als die Phantasie der Öffentlichkeit erregt war durch Mutmaßungen, daß auf anderen Planeten, besonders auf dem Mars, intelligente Wesen leben könnten. »Geister« von »Marsmenschen« manifestierten sich damals durch mehrere Medien, die dann prompt verschiedene »Marssprachen« produzierten oder Zeichnungen von seltsamen menschenähnlichen Wesen anfertigten, angeblichen Bewohnern von Mars, Jupiter oder anderen Planeten.

eine Persönlichkeitsveränderung infolge Autosuggestion oder Heterosuggestion, und hier wie dort wird die so entstehende Persönlichkeit von der psychologischen Verfassung, von vergangenen Erfahrungen und von den Glaubensüberzeugungen der betreffenden Person bestimmt. Der einzige Unterschied liegt im Grad der Verzerrung der Depersonalisationserfahrung: Das Medium hat das Gefühl, eine völlig andere Persönlichkeit habe die Kontrolle über seinen Körper übernommen, während in der Reinkarnationsphantasie keine vollständige Persönlichkeitsveränderung stattfindet und – wie gesagt – ein gewisses enges Band zur ursprünglichen Persönlichkeit bestehen bleibt: Der betreffende Mensch glaubt, das *gleiche* Individuum zu sein, wenn auch während eines anderen Lebens in der Vergangenheit und an einem anderen Ort.

Wir haben es also mit eng verwandten Erfahrungen zu tun, die sich wie folgt kennzeichnen lassen:

1. Das Gefühl, die gleiche Persönlichkeit an einem anderen Ort zu sein. Das trifft bei außerkörperlichen Erfahrungen und in Experimenten mit reisendem Hellsehen zu.

2. Das Gefühl, eine andere Persönlichkeit am gleichen Ort zu sein, das heißt im gleichen Körper. Das ist der Fall bei mediumistischen Erfahrungen und bei Besessenheit.

3. Das Gefühl, eine andere – und doch identische – Persönlichkeit an einem anderen Ort und in einer anderen Zeit zu sein. Das trifft bei Reinkarnationserfahrungen zu.

Alle diese Erfahrungen treten in einer Art Trancezustand auf und widerspiegeln die Persönlichkeit der betreffenden Person mit ihren sämtlichen psychologischen Merkmalen. Obwohl die Erfahrungen eher unüblich sind und manchmal eigentümliche Launen des Unbewußten der betreffenden Person sichtbar werden lassen, kann man sie als normale, wenn auch bizarre Äußerungen der menschlichen Psyche betrachten. Sie lassen sich mit lebhaften Träumen eines gesunden Menschen vergleichen – ein solcher Mensch kann natürlich bisweilen einen Traum haben, in dem er ein anderer Mensch ist. Zur Vervollständigung des Bildes muß hier jedoch gesagt werden, daß solche Erfahrungen gelegentlich auch als pathologische Symptome auftreten, die psychiatrische Behandlung erfordern.

Leider geschah es des öfteren, daß Menschen, bei denen solche Symptome auftraten, keine medizinische Fachhilfe suchten, sondern ihr Innenleben genußvoll vor der Öffentlichkeit ausbreiteten oder sich sogar eine Art messianistische Mission anmaßten. Infolge übertriebener Berichte über derartige Vorkommnisse in der Sensationspresse verbreitete sich dann ein falsches Bild von all diesen Phänomenen, das in der breiten Öffentlichkeit weitgehend auch heute noch herumgeistert.

Im allgemeinen können wir sagen, daß die beschriebenen Erfahrungen als normal zu betrachten sind, wenn der Mensch sie unter Kontrolle behält: wenn sie auf Wunsch stattfinden, wenn sie der betreffenden Person gelegen kommen oder sie zumindest nicht stören und wenn die Person sie mühelos rational in ihre gesamte Lebenserfahrung zu integrieren vermag. Verursachen sie dagegen Verzweiflung oder beeinflussen sie das Leben eines Menschen sowie seine Beziehung zur Gesellschaft nachteilig, signalisieren sie, daß das unschuldige und im Grunde möglicherweise sogar wünschenswerte Geistes- oder Geisterspiel gefährlich geworden ist und der betreffende Mensch fachliche Hilfe benötigt. Dies ist beispielsweise der Fall, wenn das neue »Wesen« sich der Kontrolle des Menschen entzieht oder ihn zu einem Verhalten treibt, das gegen gültige, vernünftige Normen der Gesellschaft verstößt oder sogar den Menschen bzw. ihm nahestehende Personen in Gefahr bringt.

Die genannten Erfahrungen weisen auch eine Ähnlichkeit mit automatischem Verhalten auf, für das charakteristisch ist, daß sich die eigene bewußte Persönlichkeit des Menschen von seinem Verhalten losgelöst hat (und nicht durch ein anderes Wesen ersetzt worden ist).

Die »Déjà-vu«-Erfahrung – das Erlebnis: »Dies habe ich schon gesehen!« – schließlich läßt sich mit Fällen von Reinkarnationserinnerungen vergleichen. Der Unterschied ist ziemlich subtil. Beim Déjà-vu meint man: »Ich habe dies *irgendwo* gesehen«, bei Reinkarnationserinnerungen: »Ich habe dies *in meinem früheren Leben* gesehen.«

❋

Statt in den Trancezuständen die erregenden, sensationellen Aspekte zu suchen, sollte man sich bemühen, sie nüchtern zu betrachten. Dann werden neue aufschlußreiche Beziehungen sichtbar.

Wir werden dann beispielsweise feststellen, daß spontane Reinkarnationserinnerungen und Besessenheitsfälle, für die so typisch eine religiöse Atmosphäre ist, zu deren Charakteristika der Glaube an das Weiterleben nach dem Tod und die Reinkarnation gehören, ihre Parallele auch in der christlichen Tradition haben: Visionen von Heiligen, der Jungfrau Maria und anderen religiösen Gestalten bei

Kindern und Erwachsenen. Mit diesen Erfahrungen geht ebenfalls oft ASW einher.

Außerdem werden wir die psychopathologischen Merkmale, die mit solchen Vorkommnissen verbunden sein können, erkennen und verstehen. Leider aber stellen die auf das Weiterleben ausgerichteten Berichte fast immer die sensationellen Aspekte der kolportierten Geschichten heraus und unterdrücken die psychopathologischen Aspekte.

In dem oft zitierten Watseka-Wunder* beispielsweise war das auslösende Element offensichtlich ein Eltern-Kind-Konflikt. Heute würden die meisten Kinder versuchen, einen vergleichbaren Konflikt einfach durch Ausreißen zu lösen. Vor hundert Jahren dagegen bekam die dreizehnjährige Lurancy Vennum, wohnhaft in Watseka, Illinois, das Gefühl, sie sei eine Persönlichkeit namens Mary Roff. Lurancy »erinnerte« sich an Einzelheiten aus ihrem Leben als Mary Roff und bat um die Erlaubnis, bei ihren »richtigen« Eltern leben zu dürfen (denen von Mary Roff). Während ihres Aufenthaltes bei der Familie Roff demonstrierte Lurancy Kenntnisse, die Mary Roff zu Lebzeiten gehabt hatte; sie erkannte beispielsweise Marys Freundinnen und ein Kleid, das Mary getragen hatte, erinnerte sich in Einzelheiten an eine Reise der Familie nach Texas und anderes mehr. Nach einigen Monaten, als die Konfliktsituation abgeebbt war, kehrte die ursprüngliche Persönlichkeit allmählich zurück. Lurancy ging wieder heim und hatte fortan keine Probleme mehr. Mary Roff war jedoch nicht die einzige Persönlichkeit, die Lurancy »besessen« hatte. Zu den weiteren zählte ein junger Mann, der angeblich von zu Hause ausgerissen, in Schwierigkeiten geraten und ums Leben gekommen war. (Verdeutlicht dies nicht, welche inneren Konflikte Lurancy durchgemacht haben muß?) Mary Roffs Persönlichkeit war erst später erschienen, offensichtlich unter dem Einfluß von Suggestionen, nachdem Lurancy – die damals als geisteskrank galt – von ihrem Arzt hypnotisiert worden war. Diesen Arzt hatte zufällig die Familie Roff (!) empfohlen. Herr Roff war bei der Hypnosesitzung dabei gewesen, und so hatte ihn die neue Persönlichkeit des Mädchens als »ihren« Vater begrüßen und ihn bitten können, sie mit »nach Hause« zu nehmen.

Erwartungsgemäß wurden in den Berichten über den Fall die sensationellen Aspekte besonders betont. So hieß es, Lurancy hätte

---

* E. W. Stevens: *The Watseka Wonder*, Chicago, 1887.

Alte Täuschung oder neue Wahrheit? 173

von Ereignissen, die sich in der Familie Roff vor ihrer Ankunft zutrugen, nichts wissen können. Tatsache ist jedoch, daß beide Familien in einer Kleinstadt lebten und einander kannten, wenn auch vielleicht tatsächlich nur oberflächlich. In einer solchen Situation lassen sich viele Kenntnisse Lurancys ganz einfach erklären. Es besteht keinerlei Notwendigkeit, Reinkarnation oder Besessensein von einem Geist anzunehmen, ja nicht einmal ASW wäre dafür erforderlich. Leider wird sich nie mit Sicherheit feststellen lassen, was das Kind auf normalem Wege durch Mithören von Gesprächen in der Nachbarschaft erfahren konnte und was nicht.

Der dramatische Aspekt der Geschichte beruht auf der Tatsache, daß Mary Roff schon vor Jahren gestorben war und daß man glaubte, ihr Geist agiere durch Lurancy Vennum. Es handelte sich hier jedoch um keinen echten Reinkarnationsfall, weil Lurancy beim Tode Mary Roffs bereits gelebt hatte (sie war etwas über ein Jahr alt gewesen). Andererseits arbeitete Lurancy nicht als spiritistisches Medium, und sie lebte ziemlich lange als Mary Roff, über drei Monate. Hier könnte die Feststellung wichtig sein, daß ein in der amerikanischen Kultur aufgewachsenes Kind, das vom Spiritismus, der sich damals rasch ausbreitete, gehört haben mußte, aber zweifellos über die Reinkarnation kaum informiert war, eine kombinierte Erfahrung mit mehreren spontanen Reinkarnationserinnerungen und dem vorherrschenden Besessensein durch einen Geist hatte. Der Fall wies auch ASW-Elemente auf: Lurancy sagte als Mary Roff die Krankheit »ihres«, Mary Roffs, Bruders voraus.

❧

Da die obenerörterten Erfahrungen alle eng verwandt sind, verlangen sie nach einer *Erklärung von einem gemeinsamen Prinzip aus*. Die Theorie, daß die Phänomene von intelligenten, denkenden Geistern erzeugt werden, die nach dem Tode weiterleben und sich reinkarnieren können, bietet eine solche einheitliche Erklärung. Sie steht jedoch im Widerspruch zu unserem psychologischen und neurophysiologischen Wissen. Das Bewußtsein, wie wir es kennen, vermag ohne das intakte materielle Hirnsubstrat nicht zu existieren. Außerdem vermag diese Theorie die starke Abhängigkeit der genannten Phänomene von der Psyche der betreffenden Personen nicht zu erklären. Würden die Phänomene tatsächlich von fremden Wesenheiten hervorgebracht, müßten wir damit rechnen, daß sie den Launen dieser Wesenheiten unterworfen sind und nicht von den betreffenden Personen abhängen.

Pathologische Formen dieser Phänomene entziehen sich manchmal einer Kontrolle von außen, da sie den Launen des Unterbewußtseins der betreffenden Person ausgesetzt sind; gewöhnlich aber lassen sich die Erfahrungen künstlich herbeiführen und verändern. Erscheinende »Persönlichkeiten« können nach Belieben geschaffen und verwandelt werden, und zwar durch entsprechende suggestive Beeinflussung, zumal unter Hypnose. Die künstlich produzierten Phänomene entsprechen in jeder Hinsicht den spontanen, und mit den richtigen Suggestionen kann man die vielfältigsten Formen willentlich, praktisch »auf Befehl« hervorrufen. Es drängt sich also die Schlußfolgerung auf, daß die Phänomene ihren Ursprung in der geistigen Aktivität des *lebenden* Menschen haben.

Die Theorie, die wir vorschlagen, reduziert jedoch keineswegs alles nur auf die Aktivität des materiellen Gehirns und ist, wie schon erwähnt wurde, deshalb der spiritistischen Erklärung *nicht* diametral entgegengesetzt. Sie wendet sich lediglich gegen die persönliche Identität und die angeblich bewußte Aktivität der körperlosen Wesen, weil beides zu den gesicherten wissenschaftlichen Kenntnissen ganz entschieden im Widerspruch steht. Das Bewußtsein ist mit den Funktionen des lebenden Gehirns verknüpft, und jede akzeptable Theorie muß diese Tatsache berücksichtigen.

Wenn wir jedoch die Geister durch »geistige Imprägnation« ersetzen, also eine vom denkenden Gehirn geschaffene Gedankenform, haben wir eine neue einheitliche Theorie, die auf einem gemeinsamen Prinzip beruht. Diese Theorie widerspricht nicht den wissenschaftlichen Kenntnissen der Psychologie, Neurophysiologie und Parapsychologie; im Gegenteil, viele Merkmale der Phänomene, die wir hier untersuchen, sind vom Standpunkt der genannten Wissenschaften aus gemäß gesicherten Kenntnissen zu erwarten. Wird unsere Theorie im Wissen dessen, was die Möglichkeiten der Suggestion, auch Autosuggestion, der Hypnose, des automatischen Verhaltens und der Spaltpersönlichkeit sind, gewertet, erklärt sie tatsächlich die beobachteten Phänomene bis in die feinsten Einzelheiten, und wir sagen nochmals: viel besser als die Geistertheorie.

Alle bisher geschilderten Versuche, die Existenz von Geistern, das Weiterleben und die Reinkarnation zu beweisen, sind gescheitert. Keiner der beschrittenen Wege führte zu einem Beweis. In einem solchen Fall besteht die einzig zulässige wissenschaftliche Einstellung darin, sich an das Prinzip der Ökonomie des Denkens zu halten, das da lautet: Beginnen Sie bei dem Versuch, ein unbekanntes Phänomen

Alte Täuschung oder neue Wahrheit?

zu erklären, immer mit bekannten Prinzipien; bringen Sie keine neuen Prinzipien ins Spiel, wenn Sie nicht absolut sicher sind, daß alte Prinzipien es nicht zu erklären vermögen.

Wir schlagen vor, die Phänomene auf der Grundlage eines Prinzips zu erklären, das heute zum gesicherten Bestand unseres Wissens gehört und sich auf die erwiesene Fähigkeit der lebenden menschlichen Persönlichkeit bezieht: ASW. ASW erklärt die Phänomene ganz entschieden besser als die Geisterhypothese. Darum zwingen uns die Erfordernisse wissenschaftlicher Methodik, die Geisterhypothese als unverbürgte, überflüssige Doktrin auszuschalten, die unser Problem nur unnötig kompliziert.

Diese Folgerung schließt die Möglichkeit nicht aus, daß es *cum grano salis* Geister gibt und daß »irgendeine andere« Form von Bewußtsein unabhängig vom Körper existiert, obwohl das Bewußtsein – »wie wir es kennen« – zweifelsfrei mit der Hirntätigkeit verknüpft ist. Aber wenn wir auch beide Möglichkeiten einräumen, so wollen wir den Leser doch vor sinnlosen Spekulationen warnen. Sicherlich, beides *könnte* wahr sein. Man kann nicht beweisen, daß es nicht wahr ist; negative Beweise sind immer schwer zu erbringen. Doch in der Wissenschaft befassen wir uns nicht mit dem, was wahr sein könnte, sondern *ausschließlich* mit Fakten, die nach unserem besten Wissen *bewiesen sind*.

Das entscheidende Element unserer Theorie ist die g e i s t i g e I m p r ä g n a t i o n. Wir besitzen experimentelle Daten, aus denen hervorgeht, daß sie von einem intensiven, dauerhaften Gedanken geschaffen wird. Bei dem Gedanken kann es sich um eine Frage handeln, um lebhaftes Interesse, um das Verlangen nach Wissen oder um den Wunsch, etwas zu erreichen. Der Gedanke kann aber auch der letzte Ruf eines Sterbenden sein, das Gedenken an einen geliebten Menschen, die Erinnerung an eine unerfüllte Pflicht oder aber ein verzweifelter Schrei nach Beseitigung irgendeiner Ungerechtigkeit. Jeder intensive Gedanke dieser Art hinterläßt eine geistige Spur. Diese kann sogar ein Element persönlicher Identität enthalten, worin sich unter Umständen das Selbstgefühl der Person spiegelt.*
Der Spur fehlt jedoch jedes Bewußtsein, und sie hat nicht die Fähigkeit, selbst intelligent und autonom zu handeln. Je nach den Gegebenheiten kann sie ein ASW-Organ werden, als Stimulans für

---

* Das würde erklären, warum Menschen, die Körperteile verloren haben, in ihren Sterbebetterfahrungen oft meinen, die fehlenden Teile befänden sich am Körper. Tatsächlich ist in ihrem Selbstgefühl der Körper unversehrt.

eine Erscheinung wirken, Ursache von Poltergeisteffekten sein oder einen bestimmten Ort geistig prägen und dort Spukphänomene hervorrufen. Und last but not least kann sie möglicherweise sogar nach dem Tod des Körpers weiterleben.*

Der Prozeß, der für alle erörterten Phänomene verantwortlich ist, läßt sich in folgenden vier Punkten zusammenfassen:

1. Gedanken lebender Personen erzeugen eine »Gedankenform« (oder »Psi-Energie« oder geistige Imprägnation – was alles Synonyme für ein und dasselbe sind), die an einen anderen Ort im Raum und/oder in der Zeit projiziert werden kann.

2. Solche projizierte »Gedankenformen« dienen als Empfänger für ASW-Informationen. Sie tragen die Informationen zum Wahrnehmenden, der sie entsprechend seiner augenblicklichen psychischen Verfassung erfährt oder darauf reagiert.

3. Die Projektionen des Wahrnehmenden können von ASW-begabten Personen wahrgenommen werden (oft in symbolischer Form, zum Beispiel als Erscheinungen); sie können mittels Kappa-Telepathie auf den Geist anderer wirken oder sogar einen PK-Effekt erzeugen, der eine objektiv erkennbare physikalische Veränderung hervorruft (selten).

4. Die »Gedankenformen« existieren, nachdem sie gebildet wurden, unabhängig vom Körper und können als solche nach dessen Tod weiterleben, zumindest für eine unbestimmte Zeit.

---

* Ob es sich um ein persönliches Weiterleben handelt oder nicht, muß erst noch untersucht werden. Sollte das Weiterleben einige persönliche Züge enthalten (im Sinne des obenerwähnten widerspiegelten Selbstgefühls), so ginge damit wahrscheinlich kein bewußtes Wissen von dieser fortgesetzten persönlichen Identität einher. Auch die zeitliche Dauer des Weiterlebens ist unsicher. Diverse anekdotische Daten (beispielsweise das allmähliche Verschwinden von Spukphänomenen) lassen eher auf eine nur *vorübergehende* Existenz mit späterem schrittweisem Verfall schließen.

10. Anatomie des Todes

Wenn wir nun eine Zusammenfassung dessen versuchen, was wir an Positivem über das Weiterleben nach dem Tode erfahren haben, müssen wir den Schluß ziehen, daß die erörterten Methoden keinen definitiven Beweis für das Weiterleben lieferten und auch nicht liefern konnten. Gleichwohl spricht das vorhandene Material meines Erachtens eher *dafür* als dagegen.

Sehen wir das Weiterleben als die wahrscheinlichere der beiden Möglichkeiten an, so bleibt die Frage: *Wie ist das Weiterleben geartet?* Wir dürfen ziemlich sicher sein, daß es nicht in der primitiven anthropomorphen Form stattfindet, wie sich dies die ersten Spiritisten dachten. Die Vorstellung von weiterlebenden Geistern, denen alle Erinnerungen und Persönlichkeitsmerkmale der Verstorbenen anhaften und die ihre zu Lebzeiten ausgeübten Aktivitäten in der Geisterwelt fortsetzen, ist ganz offensichtlich falsch. *Wenn* es ein Weiterleben gibt, dann ganz bestimmt nur in einer subtileren Form. Hier drängt sich natürlich die Frage auf: Lebt ein Mensch, der in hohem Alter stirbt, nachdem er einen großen Teil seiner Kräfte und Fähigkeiten eingebüßt hat, als seniles altes Individuum weiter oder als ideales Spiegelbild seiner Persönlichkeit, wie sie auf dem Höhepunkt seiner geistigen Leistungsfähigkeit gewesen war? Vermutlich ist diese Frage nicht angebracht, weil sie zu sehr von der menschlichen Warte aus gestellt ist. Vielleicht überlebt nur eine Essenz des gesamten Daseins eines Menschen. Und wahrscheinlich wird auch seine Individualität nicht so ausgeprägt sein wie zu Lebzeiten, sondern zugunsten seines Aufgehens in einer Art kollektiver wechselseitiger Verbundenheit zurückweichen, verblassen. Tatsächlich wäre es sehr gut denkbar, daß das »Ego«, das wir als identisch mit unserem physischen Körper empfinden, nur eine mit unserer physischen Existenz verbundene Illusion ist und daß das Gefühl individueller Getrenntheit erlischt, wenn unser Körper von der Bühne verschwindet.

Sehr interessant erscheint hier, daß das starke Gefühl individueller Getrenntheit ein Charakteristikum unserer abendländischen, nämlich jüdisch-christlichen Tradition und der modernen, hauptsächlich auf materiellen Erfolg in dieser Welt ausgerichteten Kultur ist. Bei uns befindet sich der Mensch in einer Position des Sichabsetzens von der Umwelt und des Wettbewerbs gegenüber dieser Umwelt, im Sinne des Darwinschen Überlebens der Stärksten. Das östliche Denken und primitive religiöse Traditionen dagegen fassen den Menschen mehr als Teil einer kosmischen Einheit auf.

Falls wir weiterleben, wird das weiterlebende Wesen höchstwahrscheinlich kein Bewußtsein in dem Sinne haben, wie wir es in unserer physischen Existenz kennen. Dieses Bewußtsein (natürlich die einzige uns bekannte Bewußtseinsform) ist eng mit der ungestörten Funktion des materiellen Gehirns verknüpft. Das weiterlebende Wesen könnte sehr gut unbewußt sein oder eine andere Art von Bewußtheit besitzen, die sich von allem unterscheidet, was wir aus unserem Erdenleben kennen. Ein Weiterleben mit einer anderen Art Bewußtheit und vielleicht ohne ausgeprägte Individualität wäre allerdings möglicherweise uninteressant für so manche Menschen, die sich heute glühend nach dem Weiterleben sehnen. Vergleichen wir einmal die Einstellung jener Menschen, die weiterleben und sich reinkarnieren wollen, mit der gerade entgegengesetzten Auffassung der Buddhisten, für die ja die Wiedergeburt eher eine Strafe ist und die sich deshalb wünschen, von allen Reinkarnationen befreit zu werden. Doch dies sind subjektive Überlegungen. Objektiv gesehen verleiht das Weiterleben (in welcher Form auch immer), falls es ein Faktum ist, dem Menschenleben besondere Bedeutung. Es gibt uns die erhebende Gewißheit, daß wir *Teil eines großen kosmischen Plans,* einer höheren universellen Struktur sind und nicht bloß Zufallsgebilde, Produkte blinder physikalischer Kräfte. So unbedeutend der Mensch im Vergleich zur überwältigenden Weite des Universums erscheinen mag, im Falle tatsächlichen Weiterlebens würde sich zeigen, daß er in der kosmischen Konstruktion keine unwesentliche Rolle spielt.

Sollte sich andererseits unsere vorläufige Schlußfolgerung als falsch erweisen und sollte es kein Weiterleben geben, so werden unsere Untersuchungen dennoch von großem psychologischem Wert sein. Praktisch alle Schilderungen stellen den Sterbevorgang als relativ angenehme, manchmal sogar sehr angenehme Erfahrung dar – außer, wie schon gesagt, in einigen Sonderfällen wie Selbstmord, den die geltenden Moralgesetze für nicht wünschenswert halten. Wir werden ermutigt, unser Leben voll zu leben, mit besonderer Beachtung unserer Verpflichtungen *sub specie aeternitatis,* also vom Gesichtspunkt der Ewigkeit aus; dem Lebensende sollten wir heiter, gefaßt und ohne Angst entgegensehen.

Auch die bei einem Todesfall zurückbleibenden Familienangehörigen und Freunde können aus den verfügbaren Daten über das Sterben eine Lektion in Heiterkeit und Gefaßtheit lernen. Die Daten ermutigen zur Hinnahme des Unausweichlichen und befreien den Verstorbenen von Gefühlsbindungen, die ihn zur Erde zurückziehen. Wir werden angeregt, den Verstorbenen heiter aus allen irdischen Banden zu entlassen, die unsere trauernden Gedanken geknüpft haben könnten, und ihm ein friedliches Überwechseln ins nächste Existenzstadium sowie die Übernahme seiner nächsten kosmischen Aufgaben zu ermöglichen.

Was unser irdisches Leben angeht, so zeichnet sich aus den vorhandenen Daten ab, daß dessen wertvollste Aspekte allgemeine Tugenden wie Liebe, Mitgefühl und Ehrlichkeit sind, vor allem aber die *Suche nach Wissen und Weisheit:* der Wunsch, mehr über unsere Rolle im kosmischen Plan zu erfahren und in Harmonie mit den höchsten kosmischen Prinzipien zu leben.

Es kann sehr gut sein, daß unser Leben nur eine Vorbereitung für wichtige Aufgaben oder Funktionen ist, die wir der Ordnung gemäß übernehmen, wenn wir sterben. Vielleicht hatten jene vergangenen Kulturen, die das Erdenleben als Vorbereitung auf den Tod auffaßten, doch recht – vielleicht ist der Tod gar kein trauriges Los und kein Grund zu Pessimismus, wie wir oft zu glauben geneigt sind.

In dem Zusammenhang ist interessant, daß nahezu alle Religionen die Bedeutsamkeit des Todesmoments hervorheben. Immer wird betont, daß wir auf den Augenblick des Todes vorbereitet sein sollten, und es wird impliziert, daß unser Vorbereitetsein und unser letzter Gedanke beim Tod bestimmen, ob unser Leben aus der kosmischen Perspektive ein Erfolg oder ein Fehlschlag war. Die katholische Liturgie beispielsweise zeigt die Notwendigkeit des Vorbereitetseins folgendermaßen auf: »Vor ... Krieg bewahre uns, o Herr, und vor einem unversehenen Tod.« Die spiritistische Lehre wiederum besagt, daß die Geister plötzlich verstorbener Menschen (die unvermittelt umkamen und nicht auf den Tod vorbereitet waren oder Selbstmord begingen und keinen Seelenfrieden hatten) verwirrt seien und in ihrer neuen Existenz nicht normal funktionieren könnten. In dieselbe Richtung weist die *Bhagawadgita,* der heilige Text der Hindus, dem zufolge derjenige, der zum Zeitpunkt des Todes seinen Körper aufgebe und im Gedanken an »Ihn« allein scheide, »seinen« Seins-Status erlange, das stehe außer Zweifel (VIII, 5).

Allem Anschein nach erwarten uns das glücklichste Los und die heiterste, harmonischste Todesart, wenn unser letzter Gedanke den intensiven *Wunsch* beinhaltet, *voll Wissensdurst in das Geheimnis des Kosmos einzudringen und harmonisch in die kosmische Konstruktion einzugehen.*

Wenn wir uns fragen, welche Beschaffenheit die kosmische Konstruktion hat, in die wir eingehen werden, so dürfen wir ziemlich sicher sein, daß sie wesentlich feiner und tiefer ist als alles, was wir mit unseren Sinnen verstehen und mit unseren alltäglichen Wörtern beschreiben können. Unsere Sprache hat sich, sowohl im Vokabular als auch in der Syntax, zu einem Mitteilungswerkzeug für Fakten aus der physikalischen Welt unserer Sinne entwickelt, der Welt unserer Alltagserfahrung. Genauso sind unsere Sinne für die Wahrnehmung von Objekten angelegt, deren Größe sich nicht allzusehr von der Größe unseres Körpers oder von Gegenständen aus unserer Alltagserfahrung unterscheidet. Elementarteilchen sind für unsere Sinneswahrnehmung und Sprache viel zu klein und Galaxien viel zu groß. Deshalb benützen die modernen Physiker, wenn sie den atomaren Mikrokosmos und den stellaren Makrokosmos untersuchen, in ihren Beschreibungen die Sprache der Mathematik. Wenn wir mit unserem Wissen in Bereiche außerhalb unserer täglichen Erfahrung einzudringen versuchen, reichen unser Sinnesapparat und unsere Sprache für deren umfassende Beschreibung nicht aus. Darum werden wir letztlich neue Verstehens- und Verständigungswege beschreiten müssen, damit wir überhaupt fähig werden, uns mit höheren übersinnlichen Realitäten zu befassen. Solange dies nicht geschehen ist, wird das tiefgründige Wissen seine Unfaßbarkeit behalten – die auch typisch für mystische Erfahrungen ist –, und unsere verbalen Darstellungen desselben werden kaum mehr sein als symbolische Annäherungen.

Inzwischen kann uns das bei früheren wissenschaftlichen Bemühungen erarbeitete Material eine Art vorläufiger Führung gewähren: Höchstwahrscheinlich ist unsere materielle Welt der Physik *nicht die einzige Realität, sondern lediglich Bestandteil einer »höheren Welt«* und nur vom Gesichtspunkt dieser höheren Welt aus voll begreifbar. In ihr spielen Werte, die wir als ethisch und ästhetisch bezeichnen, eine besondere, vorrangige Rolle (Liebe, Mitgefühl, Ehrlichkeit,

Wahrheit, Schönheit, Begeisterung usw.). Ein taugliches Modell der höheren Welt erhalten wir, wenn wir sie uns als zusätzliche Dimension zu den drei Raumdimensionen und der einen Zeitdimension vorstellen, die in unserem physikalischen Universum alle Beziehungen charakterisieren. Das physikalische Universum scheint also in die höhere Welt eingebettet zu sein, in ihr zu »schweben«. Doch beachten Sie bitte, daß dieses Bild nur ein Modell ist; wir besitzen keinerlei Beweis dafür, daß wir es mit einer neuen geometrischen Dimension zu tun haben.

Als ziemlich sicher jedoch zeichnet sich ab, daß die Zeit *nur* Bestandteil der physikalischen Welt ist; mit anderen Worten, auch die Zeit »schwebt«, genau wie die Materie und die drei Raumdimensionen in der höheren Welt – die von Natur aus *unzeitlich* ist, das heißt ohne Zeit oder »über« der Zeit, wie wir sie kennen.*

Das normale Leben findet im physikalischen Universum statt, für das Raum-Zeit-Beziehungen charakteristisch sind. Doch genau wie das physikalische Universum hat offenbar auch das Menschenleben vom Gesichtspunkt der höheren Welt aus besondere Bedeutung. Dort, in der höheren Welt, könnten wir uns ein eventuelles Weiterleben vorstellen. In dieser raum- und zeitlosen Realität erhalten dann natürlich die Frage des Weiterlebens *nach* dem Tod und die zeitlich definierte Folge individueller Existenzen bei der Reinkarnation eine andere Bedeutung. Die alte Reinkarnationsparabel, die diese Zeitfolge einzelner Leben mit einer räumlich definierten Perlenkette vergleicht, bekommt hier einen neuen, tiefen Sinn. Vielleicht aber werden die vorstehenden Fragen eines Tages auch ebenso unwichtig wie jene Frage, die zu Kolumbus' Zeiten so ernsthaft gestellt wurde: Wenn die Erde eine Kugel ist, gehen dann die Antipoden mit den Köpfen nach unten, und warum fallen sie nicht hinunter? Oder jene andere, eine scholastische Frage: Wie viele Engel finden auf einer

---

* Beachten Sie, daß wir bereits hier an die Grenzen stoßen, die unserer Sprache gesetzt sind, sobald wir uns mit übersinnlichen (oder überphysikalischen) Realitäten befassen. Wenn wir »eingebettet« oder »schweben« sagen, ist darin die Vorstellung von einem raumzeitlichen Ort enthalten; wenn wir davon sprechen, »über« der Zeit zu sein, so hat dies ebenfalls räumliche Untertöne – die keineswegs vertretbar sind, wenn wir von nichträumlichen und nichtzeitlichen Beziehungen sprechen wollen.
  Sollten wir ein visuelleres Bild dieser Beziehungen benötigen (aber wiederum nur als unzulängliche Hilfe für unser Verständnis), so können wir uns vorstellen, daß Raum und Zeit vom Gesichtspunkt der höheren Welt aus etwa so existieren, wie der Äquator oder Meridiane auf der materiellen Erde existieren: sie sind, wo sie sind – auch wenn die materielle Erde etwas völlig anderes ist.

Nadelspitze Platz? Oder die Frage aus der Zeit vor Darwin: Was war zuerst da, das Ei oder die Henne? Es hat sich gezeigt, daß sich im Fortschritt der Wissenschaften viele solche Rätsel von selbst auflösen.

Vom Gesichtspunkt der höheren Welt aus lassen sich auch alle Fragen intelligent beantworten, die im Zusammenhang mit der gesamten Entwicklung des materiellen Universums auftauchen – Fragen wie: Gab es einen Urknall, und was war davor? Hat unser Universum überhaupt einen Anfang oder ein Ende? Und was befindet sich hinterm »Rand« unseres Universums? Wenn wir an diesem Punkt angelangt sind, wird unsere Vorstellung von der höheren Welt gleichbedeutend mit der Vorstellung von Gott. Der einzige Unterschied zur früheren religiösen Auffassung liegt darin, daß wir uns heute nicht mehr damit zufriedengeben, einfach zu glauben, was wir über Gott gesagt bekommen, sondern daß uns danach verlangt, weit auszugreifen und Gottes Attribute zu erforschen.

Die nächste Frage lautet logischerweise: Was befindet sich außerhalb der jenseitigen höheren Welt (falls sich dort überhaupt etwas befindet)? Im gegenwärtigen Stadium ist es uns jedoch genauso unmöglich, diese Frage zu beantworten, wie es Kopernikus unmöglich gewesen wäre, schwarze Löcher oder ferne Galaxien zu untersuchen.

Allem Anschein nach werden wir letztendlich von einem *Weiterleben außerhalb aller Beziehungen zu Raum und Zeit* sprechen müssen, einem Weiterleben in einer Existenz, die wir, weil wir an den raumzeitlichen Rahmen unserer physikalischen Welt gewöhnt sind, nicht zu begreifen vermögen. (Beachten Sie, sogar das Wort »Existenz« impliziert Existenz *in der Zeit*, und das Wort »außerhalb« meint räumliche Beziehungen.) »Existenz« müssen wir verstehen als »Präsenz in einer Realität, die nicht räumlich und nicht zeitlich ist«. Es wäre jedoch durchaus denkbar, daß diese Existenz ohne die Einschränkungen von Raum und Zeit weit intensiver ist als das uns bekannte bewußte Leben.

Aber wie soll man all das in Worten sagen, die jedermann versteht? Vielleicht ist all das in dem beinhaltet, was die Mystiker – paradoxerweise – den »zeitlosen Augenblick« oder das »ewige Jetzt« nennen, was die Buddhisten als »Eingehen ins Nirwana« bezeichnen oder was die katholische Religion als »Gott betrachten in ewiger Seligkeit« beschreibt.

Johann Wolfgang von Goethe faßte das Unfaßbare im *Faust* in folgende Worte:

Und wenn du
ganz in dem Gefühle selig bist,
Nenn es dann, wie du willst,
Nenn's Glück! Herz! Liebe! Gott!
Ich habe keinen Namen
Dafür! Gefühl ist alles;
Name ist Schall und Rauch,
Umnebelnd Himmelsglut.

11. Kennenlernen der »höheren Welt«

Ziemlich am Beginn unserer Erörterung (Seite 17) zogen wir den Schluß, daß die physikalische Welt der Materie nicht die einzige Realität im Universum ist. Unser Argument beruhte auf der Tatsache, daß die Psi-Phänomene Gesetzen unterliegen, die zweifellos nichtphysikalischer Natur sind und von physikalischen Faktoren (wie Entfernung in Raum und Zeit oder materiellen Abschirmungen) nicht sichtbar beeinflußt werden. Dies führte uns zu dem Postulat (Seite 180), daß es eine »höhere Realität« – oder »höhere Welt« – gibt, die sozusagen über unserer Welt der Sinne und der physikalischen Materie steht.

Haben wir die Existenz dieser »höheren Welt jenseits der Materie« erst einmal angenommen, stellt sich natürlich die Frage: Wie können wir zuverlässig etwas darüber erfahren, da doch unsere Sinne und alle physikalischen Meßinstrumente uns wegen der Natur der Dinge keine Informationen darüber zu liefern vermögen.

Die erste Methode bietet sich von selbst an. Weil ASW ein Ausfluß der jenseitigen Welt und weil sie unserer Beobachtung und Untersuchung zugänglich ist, können wir *anhand von Eigenschaften der ASW auf einige Charakteristika des Jenseits schließen.* Natürlich trifft das auch auf die PK zu. Durch Ableitungen von den Eigenschaften der Psi-Phänomene gelangen wir beispielsweise zu folgenden Schlüssen:

a) Allem Anschein nach wird ASW nicht durch physikalische Bedingungen wie Kraftfelder, materielle Abschirmungen und andere Elemente der materiellen Welt beeinflußt. Daraus können wir folgern, daß sie von der materiellen Welt klar getrennt ist.

Andererseits läßt sich ASW zum Einholen von Informationen über die physikalische Welt benutzen, und durch PK kann die physikalische Welt beeinflußt werden. Also muß eine Wechselwirkung zwischen der Welt der Materie und der jenseitigen Welt möglich sein. Daraus können wir folgern, daß die beiden Welten nicht völlig getrennt, sondern in irgendeiner höheren Einheit verbunden sind.

b) ASW ist mit dem Bewußtsein verknüpft – und in der Tat scheint das Bewußtsein ebenfalls eine Komponente der jenseitigen Welt zu sein. Genauer gesagt ist diese Komponente der jenseitigen Welt nicht das einfache Denken, die zeitabhängige Kette von Nervenreaktionen (die eine normale Funktion des Gehirns zu sein scheint), sondern der damit einhergehende bewußte Charakter der Erfahrung. Das Gehirn scheint somit eine Verbindung – oder vielleicht ein Schnittpunkt – zwischen der materiellen und der jenseitigen Welt zu sein.

c) Ein besonderes und vielleicht sehr ungewöhnliches Merkmal der ASW ist ihre Unabhängigkeit von der Zeit und vom »Pfeil der Zeit«, wie die Präkognition veranschaulicht.

Aus dieser Unabhängigkeit von der Zeit können wir folgern, daß die jenseitige Welt nicht nur jenseits von Raum und Materie, sondern auch jenseits der Zeit liegt; darauf weisen zudem Aussagen von Mystikern hin, die ihre Erfahrungen stets als unabhängig von Zeit und Raum bezeichnen.

Das akzeptabelste Bild stellt unsere materielle Welt einschließlich Zeit und Raum als bloße in die jenseitige Welt eingebettete Komponente dar; und die jenseitige Welt steht ihm zufolge »über« allen Gesetzmäßigkeiten der physikalischen Welt (oder befindet sich »jenseits« von ihnen). Zeit und Raum schrumpfen somit zu lokalen Gegebenheiten der materiellen Welt zusammen und sind als solche möglicherweise völlig bedeutungslos für die Gesamtstruktur der jenseitigen Welt – es sei denn, der Pfeil der Zeit, das heißt die Evolution des materiellen Universums als Ganzes, hätte vom höheren Gesichtspunkt der jenseitigen Welt aus irgendeine besondere Bedeutung.

d) Auch die geistige Imprägnation zeichnet sich als sehr wichtige Komponente der jenseitigen Welt ab. Sie ist ein – mittels ASW – aufspürbarer »Baustein« der jenseitigen Welt. Als solcher könnte sie uns vielleicht helfen, irgendein Merkmal der jenseitigen Welt zu entdecken, das sich in gut definierten Einheiten messen läßt.

e) Schließlich können wir unsere Erwägungen sogar über die ASW hinausführen. Es scheint Beobachtungen zu geben, die nichts mit ASW und PK zu tun haben, aber möglicherweise ebenfalls Einblicke in die jenseitige Welt gestatten.

Wir besitzen zwar wenig zuverlässiges Wissen über sie, aber es besteht doch einiger Grund zu der Annahme, daß beispielsweise Ereignisse, die unter das Prinzip der Synchronizität fallen (wie

Astrologie usw.), in diese Kategorie gehören. Wenn sie auch außerhalb des Prinzips der Kausalität existieren, das die Welt der Materie beherrscht, so könnten sie doch – oder auch nicht – eine weitere Verbindung zwischen der jenseitigen Welt und der Welt der Materie darstellen.

Es könnte noch mehr solcher Verbindungen geben. Wir brauchen nur an Paradoxa im atomaren Mikrokosmos, etwa an die Struktur der Elementarteilchen, oder im stellaren Makrokosmos, etwa an die schwarzen Löcher, den Rand des Universums, zu denken, und müssen zugeben, daß hier das physikalische Bild der materiellen Wirklichkeit ins Wanken zu geraten scheint; doch indem wir daran denken, laufen wir Gefahr, unsere Spekulationen zu weit über das hinauszuführen, was sich in zu rechtfertigender Weise von den gesicherten wissenschaftlichen Kenntnissen ableiten läßt.

Die zweite Methode, die uns zur Untersuchung der jenseitigen Welt zur Verfügung steht, erscheint wesentlich vielversprechender: *direkter Einsatz von ASW als neuem Sinn, der Informationen über die jenseitige Welt einholen kann.*

Da ASW ein Ausfluß der jenseitigen Welt ist, eignet sie sich geradezu perfekt für diese Aufgabe* – genau wie die in der materiellen Welt funktionierenden normalen Sinne sich zum Einholen von Informationen über die Welt der Materie eignen. Wollen wir uns in unserer Umwelt orientieren, können wir die nötigen Informationen über die Kanäle unserer Kontaktsinne erlangen (Gefühl, Geschmack: das Sinnesorgan muß direkten Kontakt mit dem wahrgenommenen Gegenstand haben) oder über unsere Entfernungssinne (Gesicht, Gehör, Geruch) oder über unsere ASW.

Zur Zeit stützen wir uns weitgehend nur auf die »klassischen fünf Sinne«, weil die ASW zu unvollkommen ist, um uns verläßliche Informationen zu bringen. Wird die ASW jedoch vervollkommnet, indem man sie aktiviert und trainiert, dürfte sie einen weit größeren Anwendungsbereich haben und deshalb viel nützlicher sein als jeder andere Sinn. Sie wird durch Entfernungen oder materielle Abschirmungen nicht eingeengt und bietet sogar die Möglichkeit einer Wahrnehmung über die Schranken der Zeit hinaus, also in die Vergangenheit und, was besonders zählt, in die Zukunft.

Wir können also hoffen, daß die vervollkommnete ASW im Vergleich zum Gesichtssinn das sein wird, was der Gesichtssinn im

---

* Eine ausführlichere Erörterung dieses Themas bietet Dr. M. Rýzls Buch: *Jesus – größtes Medium aller Zeiten,* Ariston Verlag, Genf.

Vergleich zum Tastsinn ist, und daß ein mit ASW begabter Mensch eine Art Sehender unter Blinden sein wird. Den Gesichtssinn benutzen wir zur Beobachtung von Dingen, die wir auch berühren können. Da wir den Gesichtssinn als zuverlässig erachten, vertrauen wir ihm selbst dann, wenn wir Sterne, Planeten oder Flugzeuge in der Luft betrachten, obwohl wir diese nicht berühren können. Genauso eignet sich die ASW nicht nur zur Beobachtung von Dingen aus der physikalischen Welt, die dem Gesichtssinn (oder einem anderen Sinn bzw. physikalischen Instrumenten) zugänglich sind, sondern auch zum Aufspüren von Gesetzmäßigkeiten des Jenseits. Wir können die anderen Sinne zur Wahrnehmung dieser Gesetzmäßigkeiten nicht gebrauchen, aber wir dürfen uns darauf verlassen, daß ASW korrekte Informationen erbringt – wie wir uns auf den Gesichtssinn verlassen können, wenn wir einen Regenbogen sehen, den wir weder berühren noch hören, noch riechen können.

Voraussetzung für einen solchen Einsatz der ASW ist natürlich, daß ihre Zuverlässigkeit sich in Tests durch praktische Erfahrung erwiesen hat: in Tests, bei denen wir mittels anderer Sinne nachweisen konnten, daß die ASW gültige Informationen brachte. Wir vertrauen auch unseren Sinnen nur, weil unsere tägliche Erfahrung immer wieder bestätigt, daß wir uns auf sie verlassen können.

Damit ein solcher ASW-Einsatz allgemeine Billigung findet, muß die ASW auf breiter Basis, bei der Mehrheit der Bevölkerung, entwickelt werden und einen Zuverlässigkeitsgrad erreichen, wie ihn unsere anderen Sinne besitzen. Man kann schwer voraussagen, wieviel Zeit dafür noch nötig sein wird; eine vernünftige Schätzung dürfte aber darauf hinauslaufen, daß es mehrere Generationen dauern wird.

Ist es einmal soweit, dürfen wir ungeheure Fortschritte der Menschheit in allen Bereichen erwarten, sowohl was Belange des praktischen Alltags als auch was die Erlangung von Wissen angeht. Der ASW-Einsatz wird schließlich zu einer alltäglichen Angelegenheit in unserem Leben werden, und es wird dann auch den meisten Menschen möglich sein, direkte Einblicke ins Jenseits zu erhalten – in der Praxis täglicher Beobachtung. Niemand braucht sich dann mehr auf Spekulationen, Wunschdenken, offenbarte Glaubensartikel oder bindende religiöse Dogmen zu verlassen.

Die mit der ASW verbundenen Probleme werden dann ähnlich sein wie die Probleme, die beim Einsatz anderer Sinne entstehen. Grundsätzlich unterteilen sich die ASW-Probleme in zwei Kategorien:

1. Probleme im Zusammenhang mit der Wahrnehmung

Wie bereits erwähnt (auf Seite 180), sind unsere normalen Sinne so angelegt, daß sie uns Informationen über Ereignisse unseres Alltags bringen. Sie eignen sich ausgezeichnet, uns Informationen zu liefern über einen Tisch voller Speisen, über ein Auto auf der Straße, das uns anfahren könnte, oder über eine Bergkette, die wir auf unserer Reise vielleicht überqueren müssen. Aber sie enthüllen uns nicht, daß der Tisch, die Speisen, das Auto oder die Straße sich in Wirklichkeit sehr stark von dem unterscheiden, was wir sehen oder fühlen: Wir nehmen alle diese Dinge als massive Gegenstände wahr, tatsächlich aber sind sie Gebilde aus Atomen und Kraftfeldern mit vielen Leerräumen dazwischen. Genausowenig lassen unsere Sinne uns den elektrischen Strom, der durch die Kabel unseres Autos fließt, oder die Krümmung des Raums im Gravitationsfeld der Sterne wahrnehmen.

Wir brauchen dafür Spezialinstrumente, denn wir müssen die Grenzen überwinden, die unseren Sinnen gesetzt sind. Und wir brauchen einen besonderen Denkapparat, wenn wir über den naiven Realismus der Sinne hinausgelangen wollen. Die mathematische Weltsicht half uns, jene Gesetze zu verstehen und zu beschreiben, welche die Miniaturwelt der Atome und die Struktur des äußeren Raumes beherrschen.

Aller Wahrscheinlichkeit nach müssen wir zum besseren Verständnis des Jenseits ebenfalls eine neue Sicht der Dinge entwickeln – die wir als übersensorische Weltsicht bezeichnen könnten (wenn Sie wollen, würde sich auch der Ausdruck »mystische« Weltsicht eignen).

Es ist sehr schwer, alle die weitreichenden Veränderungen abzusehen, die mit dieser neuen Weltsicht einhergehen werden, zumal sogar unsere Sprache und unser alltägliches Denken gerade nur die simple Realität unserer Sinne widerspiegeln. Die Mathematik mußte zum Verständnis der Welt aus der mathematischen Perspektive eine neue Sprache entwickeln, in der mathematische Formeln eine lebendige Botschaft verkünden, die nicht nur Informationen und Verständnis vermittelt, sondern auch das Schöne in der Einfachheit der Ordnung der Dinge zum Ausdruck bringt. Für die übersensorische Weltsicht werden wir eine neue Sprache schaffen müssen, die sich von den mathematischen Formeln vermutlich genauso stark unterscheiden wird, wie diese sich von der Umgangssprache unterscheiden.

Wir befassen uns schließlich mit übersensorischen Realitäten, deshalb kann jedes sensorische Bild der unfaßbaren Realität zwangsläufig nur eine ungefähre Annäherung sein, eine dem Niveau unseres

Verständnisses angepaßte bildliche Darstellung. Das eigentliche Wesen der übersensorischen Realität kann von unserem sensorischen Bild so verschieden sein wie die Landkarte von der wirklichen Landschaft oder wie die mathematische Formel einer Raumkapsel-Flugbahn vom wirklichen Flug der Kapsel zu ihrem Ziel.

Wir können natürlich auch hoffen, daß eines Tages Hilfsmittel zur Ausweitung und Unterstützung der ASW entwickelt werden – entsprechend der Meßinstrumente, die unsere Sinne unterstützen. Bis jetzt ist das jedoch reine Spekulation; in dieser Richtung wurde bisher nichts entwickelt oder auch nur erwogen.

2. Probleme im Zusammenhang mit der heuristischen Bewertung

Wenn wir versuchen, mittels ASW Informationen über einzelne Elemente des Jenseits zu erlangen, müssen wir durch sorgfältige Bewertung feststellen, inwieweit die empfangenen Impressionen zuverlässig sind, inwieweit sie uns gültige Informationen bringen könnten.

Zweifellos werden als Folge der generellen Begrenztheit unserer Wahrnehmung einige Fehler auftreten, und wir müssen damit rechnen, daß wir uns nur in aufeinanderfolgenden Versuchen, Schritt für Schritt, asymtotisch der Erkenntnis der letzten *Wahrheit* nähern werden. Doch trotz aller Verzerrungen und Unvollkommenheiten möchten wir eine gewisse Sicherheit haben, daß die empfangenen Impressionen ein Spiegelbild der Realität sind – und nicht nur bedeutungslose Phantasien. Außerdem müssen wir die Möglichkeit haben, den Verzerrungs- bzw. Präzisionsgrad der empfangenen Informationen in irgendeiner vernünftigen Art zu beurteilen.

Nachstehende Kriterien, die nicht unbedingt erschöpfend sind, werden uns helfen, gültige Bilder der Realität von irreführenden Phantasien zu trennen:

a) Angesichts der zahlreichen Fehlerquellen, die das Funktionieren der ASW beeinflussen,* lautet die erste Forderung, daß die ASW eines Menschen zuerst auf ihre Zuverlässigkeit getestet werden muß, bevor man sie zu Beobachtungen von Merkmalen des Jenseits einsetzt. Sie muß in normalen Alltagssituationen wiederholt erfolgreich genutzt und es muß der Beweis erbracht worden sein, daß sich der ASW-Begabte vor Fehlerquellen zu hüten weiß. Erst wenn sich gezeigt hat, daß der ASW-Begabte seine Fähigkeit in Alltagssitua-

---

* Ausführlich erörtert in den Werken von Dr. M. Rýzl *Hellsehen in Hypnose* und *ASW-Training*, Ariston Verlag, Genf.

tionen zuverlässig einzusetzen vermag, dürfen wir hoffen, daß er bei Versuchen, ins Jenseits vorzudringen, ähnlich vorsichtig vorgehen und eine ähnlich zuverlässige Leistung bieten wird.

b) Gelangen verschiedene ASW-Begabte unabhängig voneinander zu ähnlichen oder gleichen Darstellungen, so steigern ihre sich gegenseitig erhärtenden Zeugnisse die Beweiskraft ihrer Aussagen.

Die verschiedenen ASW-Begabten bedienen sich zur Schilderung ihrer unbeschreiblichen Erfahrungen der gleichen Werkzeuge: der mündlichen und schriftlichen Sprache sowie sensorischer Bilder. Solange keine entsprechenden Expressions- und Kommunikationsmittel für diese Erfahrungen entwickelt sind, muß man wohl jenen Fällen besonderes Gewicht beimessen, in denen verschiedene ASW-Begabte ihre Erfahrungen unabhängig voneinander in ähnlicher Weise schildern. Wenn sie unabhängig voneinander die gleichen Ausdrücke benützen, darf man diese als weitgehend passende und der Wahrheit nahekommende Bezeichnungen für die unfaßbare Realität betrachten.

Natürlich ist bei der Bewertung solcher Parallelen eine sorgfältige, kritische Analyse erforderlich, weil man ermitteln muß, in welchem Maße sie wirklich unabhängig voneinander sind. Viele Fälle einer scheinbaren Übereinstimmung der Aussagen lassen sich auf gemeinsame Persönlichkeitszüge und soziale Faktoren zurückführen: Die ASW-Begabten können ähnlichen Einflüssen unterliegen, die aus ihrer Erziehung, ihren individuellen Charaktermerkmalen, der Zugehörigkeit zu verwandten Religionen usw. resultieren.

Andererseits dürfte es interessant sein zu vergleichen, wie ein und dieselbe Realität von Personen mit sehr unterschiedlicher Herkunft und Vergangenheit dargestellt wird. Ein solcher Vergleich könnte dazu beitragen, subjektive Merkmale aus jeder Erfahrung auszumerzen und der hinter dem äußeren Erscheinungsbild existierenden objektiven Realität nahezukommen.

c) Außerdem werden wir Überlegungen anstellen, bei denen unser rationales Urteil ins Spiel kommt. Wir werden Fragen folgender Art haben:

○ Stimmt die neue Aussage mit bereits bekannten Fakten überein?
○ Weist die Aussage vielleicht eine innere Unstimmigkeit auf?
○ Widerspricht oder entspricht die Aussage den Feststellungen, die von anderen ASW-Begabten gemacht oder mittels anderer Methoden erlangt wurden? Ergeben die Feststellungen ein sinnvolles Bild?

Die Entdeckung der geistigen Imprägnation ist ein Beispiel dafür, in welcher Weise unabhängige, mittels verschiedener Methoden erlangte Feststellungen sich gegenseitig bestätigen können. Erste Anzeichen für ihre Existenz ergaben sich beim Einsatz der ASW zur Erforschung der Aktivität des lebenden Gehirns. Dies wurde ausführlich an anderer Stelle beschrieben.* Diese Anzeichen betrachtete man seinerzeit, als die Beobachtung gemacht wurde, nicht als beweiskräftig.

Auch verschiedene metaphysische Lehren stellten diesbezügliche Behauptungen auf. So schuf sich beispielsweise die Theosophie ein eigenes Konzept der »Gedankenformen« (Emanationen). Weil aber diese Behauptungen aus philosophisch-religiösen Systemen kamen, hielt man sie nicht für beweiskräftig genug, um sie als Bestätigungen experimenteller oder beobachteter Feststellungen gelten zu lassen.

Unabhängig davon jedoch wiesen später Laborexperimente, bei denen ASW zum Erkennen der Farbe verdeckter Karten eingesetzt wurde, in dieselbe Richtung. Legte man der Versuchsperson wiederholt die gleiche Zielobjektkarte vor, neigte sie dazu, ihre Aussage vom vorigen Mal zu wiederholen. (Natürlich wurden Vorsichtsmaßnahmen ergriffen, um sicherzustellen, daß die Versuchsperson nicht mittels ihrer normalen Sinneswahrnehmung und ihres Gedächtnisses herausfinden konnte, welche Farbe sie zuvor genannt hatte.) Die plausibelste Erklärung lautete, daß die vorausgegangene geistige Konzentration der Versuchsperson auf der Karte eine »geistige Spur« hinterlassen hatte und daß in nachfolgenden Versuchen diese »eingeprägte geistige Spur« auf der Karte mittels ASW »abgelesen« wurde. Somit erschien die Vorstellung einer »geistigen Imprägnation« zwingend, die sich mit physikalischen Mitteln nicht aufspüren läßt, aber mit ASW abgelesen werden kann. Nachdem wir diese Vorstellung einmal akzeptiert hatten, bekamen viele andere konträre Beobachtungen allmählich Sinn und fügten sich zu einem einheitlichen Bild zusammen.** Schließlich konnten wir diese Vorstellung zur Ausarbeitung einer umfassenden Theorie der psychischen Phänomene benutzen.

Nun erhielten auch verschiedene bekannte Riten und Praktiken eine neue, sinnvolle Bedeutung: die Anwendung von Weihwasser im

---

* Siehe Dr. M. Rýzl: *Jesus – größtes Medium aller Zeiten*, bereits zitiert.
** Siehe: »Die geistige Imprägnation oder der Fokaleffekt – ein übersehener Durchbruch in der Parapsychologie«, in Dr. M. Rýzl: *ASW-Experimente, die erfolgreich verlaufen*, Anhang 2, Ariston Verlag, Genf, 1979.

religiösen Bereich oder der weitverbreitete Glaube an geheime Kräfte von Amuletten, Talismanen oder anderen »gesegneten« Gegenständen. Normalerweise würden wir die Wirkung solcher Dinge als Autosuggestion deuten (der Mensch glaubt, daß sie helfen, und wird durch diesen Glauben zu besserer Leistung stimuliert). Aber sie können auch Träger nützlicher, hilfreicher Gedanken sein, und solche Gedanken können von dem Menschen stammen, der diese Dinge erzeugt bzw. gesegnet hat, oder von dem Menschen, der sie besitzt, an sie glaubt und oft an ihre wohltätige Wirkung denkt.

d) Eine wichtige, empfehlenswerte Möglichkeit zur Prüfung der Richtigkeit einer neuen Feststellung besteht darin, sie zur Vorhersage irgendeiner neuen Entdeckung oder Beobachtung zu benutzen. Wenn die auf einer neuen Theorie beruhende Vorhersage überprüft wird und sich bestätigt, bedeutet die Entdeckung eine Bereicherung unseres Wissens. Noch wichtiger jedoch ist, daß die Bestätigung zudem einen greifbaren Beweis für die Gültigkeit der Theorie erbringt, auf welcher die Vorhersage beruhte.

e) Wir können auch das folgende pragmatische Kriterium in Betracht ziehen: Inwieweit ist die neue Theorie von praktischem Nutzen und hilft bei der Lösung verschiedener Probleme der Menschheit?

Das Kriterium der Nützlichkeit ist jedoch nicht unbedingt ein Maßstab für die Richtigkeit. Manchmal erweisen sich sogar falsche Vorstellungen als nützlich für praktische Zwecke. (Wenn Sie mit einem kleinen Kind in der Wildnis leben, können Sie ihm das Märchen erzählen, daß in Wäldern und Sümpfen böse Geister lauern. Obwohl es in Wirklichkeit keine gibt, hat die Geschichte erzieherischen Wert: sie hält das Kind von Gefahrenquellen fern. Oder wenn wir, wie auf Seite 163 erwähnt, ein spiritistisches Medium auf seine ASW-Fähigkeiten testen, werden wir die psychologische Atmosphäre nicht dadurch stören, daß wir die Überzeugungen des Mediums in Zweifel ziehen.)

f) Ein weiteres gültiges Kriterium ist der soziale Erfolg der Theorie. Doch dieses Kriterium führt unter Umständen gefährlich in die Irre, weil Erfolg – das heißt die Ausbreitung der Theorie und ihre Annahme durch die Gesellschaft – ebenfalls kein Maßstab für Richtigkeit ist. Der Erfolg einer Sache hängt oft weitgehend vom Engagement und von der Geschicklichkeit ab, mit der sie verbreitet, propagiert und durchgesetzt wird (rücksichtslose Energie und raffinierte Gewandtheit bestimmen zum großen Teil den sozialen Erfolg verschiedener ideologischer oder politischer Konzeptionen).

※

Nach diesen theoretischen Erwägungen der Möglichkeit, daß ASW zur direkten Betrachtung von Merkmalen und Gesetzen des Jenseits benutzt werden kann, wollen wir uns nun vorstellen, wie es in der Praxis ungefähr aussähe, wenn jemand mit guter ASW-Fähigkeit beschlösse, diese zur Erlangung eines unmittelbaren Einblicks ins Jenseits einzusetzen. Aufgrund dessen, was wir über die ASW und ihre Funktionsweise wissen, können wir folgendes Bild zeichnen:

Der betreffende Mensch würde vermutlich mit einem geistigen Training, einer Art Meditation, beginnen. Er würde wahrscheinlich geistige Übungen machen, die sich zur Disziplinierung seines Geistes und zur Herbeiführung jenes veränderten Bewußtseinszustandes eignen, der einen bewußten Empfang von ASW-Signalen erleichtert. Dieses Training würde er entweder spontan, selbständig, entsprechend seiner persönlichen Neigung und Intuition oder – eher noch – unter der Führung eines Lehrers machen.

Natürlich könnten ihm schon davor feinste ASW-Signale das unbestimmte Gefühl gegeben haben, daß im Jenseits tatsächlich eine Realität existiert. Sein Interesse wäre so darauf gelenkt worden, mehr über diese verborgene Realität zu erfahren. Er könnte sogar einige lebhafte »Visionen« oder hellsichtige Träume haben, die eine symbolisch verkleidete ASW-Botschaft enthalten. Die Einmaligkeit einer solchen lebendigen Erfahrung könnte sich zutiefst auf sein ganzes künftiges Leben auswirken, und er wäre – sofern er nicht in moderner Psychologie geschult ist – wahrscheinlich versucht, die Erfahrung übernatürlichem oder vielleicht göttlichem Einfluß zuzuschreiben.

Für die ASW-Erfahrung, die er bewußt herbeizuführen gedenkt, würde er sich einen abgeschiedenen Ort suchen, wo er sicher wäre, nicht von anderen Leuten gestört zu werden. Er würde vielleicht in die Wüste gehen oder in einen Wald; vielleicht würde er auch einen Platz mit guter Aussicht bevorzugen, etwa einen Berggipfel, wo die Schönheit der Natur seine emotionale Anteilnahme steigert. Jede Wildnis würde sich eignen, vorausgesetzt der betreffende Mensch fühlte sich dort glücklich und wäre mit seinen Gedanken allein. Als Meditationshilfe könnte er auch eine körperliche Disziplinierung vornehmen, zum Beispiel fasten. Aber wohin er auch ginge, am Anfang stünde sein brennender, unersättlicher Wunsch nach mehr

Wissen und mehr Weisheit. Dieser Wunsch würde sein Herz mit einem starken, dauerhaften Gefühl erfüllen, einer Sehnsucht, die beharrlich seinen Geist beschäftigen würde.

Vermutlich würde dieser Mensch erkennen, daß er psychische Kräfte entwickelt, und er würde daran denken, daß solche Kräfte zur Erlangung von Macht und irdischen Reichtümern mißbraucht werden könnten. Er würde solche Gedanken, wenn dies seinen Glaubensüberzeugungen entspricht, vermutlich als Versuchung durch den Teufel auslegen und sie von sich weisen, sofern er aufrichtig nach reinem Wissen sucht.

Nach einer Meditationsperiode würde er schließlich sein Ziel erreichen: er würde eine ekstatische Erfahrung durchleben, die ihm Einblicke in die jenseitige Welt gewährte.

Diese Einblicke würden natürlich nicht unbedingt ein präzises Bild der Wirklichkeit liefern. Da wir wissen, wie ASW wirkt, würden wir erwarten, daß das empfangene Bild dem menschlichen Verständnis der betreffenden Person angepaßt ist, daß es von ihrer früheren Schulung, den Meinungen ihrer Vorbilder, ihren Überzeugungen und ihrer menschlichen Natur im allgemeinen beeinflußt wird. Wäre jedoch ihr Wunsch wirklich groß und würde sie ihrer Erfahrung gegenüber eine kritische, analytische Einstellung bewahren, so dürfte die Verzerrung nicht zu stark ausfallen. Sogar bei der heute noch nicht sehr weit fortgeschrittenen Entwicklung unserer ASW können in spontanen ASW-Manifestationen manchmal erstaunlich genaue Informationen erlangt werden (dies vor allem in wiederholten eintönigen Labortests, bei denen die ASW auf niedrigem Niveau funktioniert). Unser ASW-Begabter hätte bei seiner Aufgabe ein einmaliges, herausforderndes Ziel mit sämtlichen stimulierenden Elementen der Neuheit, Begeisterung und Interessantheit; dies sind Merkmale, die bekanntermaßen den besten ASW-Leistungen zugrunde liegen. Er würde darum höchstwahrscheinlich ein Stückchen *objektive Wahrheit* enthüllt bekommen.

Zweifellos wäre dies eine einzigartige Erfahrung, auf die der menschliche Geist möglicherweise gar nicht vorbereitet ist. Das auf Sinneseindrücke abgestellte Denken des Menschen und seine vorwiegend den Alltagsbedürfnissen angepaßte Sprache wären zu derbe Werkzeuge, um den unfaßbaren Reichtum einer solchen Erfahrung zu erfassen. Der Mensch fände keine Worte zu ihrer Beschreibung.

Andererseits aber wäre dem Menschen die Bedeutung seiner Erfahrung klar, und er würde es für notwendig halten, die sublime

Botschaft auch anderen Menschen weiterzugeben. In Gesprächen mit anderen hätte er zweifellos Schwierigkeiten, sich mitzuteilen. Ihm würden die Worte und den anderen würde die Verständnisfähigkeit fehlen. Deshalb würde er, wenn er die Menschen lehren möchte, seine Darstellung ihrem Verständnisniveau anpassen. Der allgemeinen Öffentlichkeit gegenüber würde er sich einer einfachen, bildlichen Sprache und vieler Vergleiche bedienen.

Zudem würde er über psychische Kräfte verfügen und durch deren Anwendung überraschende Effekte hervorbringen – »Wunder« wirken. Das vermutlich häufigste seiner Wunder wäre wohl die unkonventionelle Heilung Kranker, entweder durch die Suggestivkraft seiner persönlichen Ausstrahlung oder durch ein psychisches Phänomen. Die Leute würden erwarten, daß mit seiner Behandlung verschiedene suggestive und hypnotische Gesten einhergehen, wie das Auflegen der Hand auf den Kopf des Patienten. Dies alles würde ihm den Ruf eines Wundertäters eintragen.

Natürlich wäre ihm bewußt, daß seine der breiten Öffentlichkeit angebotene Lehre kein Gesamtbild vermittelt. Damit auch die tiefste Substanz seiner Erfahrung für die Menschheit bewahrt bleibt, besonders das, was sich mit Worten nicht leicht ausdrücken läßt, würde er einige begabte, engagierte Anhänger auswählen und sie nach Möglichkeit vollkommen einweihen. Er würde sie in der richtigen geistigen Disziplin und in der Herbeiführung des richtigen Geisteszustandes schulen. Er würde sie lehren, wie sie selbst seine Erfahrung wiederholen und verifizieren, wie sie also direkten Einblick in die unbeschreiblichen Wahrheiten erlangen könnten. Wer die Schulung erfolgreich absolvierte, der würde ebenfalls psychische Kräfte entwickeln, die von den Leuten bestaunte Fähigkeit, »Wunder« zu wirken. Der wäre dann auch in der Lage, die Lehre des Meisters weiterzugeben und vielleicht sogar einige eigene Verbesserungen und Ergänzungen einzubringen.

Dann würden Jahre, Jahrzehnte oder gar Jahrhunderte vergehen. Die treuen Anhänger des Meisters in nachfolgenden Generationen würden seinem Andenken huldigen, und seine – wirklich edlen – Taten würden in den überlieferten Berichten weiter angeschönt. Im Vorstellungsbild der Öffentlichkeit würden seine Persönlichkeit und seine Lebensgeschichte zur Legende, in der Fakten und Fiktion eine untrennbare Mischung eingingen.

Die für die Massen bestimmte Lehre würde zum Codex erhoben, und es würde eine geeignete Organisation zu ihrer Verbreitung gegründet, sei es eine Kirche, Gesellschaft, Stiftung oder politische Partei. Diese Organisation würde, wie jede derartige Institution, schließlich Reichtum und politische Macht anstreben. Die kodifizierte Version der Lehre würde veröffentlicht und neu veröffentlicht, übersetzt und neu übersetzt und während dieser Vorgänge verzerrt. Aus politischen Gründen könnte es geschehen, daß in verschiedenen Epochen sogar drastische Veränderungen vorgenommen würden, die den Interessen mächtiger Einzelpersonen oder Gruppen dienten.

Bei allen diesen Bemühungen ginge es den Führern der Organisation praktisch mehr um die Fortführung der Tradition und der Doktrin als um die Methode, die einst zur Lehre führte. Die Methode ist esoterisch und interessiert nur wenige Leute. Außerdem: *Wissen ist Macht,* und diese Tatsache regt nicht besonders dazu an, esoterische – wir würden heute sagen: klassifizierte – Informationen zu verbreiten.

Man könnte jedoch einige rituelle Verfahren entwickeln, mittels derer sich auch die Tradition erhalten ließe, daß man sich in einen ekstatischen Geisteszustand versetzt. Die Rituale müßten verschiedene psychologische Beeinflussungen zum Inhalt haben, die auf eine Auslösung des veränderten Bewußtseinszustandes abzielen, besonders des zu ASW führenden Grenzzustandes zwischen Wachen und Schlaf. Zu diesem tragen verschiedene suggestive Elemente bei (Segnungen, Mitwirkung in Gruppen zur Stimulierung gemeinsamer Gefühle), ebenso aber auch ästhetische Reize (Musik, Gemälde und andere Kunstwerke, besondere Architektur des Versammlungsraumes); dies alles weckt das Gefühl für den edlen Zweck und steigert das emotionelle Engagement der Beteiligten.

Vor allem aber müßte das Verfahren viel Monotonie enthalten. Monotones Singen und monotones Reden des Versammlungsleiters spielen in solchen Ritualen zwangsläufig eine wichtige Rolle – genau wie alle anderen hypnotisierenden Elemente. Doch monotone Reize für sich allein bergen die Gefahr, einschläfernd zu wirken. Die Rituale haben zwar den Zweck, den Grenzzustand zwischen Wachen und Schlafen herbeizuführen und aufrechtzuerhalten, doch ein Überschreiten der Grenze in Richtung Schlaf wäre der Sache abträglich. Deshalb müssen die Rituale in bestimmten Intervallen auch einen Weckreiz enthalten: Glockenläuten, Körperbewegungen wie Aufstehen und Hinknien und ähnliches mehr. Darauf folgt natürlich wiederum eine Periode hypnotisierender Monotonie.

Alle diese Rituale werden von den Beteiligten sehr in Ehren gehalten, allmählich aber, im Laufe mehrerer Generationen, gerät ihre eigentliche Bedeutung in Vergessenheit. Die Menschen wissen nicht mehr, daß die Rituale ursprünglich als geistige Übungen eingeführt wurden, die den Zugang zur Quelle tiefen Wissens eröffnen sollten. Die Verfahren selbst werden schließlich heiliggehalten, aber sie sind zu leeren Ritualen geworden, die man als bedeutungslose, fast zur Folklore gehörige Tradition pflegt.

Gelegentlich jedoch kann die aufgeladene Atmosphäre derartiger Versammlungen Menschen mit offenem Geist und Herzen helfen. Sie geraten in den richtigen Geisteszustand und haben dann ein ekstatisches Erlebnis mit direktem Einblick ins Jenseits. In solchen »mystischen Erfahrungen« wird die Reinheit der ursprünglichen Lehre bewahrt und weitergegeben. Stehen diese Menschen mit der Organisation auf gutem Fuß, werden auch sie glorifiziert, und ihr Andenken wird als Teil der geheiligten Tradition bewahrt.

Andererseits sind natürlich auch einige negative Auswirkungen zu erwarten – in seltenen Fällen, wenn unvorbereitete Menschen mit unausgeglichenem Gemüt verfrüht einem starken Erlebnis ausgesetzt werden. Die gefühlsgeladene Atmosphäre während der Riten und lange Meditationen mit möglicherweise drastischen physischen Auflagen wie Fasten, Einsamkeit, sexueller Abstinenz können bei ihnen ein Trauma auslösen, das in Verbindung mit Fehlauffassungen der Lehre möglicherweise sogar zu psychotischen Symptomen führt (»Besessenheit«).

Solche Extremfälle sind jedoch ziemlich selten. Der Großteil der Durchschnittsbevölkerung findet Befriedigung in der Lehre und in den Riten, zumal diese manche interessante Dinge in ihr Leben bringen, den Glauben an ein gemeinsames Ziel wecken und mit der Hoffnung auf größeres Glück in der Zukunft in diesem oder im jenseitigen Leben trösten. Die Lehre wird im Interesse der Allgemeinheit, wenn sich erwiesen hat, daß sie eine stabilisierende Wirkung auf die Gesellschaft ausübt, schließlich sogar von Nichtgläubigen weitergetragen. Es ist unverkennbar, daß die Angst vor dem Zorn eines allwissenden und allmächtigen Gottes die Menschen von Verbrechen abhält, sie zu größerem Fleiß und einer Verbesserung der zwischenmenschlichen Beziehungen veranlaßt; heilige Festivitäten andererseits tragen zur Unterhaltung bei.

Falls jemand mehr ersehnt, eine Art persönlicher Führung und Beratung, erhält er das vermutlich bei weitem nützlichste und bewährteste Rezept zur Aktivierung der ASW und psychischer Kräfte. (Wenn Sie an die Zusammenfassung unseres Wissens über die Funktionsweise von ASW denken, werden Sie erkennen, daß Elemente dieses Wissens hier geschickte Anwendung finden.) Der Rat lautet:

Bete zu Gott! (Es stärkt den Menschen zu glauben, daß ihm eine überwältigende, geheimnisvolle Kraft zufließt, und zwar von einem weisen, wohlwollenden Wesen, das ihm hilft und das die Verantwortung für alles Geschehen übernimmt.)

Bete zu ihm voll Hingabe, mit offenem Herzen, mit inbrünstiger Liebe und voll Vertrauen zu ihm. Bitte ihn, dir deinen Wunsch zu erfüllen. (Beachten Sie: Ein starker Wunsch, emotionelles Engagement und Glaube an Erfolg sind wichtig für die Aktivierung der psychischen Kräfte.)

Fürchte dich nicht, gib dich keinen unnötigen Sorgen hin, vertraue auf ihn. Beharre aber nicht hartnäckig auf deinem Wunsch, sondern gestehe Gott zu, daß er alles am besten weiß. Sage zu ihm: »Bitte hilf mir, aber nicht mein Wille, sondern dein Wille geschehe!« (Beachten Sie, daß wir es mit einer Situation zu tun haben, die völlig frei von Spannungen und Ängsten ist; solche negativen Gefühle verhindern das reibungslose Wirken psychischer Kräfte.)

Wenn du fürchtest, daß Gott zu weit weg ist und dich nicht hört oder daß er zu beschäftigt ist, um sich persönlich deiner Probleme anzunehmen, dann bete zu einem Heiligen, der dir näher ist und der als einstiger Mensch Verständnis für menschliche Nöte hat. (Beachten Sie, daß hier eine »psychologische Krücke« benutzt wird, um Zweifel auszuräumen, die das Wirken psychischer Kräfte ebenfalls drastisch beeinflussen.)

Und versuche schließlich auch durch eigenes Zutun zu helfen. Hilf dir selbst, so hilft dir Gott. (Diese Haltung bewirkt zielorientiertes Selbstvertrauen und positiven Glauben, und sie baut Konflikte ab. Sie ist bei jeder normalen Alltagsbeschäftigung eine wichtige Voraussetzung für Erfolg. Außerdem ist sie auch ein wichtiger Faktor für das erfolgreiche Wirken psychischer Kräfte.) Erkennen solltest du jedoch, daß du vernünftig sein mußt. Lerne im Leben Tatsachen zu akzeptieren, die du nicht ändern kannst, und sei in der gegebenen Situation glücklich oder zumindest gleichmütig. Dies wird dir glauben helfen, daß Gott tun wird, was das Beste für dich und seine Pläne ist, die unerforschlich, aber in höchstem Maße gut sind.

Ich könnte weiter fortfahren, aber mittlerweile haben meine Leser zweifellos begriffen, wovon ich spreche. Eines möchte ich trotzdem noch hervorheben: Ich spreche *nicht von einer bestimmten Religion, sondern von jeder Religion.* Damit will ich klarstellen, daß offensichtlich jede Religion mit einem Tranceerlebnis des Religionsstifters begann, durch das dieser höchstwahrscheinlich ASW-Einblick in die höhere Welt erhielt. Seine Erkenntnisse baute man später zu einem System von Lehren und praktischen Regeln für das tägliche Leben aus. Die ASW-Quelle der Lehren aber wurde als solche nicht erkannt oder in den Hintergrund gedrängt und geriet weitgehend in Vergessenheit.

Wir haben darauf hingewiesen, daß das Erlebnis des Religionsstifters gemäß den subjektiven Merkmalen seiner Persönlichkeit und gemäß spezifischer sozialer Einflüsse aus seiner Umgebung verzerrt worden sein kann. Wir haben aber auch festgestellt, daß die in seinem Erlebnis herrschenden psychologischen Bedingungen sehr wohl eine ziemliche Genauigkeit seiner Erkenntnisse bewirkt haben können (abgesehen von Verzerrungen, die zwangsläufig seiner menschlichen Natur innewohnen). Tatsächlich stimmen die verschiedenen religiösen Lehren in den wesentlichsten Punkten weitgehend überein. Dies ist ein ermutigendes Charakteristikum, das anzeigen dürfte, daß trotz der Verzerrungen unwichtigerer Merkmale der eigentliche Kern der objektiven Wahrheit entdeckt worden ist.

Die Religionen, die zu verschiedenen Zeiten in verschiedenen Völkern und Kulturen entstanden, sind sich trotz ihrer oberflächlichen Unterschiede, trotz vieler Kämpfe und blutiger Kriege, die ihre Anhänger gegeneinander führten, *in den entscheidenden Aussagen einig:*

○ Jenseits der Welt der Sinne existiert eine weitere Realität.
○ Die materielle Welt unserer Sinne ist Bestandteil dieser größeren Realität und von ihr abhängig.
○ Das menschliche Leben erhält unter dem Gesichtspunkt dieser größeren Realität eine besondere Bedeutung.
○ Es gibt ideelle Werte, die unter dem Gesichtspunkt dieser größeren Realität von besonderer Wichtigkeit sind, zum Beispiel: Wahrheit, Schönheit, Ehrlichkeit, Güte, Mitgefühl, reine Liebe ...

Glücklicherweise scheint es – wie bereits Sokrates erkannte – eine allgemeine menschliche Eigenschaft zu sein, daß wir, wenn wir diese Werte einmal in unserer Erfahrung für uns entdeckt haben, nicht anders können, als immer hingebungsvoller danach zu streben.

12. Während wir leben

Allmählich kommen wir zu einer Synthese dessen, was wir bisher erörtert haben. Wir haben auf die Schwächen der uralten Religionssysteme hingewiesen, die den modernen Menschen in seinem wissenschaftlichen Streben nach Erkenntnis nicht zu befriedigen vermögen. Wir haben im Zusammenhang mit vorwissenschaftlichen Strömungen wie insbesondere dem Spiritismus auch neuere Erfahrungen analysiert, die als Beweise für das Weiterleben nach dem Tod hingestellt wurden, und sind zu dem Schluß gelangt, daß diese Erfahrungen nicht bewiesen und auch nicht beweisen konnten, was sie angeblich bewiesen hatten.

Diese Kritik war aus methodischen Gründen notwendig und völlig berechtigt, und zwar insoweit, als Religionen blinden Glauben an offenbarte Dogmen fordern oder als aus gültigen Beobachtungen falsche, irreführende Schlüsse gezogen werden. Diese Kritik hatte auch didaktische Gründe, denn es mußte aufgezeigt werden, daß die alten Auffassungen gegen die Prinzipien wissenschaftlicher Methodik verstießen.

Jetzt aber, in der gegenwärtigen Phase, müssen wir eine Aussage machen, durch die wir unsere früheren Schlußfolgerungen etwas korrigieren. Unser revidierter Standpunkt besagt, *daß an den alten Auffassungen – überraschenderweise – doch etwas, möglicherweise sogar sehr viel richtig* ist.

Es ist in der Tat ermutigend, daß der Prozeß, den wir theoretisch betrachtet haben – nämlich den möglichen Einsatz von ASW als Sinn zum Einholen direkter Informationen über das Jenseits –, praktisch bereits abläuft, daß wenigstens einige Menschen ihre ASW schon zur Erlangung solchen Wissens benutzten und daß ihre Feststellungen nicht verlorengingen, sondern in den existierenden religiösen Lehren erhalten blieben.

Natürlich wird es uns nicht viel helfen, daß in diesen Lehren etwas richtig sein *kann*. Wir müssen zuverlässig wissen, *was* richtig ist und was nicht. Dazu müssen wir alle diese Lehren kritisch durchgehen und sie unter dem Gesichtspunkt der Funktionsweise von ASW analysieren: Wie konnten die Persönlichkeit und das Denken des Religionsstifters die Wahrheit verzerren? Welche Beiträge leisteten seine Nachfolger und welche Fehler machten sie möglicherweise? Welche weltliche Beeinflussung fand zu Lebzeiten des Begründers statt, und welche Veränderungen wurden in nachfolgenden Zeiten vorgenommen und warum?

Eine solche Analyse ist zweifellos eine gewaltige Aufgabe, die gründliche Untersuchungen der einzelnen Lehren und der Bedingungen, unter denen sie entstanden sind bzw. sich weiterentwickelt haben, erforderlich macht. Aber wenn wir einmal alle Lehren unter diesem Gesichtspunkt analysiert und den gesunden Kern herausgeschält haben, wenn wir sie dann vergleichen und Ähnlichkeiten feststellen, gelingt es uns vielleicht, zuverlässigere Erkenntnisse zu isolieren und der objektiven Wahrheit näherzukommen.

Doch die großen Religionen sind nicht die einzigen Systeme, die ihren Ursprung in Tranceerlebnissen haben. Wir müssen darum zugestehen, daß möglicherweise auch andere auf Tranceerlebnisse beruhende Lehren Wahrheitselemente enthalten.

Nun können wir zu den bereits erörterten Phänomenen und Erfahrungen zurückkehren und sie aus neuer Perspektive betrachten: zu den mediumistischen Phänomenen, außerkörperlichen Erfahrungen, Sterbebettvisionen und Reinkarnationserinnerungen. Hier wird die Beurteilung einfacher sein als bei den alten Lehren, weil wir es mit mehr oder weniger zeitgenössischen Ereignissen zu tun haben, die nicht durch einen seit ihrem Auftreten verstrichenen Zeitraum von Jahrhunderten oder Jahrtausenden verdunkelt werden.

Die genannten Phänomene treten in tranceähnlichen Erfahrungen oder in veränderten Bewußtseinszuständen auf, von denen wir annehmen, daß sie zur Aktivierung der ASW beitragen. Deshalb dürfen wir auch erwarten, daß in diesen Zuständen einige richtige ASW-Informationen erlangt werden. Wir dürfen es nicht nur, sondern wir müssen es erwarten. In unserer Erörterung haben wir gesehen, daß die Erfahrungen tatsächlich richtige ASW-Informationen über verschiedene Ereignisse aus dem Leben der daran Beteiligten enthielten. Wir haben diese Tatsache sogar als Argument benutzt, um zu erklären, weshalb die ursprüngliche Erklärung falsch war.

Darum ziehen wir nun die Schlußfolgerung, daß in den genannten Erfahrungen das Auftreten von ASW bewiesen wurde. Ferner enthüllt der ganze Kontext, in welchem die Erfahrungen stattfanden, ein starkes Interesse der betreffenden Personen an transzendentalen Fragen. Dies alles untermauert unsere neue Behauptung, daß sich in den Erfahrungen auch gültige Informationen über das Jenseits spiegeln können. Ein wichtiger Unterschied zu früher besteht jedoch darin, daß die Erfahrungen unter zwei Gesichtspunkten beurteilt werden müssen: Einer davon betrifft das äußere Erscheinungsbild der Erfahrungen und der andere den feineren, in der Botschaft verborgenen Informationsgehalt. Die Erfahrungen beweisen ganz entschieden nicht das Weiterleben in Form von Erinnerungen körperloser Wesen – sie enthalten vielmehr *Informationen über das Weiterleben,* wie sie von lebenden Menschen (die zufällig glaubten, sie seien weiterlebende Wesen) in Trancezuständen mittels ASW erlangt wurden.

Als ich eingangs dieses Kapitels feststellte, daß die Erfahrungen das Weiterleben nicht beweisen können, meinte ich dies in bezug auf ihre übliche Auslegung: von der Form der Erfahrung her. Die Form einer Erfahrung kann nichts beweisen, weil sie von der Psychologie und den Überzeugungen der jeweiligen Person bestimmt wird.

Darum nochmals, ich rekapituliere: Behauptet ein spiritistisches Medium, daß der Geist eines Verstorbenen »Besitz von seinem Körper ergriffen« habe, so wird das Weiterleben dadurch nicht bewiesen. »Erinnert« sich eine hypnotisierte Person, daß sie in ihrer früheren Inkarnation ein Soldat Napoleons oder wer immer gewesen sei, so beweist dies nicht, daß sie dieser Mensch wirklich gewesen ist – selbst dann nicht, wenn spätere Nachforschungen den Beweis erbringen, daß es diesen Menschen wirklich gegeben hat. Das alles sind Phantasien, die allerdings gelegentlich mit verschiedenen Bröckchen richtiger ASW-Informationen durchsetzt sein können.

Jetzt aber lernen wir, diese Erfahrungen aus neuer Perspektive zu betrachten: Wir suchen nach ihrem Gehalt, nach *den in ihnen enthaltenen Informationen.* Wenn wir den »Geist« fragen, wie er seine Botschaft dem Gehirn des Mediums übermittelt oder wie er Ereignisse erfährt, die zeitlich und räumlich weit entfernt sind, dann *können* die Antworten gültige Informationen bergen, obwohl wir nicht mit einem wirklichen Geist in Verbindung stehen. Wir können auf diese Art Hinweise über das Funktionieren von ASW bekommen und etwas über die Wechselwirkung Gehirn-Geist oder über die Struktur von Raum und Zeit erfahren. Das Medium erlangt mittels ASW eine richtige Information, nur wird diese in die Phantasie eines »Geisterkontaktes« gekleidet; wir lassen die Phantasie einfach beiseite und filtern die wesentliche Information heraus.

Oder wenn wir den »Geist« fragen, wie er sich während des Sterbevorganges gefühlt hat, können wir ASW-Informationen über die Todeserfahrung bekommen. Kritische Medien, die sich der spiritistischen Theorie nicht mit ganzem Herzen verschrieben haben, können auf diese Weise durchaus richtige Einblicke in die wirkliche Natur der Existenz nach dem Tode vermitteln.

Und genauso ist denkbar, daß gültige Informationen über den Zustand nach dem Tode offenbart werden, wenn man die »reinkarnierte Persönlichkeit« fragt, was in der Zeit zwischen Tod und Reinkarnation mit der »Seele« geschieht; dabei spielt es keine Rolle, daß die direkte Reinkarnationslinie zum Soldaten Napoleons nicht bewiesen und wahrscheinlich nur eine unterhaltsame Dramatisierung ist.

Die kritisierten Lehren sind also teilweise rehabilitiert. Aber denken Sie bitte daran: Die Trennung der Spreu vom Weizen, die Suche nach Fehlerquellen und die Aussonderung richtiger Daten müssen immer vordringlichste Aufgabe sein, deren Wichtigkeit gar nicht genug betont werden kann.

Alle Tranceerfahrungen vermögen somit als wertvolle Quellen transzendentalen Wissens zu dienen. Glücklicherweise scheinen wir jedoch sogar noch breiteren Zugang zu diesem Wissen zu haben, als man auf den ersten Blick meinen könnte.

Tatsächlich wirkt ASW nicht nur in Trancezuständen. Wir stellten fest (siehe Seite 50), daß sie auch im normalen Wachzustand funktioniert – wenn nicht auf bewußter Ebene, dann zumindest unbewußt. Wir wissen, daß solche heimlich wirkende ASW bei intuitiven Entscheidungen im täglichen Leben und bei wissenschaftlichen Entdeckungen eine wichtige Rolle spielen kann. Wir dürfen annehmen, daß ASW, zumindest in unvollkommener, rudimentärer Form, immer wirkt, wenn Interesse oder starkes Verlangen nach Wissen und die Möglichkeit zusammentreffen, genügend Zeit mit ruhigem Nachdenken über das betreffende Thema zu verbringen, das heißt, immer wenn Bedingungen auftreten, die es ermöglichen, einen dauerhaften fragenden Gedanken über das Thema zu entwickeln. Dann kann eine Information mit der Antwort auf die Frage kommen (sie fällt je nach der Intensität des fragenden Gedankens genauer oder ungenauer aus). Die ankommende Information wird vielleicht nicht bewußt erfahren, wenn die betreffende Person geistig nicht bereit ist, sich mit ihr zu befassen, oder sie wird vom Denken und von den Überzeugungen der Person gefiltert und verzerrt; schließlich aber durchdringt sie den verzerrenden Filter und kann dem Denken der Person neue Ideen eingeben.

Die eben geschilderten Bedingungen herrschten stets, wenn irgendein weiser Mensch, ein Gelehrter, ein Wissenschaftler, Künstler oder Philosoph über ein Problem nachsann, das ihn interessierte – obwohl er gar nicht in Trance geriet. Wir können tatsächlich mit Recht argumentieren, daß von unserem Standpunkt aus kein wesentlicher Unterschied zwischen echter Trance und dem Nachsinnen eines tief in Gedanken versunkenen, sich Fragen stellenden Menschen besteht. Darum glauben wir, daß ASW schon immer eine subtile und weitgehend unerkannte Rolle bei neuen intuitiven Ideen gespielt hat und daß daher viele große Erfindungen oder revolutionäre Entdeckungen auf ASW zurückzuführen sind.

Wir können deshalb argumentieren, daß ASW-Einblicke die Menschheit durch ihre ganze seelisch-geistige und intellektuelle Entwicklung begleitet haben und begleiten werden, früher in sehr unvollkommener, heute in etwas weniger unvollkommener und künftig in immer vollkommenerer Form – und daß sie die Menschheit asymptotisch näher und näher an die volle Erkenntnis des Universums heranführen werden. ASW lieferte solche Einblicke von dem Moment an, da der Mensch erstmals die Augen zu den Sternen hob, da ihn Beklommenheit, Staunen und Neugier über die Geheimnisse des Universums erfaßten.

Es ist durchaus denkbar, daß diese asymptotische Entwicklung zur Erkenntnis der höheren Wahrheit hin nicht geradlinig verläuft. Das ursprüngliche Denkergenie kann die Wahrheit ganz klar wahrgenommen haben, doch ein großer Teil der Klarheit kann bei der Weitergabe an andere Menschen – infolge der Begrenztheit der Sprache – und aufgrund von Mißverständnissen seitens seiner Anhänger – infolge zusätzlicher Verzerrung wegen deren persönlicher Voreingenommenheit – verlorengegangen sein.

Funken von ASW-Wissen leuchten also wie Positionslichter auf dem Weg der Menschheit zur vollen Erkenntnis der absoluten Wahrheit. Wir finden sie in Lehren großer Religionsführer, Denker, Wissenschaftler, Philosophen, Künstler und inspirierter Menschheitsführer. Sie alle empfanden, stärker als andere Menschen, das glühende Verlangen nach Erkenntnis, und sie nahmen in ihrem Leben auch öfter Gelegenheit, sich in Gedanken über brennende Probleme zu versenken.

Wir können also mit Recht argumentieren, daß Fragmente von ASW-Wissen über die höhere Welt bereits in frühen Mythologien enthalten sind, in den unbestimmten religiösen Vorstellungen und dem fast instinktiven Glauben des Menschen der Frühzeit, daß irgendeine andere Welt existieren, daß irgendein Element der menschlichen Persönlichkeit nach dem Tod des Körpers weiterleben und daß es Gott geben *müsse*. Es dauerte tausend und vielleicht sogar abertausend Jahre, bis diese sublimen Ideen durch den verzerrenden Ballast des erdverhafteten Denkens drangen und sichtbar wurden.

Unser intuitiver Glaube, daß es eine höhere Welt *gibt*, muß also nicht nur ein Ergebnis unserer Erziehung sein, die uns so glauben lehrte. Die Stärke und die tiefe Verwurzeltheit dieses Glaubens resultieren daraus, daß der Einfluß von Tradition und Erziehung bereits jetzt (wenn auch nur vage und in unserem Unterbewußtsein) durch ASW-Eindrücke oder ASW-Visionen gestützt wird, in denen jeder von uns die persönliche Glaubensbestätigung findet. Platons »Ideen«, Kants »kategorischer Imperativ« oder die heutigen mathematischen Darstellungen der Naturgesetze sind dann nichts anderes als etwas modernere, vielleicht ein wenig klarere und besser ausgearbeitete *Bilder der transzendentalen Gesetze*, Bilder, die durch die verzerrenden Schichten des traditionellen Denkens schimmerten – oder durch den Schleier der Maja, wenn Sie eine auf der indischen Philosophie beruhende Darstellung bevorzugen.

Ähnliche Blicke auf die Wahrheit können sich auch in großen Kunstschöpfungen oder Meisterwerken der Musik und Literatur spiegeln.

❋

Eingangs dieses Kapitels sagten wir, für einen Wissenschaftler genüge es nicht, wenn in Lehren einige Wahrheitselemente enthalten seien. Wir müssen herauskristallisieren, *was* wahr ist – oder zumindest das Wahre, soweit dies unter den gegebenen Umständen möglich ist, von Irrtümern trennen. Gleichzeitig zogen wir eine kritische Analyse religiöser Lehren in Betracht. Inzwischen spürten wir eine Reihe weiterer Quellen auf, bei denen transzendentale Informationen gesucht werden können; diese aber finden wir überall nur mit einer Beimischung von Irrtümern und Phantasien. Das Herausschälen der echten Informationen wäre eine ungeheure Arbeit. Die mühsame vergleichende Analyse großer Religionssysteme müßte auch auf andere Bereiche ausgedehnt werden, in denen *man transzendentales*

Wissen erwarten darf. So wären insgesamt einer solchen Analyse wert:
- Die großen Weltreligionen einschließlich abgesplitterter Sekten, Reformbewegungen oder »ketzerischer« Strömungen;
- alte Mythologien und die Religionen der Naturvölker;
- Werke von Sehern aller Zeiten;
- Schriften großer Philosophen und Denker aller Epochen;
- moderne religiöse Bewegungen und alle Systeme psychischer Entfaltung, einschließlich »esoterischer« und »okkulter« Systeme;
- große Kunstwerke;
- moderne Kosmologien und theoretische Konstruktionen, die auf revolutionären wissenschaftlichen Entdeckungen beruhen.

Leider muß die mit einer solchen Aufgabe verbundene ungeheure Arbeit entmutigend wirken. Wir dürfen uns jedoch mit der Tatsache trösten, daß derart mühselige Unterfangen immer irgendwann einer besseren Methode weichen – sobald diese gefunden ist. Tatsächlich steht uns bereits eine bessere Methode zur Verfügung. Wir schlagen vor, das vorhandene Wissen über die Entwicklungsfähigkeit der ASW zu nutzen. Das könnte durch Forschergruppen geschehen, die Teams von Versuchspersonen ausbilden, deren Kontrolle über die ASW zuverlässiger ist, als es bisher der Fall war. Die Versuchspersonen könnten ihre ASW in zahlreichen nutzbringenden, praktischen Projekten des täglichen Lebens einsetzen.

Doch sie könnten ihre ASW auch spezifisch bei der Suche nach transzendentalen Informationen einsetzen. Dies könnte Gegenstand eines neuen Wissenschaftszweiges werden, für den wir den Namen Transzendentologie vorschlagen. Ihre Aufgabe müßte es sein, *bei der Suche nach Informationen über das Jenseits wissenschaftliche Methoden anzuwenden.*

Aber selbst damit ist unser Ziel noch nicht abgesteckt. Das ideelle Ziel, das früher oder später erreicht werden wird, lautet: Die Menschen müssen lernen, ihre eigene ASW in kontrollierter und zuverlässiger Weise zu benutzen. Dann werden sie fähig sein, in unmittelbaren Erfahrungen die jenseitige Welt direkt zu untersuchen – genau wie wir eine Blume untersuchen, wenn wir sie mit unseren Augen betrachten.

Es wird dann nicht länger notwendig sein, einfach blinden Glauben an offenbarte Dogmen zu fordern, sondern jeder Mensch wird die Möglichkeit haben, selbst und durch eigene Einsicht den Wahrheitsgehalt inspirierter Lehren zu verifizieren.

Zweifellos ist dies ein nur langfristig zu erreichendes Ziel. Solange es nicht erreicht ist – die Verwirklichung kann viele Generationen dauern –, werden wir uns damit zufriedengeben müssen, ihm schrittweise näherzukommen. Wir müssen uns bemühen, alle derzeit erhältlichen transzendentalen Informationen aufzuspüren, und wir müssen versuchen, unser Leben so zu gestalten, daß unser gegenwärtiges Wissen über die höheren Gesetze bestmöglichen Ausdruck findet. Unserer Erfahrung nach bringen allein schon diesbezügliche Bestrebungen unser Leben mit den höheren Gesetzen in Einklang.

Ich glaube, daß wir die kosmische Rolle der Menschheit voll Optimismus ins Auge fassen dürfen – sofern nicht eine tragische Fehlkalkulation der Menschheitsführer unsere Selbstvernichtung durch eine gewaltige Atomkatastrophe auslöst, bevor das erweiterte Bewußtsein der Völker sämtliche Aktionen kontrolliert und diese Gefahr beseitigt. Wir haben Grund zu der Hoffnung, daß es zu keiner solchen Katastrophe kommt. Sie widerspräche dem, was sich als Trend der menschlichen Entwicklung abzeichnet.

Wir gelangten zu dem Schluß, daß die Menschheit seit dem Beginn ihrer Entwicklung Schritt für Schritt zu bewußterem Verständnis des transzendentalen Wissens geführt wird und *sich asymptotisch der absoluten Wahrheit nähert.* Die führende Kraft hinter dieser Entwicklung ist ASW, die entweder in blitzartigen Erleuchtungen während ekstatischer Tranceerfahrungen oder, weniger auffällig, als intuitive Führung im normalen täglichen Leben wirkt. Immer mehr Menschen lernen die höheren Gesetze besser kennen, weil Wissen und Bildung sich ständig ausweiten und weil ferner der technisch-materielle Fortschritt zunehmend mehr Zeit und Möglichkeiten bietet, über diese Gesetze nachzudenken.

Wenn dem wirklich so ist, dann taucht als Quintessenz der vergangenen Evolution nachstehender, von großen inspirierten Religionsstiftern stammender Rat auf, und das Streben der edelsten geistigen Menschheitsführer wird sichtbar, der Gipfel, der nach Jahrhunderten und Jahrtausenden von Kämpfen erklommen ist: der Rat darüber, welches die denkbar besten Leitlinien für die Organisation der menschlichen Gesellschaft sind. Diese Leitlinien leuchteten in den Visionen der größten Menschheitsführer auf; sie werden von allen hochgehalten, die Weisheit und Rechtschaffenheit anstreben; und als solche müssen sie ein Spiegelbild der höheren Wahrheit sein. Wir können sie in folgenden vier Prinzipien zusammenfassen:

1. *Verpflichtung des einzelnen gegenüber sich selbst* – DAS GESETZ DER WEISHEIT:
   Suche nach Weisheit, weil das höchste Glück im Wissen und im Verständnis der Welt und der Mitmenschen liegt.
2. *Verpflichtung des einzelnen gegenüber der Gesellschaft* – DAS GESETZ DER LIEBE:
   Tue anderen, was du willst, daß man dir tu.
3. *Verpflichtung der Gesellschaft gegenüber dem einzelnen* – DAS GESETZ DER TOLERANZ UND DES VERSTÄNDNISSES:
   Jeder einzelne hat das unstrittige Recht auf persönliches Streben nach Glück, vorausgesetzt er beschneidet das gleiche Recht anderer nicht.
4. *Verpflichtung bzw. Pflicht der Führer der Gesellschaft* – DAS GESETZ DER GERECHTIGKEIT:
   a) Erziehung der Menschen gemäß den genannten Prinzipien;
   b) Garantie, daß jedermann gleichen Zugang zur Bildung hat und Gelegenheit zur vollen Entfaltung seiner Fähigkeiten erhält;
   c) Sicherstellung, daß jeder Mensch frei ist von Angst – Angst vor Armut und Hunger, vor Krankheit und Tod, vor der Regierung und vor Machtmißbrauch, vor Krieg und Gewalt.

Im Laufe ihrer ganzen Geschichte kämpfte die Menschheit in verschiedenen Kontexten für diese Prinzipien, die oft unterschiedliche Bezeichnungen trugen. In den verschiedenen Epochen der Menschheitsgeschichte wurden sie nur sehr bruchstückhaft erfüllt, und selbst heute bleibt noch viel zu wünschen übrig. Meines Erachtens jedoch zeigt der Trend der Geschichte klar, daß allgemein Fortschritte darin erzielt werden, diese universell gültigen Gesetze vollständiger und für eine ständig wachsende Zahl Menschen in Kraft zu setzen.

Lassen Sie uns alle unser Bestes tun, diese Entwicklung zu fördern.

Anhang I
Unsichtbare Komponenten der menschlichen Persönlichkeit

Nachstehend werden wir eine kurze Zusammenfassung von Experimenten geben, die in meinem (bereits zitierten) Buch *Jesus – größtes Medium aller Zeiten* beschrieben sind und das Problem des Weiterlebens nach dem Tod betreffen.

Diese Experimente können als Beispiele für eine Forschungsarbeit dienen, in der wir die auf Seite 185 ff. empfohlenen Methoden zur Untersuchung des Jenseits erfolgreich anwandten. Die Experimente fanden mit hypnotisierten Versuchspersonen statt, deren ASW zuerst geschult worden war. Nach einer kurzen Trainingsperiode testeten wir ihre ASW in einfachen Situationen aus dem täglichen Leben. Waren die Versuchspersonen bei Aufgaben erfolgreich, die sofort verifiziert werden konnten, ließen wir sie ihre ASW auch für andere, mit den normalen Sinnen nicht untersuchbare Probleme einsetzen.

Die Versuchspersonen wurden beispielsweise aufgefordert, herauszufinden, ob es zusätzlich zum materiellen Körper irgendwelche unsichtbare Komponenten der menschlichen Persönlichkeit gebe. Mehrere Versuchspersonen erklärten unabhängig voneinander, daß der lebende Mensch zwei zusätzliche, normalerweise unsichtbare Komponenten habe. In weiteren Experimenten wurden die Versuchspersonen dann ersucht, mittels ASW mehr über diese Komponenten und ihre Funktion während des Lebens sowie nach dem Tod in Erfahrung zu bringen.

In sämtlichen Experimenten bemühten wir uns natürlich um ein möglichst zuverlässiges Wirken der ASW unserer Versuchspersonen. Darum haben wir allen Grund zu glauben, daß sie ein ziemlich exaktes Bild der Wahrheit lieferten. Unsere Daten stammen von Versuchspersonen mit erwiesenermaßen guter ASW-Fähigkeit, und die Versuchspersonen selbst trugen alles dazu bei, Fehler zu vermeiden.

Nur weil die hier berichtete Forschungsarbeit einerseits so einmalig und andererseits eigentlich noch unvollendet ist, wagen wir es nicht, die erhaltenen Daten als endgültig bewiesen hinzustellen. Die Forschungsarbeit war lediglich ein relativ kurzes Eintauchen in ein weites Meer verborgenen Wissens. Nach unserem Empfinden können die Daten erst als bewiesene Fakten betrachtet werden, wenn sich wesentlich mehr Beobachtungsmaterial angesammelt hat, wenn die aufgeworfenen Fragen eingehender erforscht worden sind und wenn wir von anderen Versuchspersonen zusätzliche Bestätigungen erhalten haben.

Andererseits sind wir in Anbetracht der Sorgfalt, mit der wir unsere Forschung durchführten, überzeugt, daß unsere Beobachtungen gültige ASW-Einblicke darstellen und jenen Grad an Zuverlässigkeit besitzen, der bei ersten Schritten auf einem neuen Forschungsgebiet überhaupt erreichbar ist.

Die in unseren Experimenten eingesetzten Versuchspersonen berichteten, wie gesagt, unabhängig voneinander, daß sie zusätzlich zum materiellen Körper zwei verschiedene Komponenten der menschlichen Persönlichkeit identifizieren konnten.

Die erste Komponente (im folgenden »Wolke« genannt) wurde von den Versuchspersonen fast identisch wahrgenommen. Sie beschrieben sie als Nebel, Wolke, hellen Nebel, Dunst, gasähnliches, nichtmaterielles und dennoch aus Teilchen bestehendes Gebilde, kleine Wolke mit veränderlicher Form, verdichteten Nebel, Rauch, wie Wasserdampf, nebelige Wolke.

Die zweite Komponente (im folgenden »Seele« genannt) wurde als eine Art Gummiballon mit der Form des Körpers beschrieben, als ein Leuchten und Funkeln ohne bestimmte Form, welches das Idealbild des Menschen darstellt, seine Vollkommenheit widerspiegelt, als Spiegelbild des gesamten Lebens eines Menschen oder als flaches Gebilde von rauchförmiger Konsistenz, eiförmig, aber flach, zweidimensional, ohne innere Struktur und von der Größe des Körpers.

Zu Lebzeiten des Menschen ist die Wolke offensichtlich mit der bewußten Aktivität verbunden. Die Versuchspersonen nahmen gewöhnlich wahr, daß sie bei geistiger Beschäftigung als Dunst aus dem Gehirn trat (sie vibrierte, wenn der Mensch dachte, sprach oder irgendwelche Dinge aufmerksam beobachtete). Sie wird vom denkenden Gehirn erzeugt und bedeckt als Wolke das ganze Gehirn. Im Schlaf oder in Narkose ist sie viel weniger dicht, in Traumphasen erhält sie wieder das gleiche Aussehen wie im Wachzustand. Ihre Dichte hängt anscheinend von der Intensität der geistigen Beschäftigung des Menschen ab. Außerdem stellt sie eine Art Verzeichnis vergangener Erfahrungen des Menschen dar.

Ihre Funktion wurde von den Versuchspersonen als Anregung oder Hemmung der Hirntätigkeit beschrieben. Während des ASW-Vorgangs verläßt die Wolke den Kopf (gewöhnlich strömt sie durch die Stirn aus), breitet sich bis zu dem Ort aus, von welchem Informationen eingeholt werden sollen, dort »spiegelt« sie die Informationen »ab« und bringt sie dann zum Gehirn. (Bei diesem Vorgang scheint sie in irgendeiner undefinierbaren Weise von der Seele kontrolliert und gesteuert zu werden, und die Seele hilft offenbar irgendwie, die Richtigkeit der ASW-Informationen sicherzustellen.) Höher entwickelte Tiere, nämlich Säugetiere, haben ebenfalls eine solche Wolke, wenn auch eine viel dünnere als die Menschen.

Die Seele hat offensichtlich Verbindung mit der Wolke, diese Verbindung wird nach dem Tod des Menschen deutlicher sichtbar; aber ansonsten erfüllt sie allem Anschein nach im Leben keine besonderen, klar erkennbaren Funktionen. Abgesehen von einer unbestimmten Mitwirkung im ASW-Vorgang wurde ihre Funktion als die eines stillen Beobachters beschrieben, der offenbar reagiert (sich aufhellt), wenn der Mensch starke ethische oder ästhetische Emotionen durchlebt. Die Seele erscheint bei der Geburt, beim ersten Atemzug des Kindes, und begleitet den Menschen durch sein ganzes Leben.

Beim Tod überleben beide Komponenten den Körper, die Wolke nur um einige Zeit, die Seele anscheinend für immer. Wenn der Mensch stirbt, vereinigen sich Wolke und Seele kurz und trennen sich dann wieder. Die Seele als Spiegelbild der Vollkommenheit (eine Versuchsperson sagte: »Spiegelbild Gottes, aber nicht identisch mit Gott«) projiziert während dieser Vereinigung das Verständnis von Gut und Böse, von Wahrheit und Gerechtigkeit auf die Wolke. Das ermöglicht es dem Sterbenden, eine plötzliche panoramische Rückschau auf sein Handeln und seine Taten in seinem Leben zu halten, sie aus dieser neuen Perspektive zu bewerten und die guten oder schlechten Folgen seiner Taten zu erkennen. Die Rückschau findet in umgekehrter Reihenfolge zum Geschehensablauf während des Lebens statt (die jüngsten Ereignisse werden zuerst und die früher geschehenen später analysiert). Es gibt keine Strafen für Missetaten, abgesehen von Gefühlen der Trauer oder Reue über verpaßte Lerngelegenheiten.

Die Rückschauerfahrung hat reinigende Wirkung. Danach gehen die Reste der Wolke in die Seele ein und erleben von diesem Augenblick an uneingeschränktes Glück. Die Seele setzt (mit den Resten der Wolke) ihre Existenz fort, aber nicht als vollkommen losgelöstes Individuum. Sie verliert zwar ihre Individualität nicht ganz, verschmilzt aber mehr oder weniger mit anderen gereinigten Wesen oder Entitäten. Von da an hört auch die Zeit für die Seele auf, sie sieht nun Vergangenheit, Gegenwart und Zukunft wie auf einer Ebene.

Eine der Versuchspersonen wurde gebeten, konkretere *Einzelheiten über die Existenz der Seele nach dem Tode* zu ermitteln. Sie berichtete, daß die Seelen mit den Überresten der Wolken weit über die Erde emporstiegen, bis sie an eine Schranke gelangten. Diese Schranke erschien der Versuchsperson als dicke Wolkenschicht. Als wir die Versuchsperson aufforderten, diese Schicht zu durchdringen und festzustellen, was sich dahinter befinde, verspürte die Versuchsperson eine Kraft, die verhinderte, daß sie durch die Schicht gelangte. Es gab keinen Weg herauszufinden, was dahinter ist.

Die Seelen versammeln sich – wir folgen hier den Formulierungen der Versuchsperson – an der Wolkenwand und scheinen großes Glück zu empfinden. Einige von ihnen kehren zur Erde zurück und reinkarnieren in einem neugeborenen Kind. Anderen gelingt es, die Wand zu durchdringen – ihr künftiges Schicksal ließ sich nicht weiter verfolgen. Die Versuchsperson bemühte sich dann herauszufinden, wovon es abhängt, ob eine Seele die Wand zu durchdringen vermag oder nicht. Es sah nämlich ganz danach aus, als warteten jenseits der Wand anspruchsvollere Aufgaben, nachdem die Aufgaben auf dieser Daseinsebene erfolgreich abgeschlossen sind.

Die Versuchsperson gab folgende Zusammenfassung jener Art *Menschen, deren Seelen es am leichtesten gelang, die Schranke zu überwinden:*

- Menschen, die auf einem Gebiet ungewöhnlich begabt waren oder sich in ihrem Beruf auszeichneten – namhafte Wissenschaftler, Unternehmer, Philosophen, Schriftsteller, Führer der Gesellschaft.
- Menschen mit hoher allgemeiner Intelligenz, selbst wenn sie sich nicht auf einem Spezialgebiet besonders auszeichneten, ausgenommen jene, die ihre Fähigkeiten zur egoistischen Schädigung anderer benutzten.

○ Menschen, die in ihrem Leben intellektuell oder geistig sehr aktiv waren, und zwar selbst dann, wenn ihre intellektuellen Fähigkeiten später infolge von Krankheiten oder Alter schwanden oder wenn sie bewußtlos in Narkose starben.
○ Künstler, die aus innerem Drang schöpferisch tätig waren – im Gegensatz zu jenen, die einzig aus Profitstreben arbeiteten.
○ Aktive, unternehmungsfreudige Menschen; die Versuchsperson erwähnte ausdrücklich Menschen mit ausgeprägter Geschäftsinitiative.
○ Kinder bis ins frühe Teenageralter.
○ Auch weniger intelligente Menschen, wenn sie ihre Pflichten zu Lebzeiten ehrlich erfüllten, zum Beispiel die der Kindererziehung, und wenn sie versuchten, andere glücklich zu machen.

Der Erfolg bei dem Bemühen, anderen Glück zu schenken, schien ein sehr wichtiges Kriterium zu sein. Andererseits jedoch genügten beispielsweise Frömmigkeit oder völlige Hingabe an einen religiösen Glauben allein nicht. Nonnen, die als Schwestern in Krankenhäusern arbeiteten, hatten größere Chancen als Nonnen, die ihr Leben in der Abgeschiedenheit von Klöstern verbrachten. Ein Selbstmord hat laut den Feststellungen der Versuchsperson besonders negative Folgen, weil er ein feiges Weglaufen von den Pflichten des Lebens ist; ausgenommen sind Selbstmorde, die aus Rücksicht auf andere begangen wurden – wie im Krieg, wenn der Grund die Angst war, daß Folterungen zum Verrat von Dingen führen könnten, die andere in Schwierigkeiten gebracht hätten.

Diese ASW-Informationen, die sich im Zuge unserer Forschungsarbeit ergaben, sind zweifellos hochinteressant. Sie harren der Vervollständigung – und allenfalls notwendiger Berichtigung in Einzelheiten – durch weitere Forschungsarbeiten auf diesem Gebiet.

Anhang II
Mein schönstes Erlebnis war mein Tod

Das folgende Erlebnis – das in einem Bericht von Stefan von Jankovich* authentisch festgehalten ist – wird als Beispiel und Ergänzung unserer Erörterung von Sterbebetterfahrungen zitiert. Verschiedene Merkmale, wie die Vollständigkeit und die kritische Einstellung der betroffenen Person, machen diese Erfahrung besonders anschaulich und lehrreich. Um die Authentizität der Darstellung zu bewahren, wurden die ursprünglichen Worte des Verfassers beibehalten und nur einige geringfügige redaktionelle Korrekturen und Verdichtungen vorgenommen, die jedoch die Aussage des Autors in keiner Weise veränderten. Herr von Jankovich berichtet unter dem Titel »Mein schönstes Erlebnis war mein Tod« wie folgt:

Ich war immer ein mehr oder weniger guter Sportler, ein gesunder, ja sehr aktiver Mensch. Ich habe mich vor allem mit dem Alltag, mit materiellen und irdischen Zielen befaßt. Es mußte erst zu einer großen Tragödie kommen, damit die göttlichen Kräfte in mir erwachen konnten. Ich glaube jetzt, es ist das Wichtigste im Leben eines Menschen, daß er bewußt anfängt, das Licht und die Wahrheit zu suchen. Deshalb pflege ich zu sagen, daß ich am 16. September 1964 gestorben bin und einige Minuten später als ein ganz neuer Mensch, mit ganz anderen Idealen, Erfahrungen und Erkenntnissen wiedergeboren wurde.

Beruflich bin ich ein Architekt-Ingenieur, ein sehr konkret denkender Mensch. Bei mir zählte immer nur die Realität, sei es im Beruf (Statistik, Mathematik, Geometrie, Renditenberechnung usw.) oder sei es im Segelsport (Physik, Aerodynamik, Hydrodynamik usw.). Ich war nie als Träumer, Phantast, Poet oder dergleichen bekannt.

Ich habe mich vor meinem Unfalltod nie mit religiösen Problemen befaßt. Ich wurde religiös erzogen, lebte aber als nicht praktizierender

---
* Dipl.-Ing. Stefan von Jankovich, Zürich, gab freundlicherweise die Erlaubnis zum Abdruck seiner persönlichen Erfahrung.

Katholik das Erdenleben sehr intensiv und in allen Sparten erfolgreich: im Geschäft als Architekt, privat im Segelsport und auf dem Gesellschaftsparkett. So war ich für ASW-Erlebnisse nicht vorprogrammiert. Ich war nie durch irgendeine Art von dogmatischer, ideologischer, philosophischer, parapsychologischer Theorie westlicher oder östlicher Prägung beeinflußt. Ich erlebte alles als neutraler Beobachter. Ich habe vorher nichts von solchen Erlebnissen gelesen. Was ich feststellte, war für mich alles neu. Ich empfand alles spontan und echt.

Ich war durch meine Erlebnisse so stark beeindruckt, daß ich sofort mit allen Mitteln versuchte, alles zu fixieren, zu erzählen und aufs Tonband zu diktieren. Damit versuchte ich meine Erlebnisse möglichst treu festzuhalten. Dabei habe ich alles, was ich erlebte, in meinen Notizen ganz einfach, fast primitiv wiedergegeben. Eine Fälschung oder literarische Verzierung scheidet damit aus. Niemand, kein »Meister« leitete mich. Ich besprach meine Gedanken mit niemandem.

Ich bin glücklich, daß ich sehr lange im Spital gelegen habe und während dieser Zeit zum Nichtstun verurteilt war. Während dieser Zeit hatte ich Gelegenheit, mich ungestört mit diesen Problemen zu befassen, was mir auch die Grundlage zur Weiterentwicklung gab.

Ich versuchte später, meine Erlebnisse zu überprüfen. Zuerst ließ ich meinen Körper und Geist durch ärztliche Untersuchungen testen. Der Vertrauensarzt des Schweizerischen Eidgenössischen Luftamtes hat mich sogar für Instrumentalflug (IFR) tauglich befunden.

Den Lebensfilm erzählte ich damals meinem inzwischen verstorbenen Vater, der mit großem Erstaunen meine Aussagen darüber bestätigte, unter welchen speziellen Umständen ich geboren worden war (Kerzenlicht), wie mein Kinderzimmer damals ausgesehen hatte, das eine Woche nach meiner Geburt umgestellt worden war, und was für Kleider meine Mutter bei gewissen Ereignissen getragen hatte usw.

Und jetzt, nach diesen Vorbemerkungen, ist hier mein *Erlebnisbericht*. Am 16. September 1964 um 13.10, im Alter von 44 Jahren, hatte ich bei Bellinzona, Schweiz, als Beifahrer einen sehr schweren Autounfall. Nach einem Frontalzusammenstoß mit einem Lastwagen wurde ich aus dem Auto geschleudert und blieb mit 18 Knochenbrüchen bewußtlos auf der Straße liegen.

Vor dem Zusammenstoß habe ich einige schreckliche Sekunden erlebt, als ich den Lastwagen auf uns zurasen sah. Ich sah durcheinandergemischte Bilder, ich schrie auf, und dann wurde plötzlich alles still. Ich fiel in Ohnmacht. Während dieser Zeit hatte ich kein Empfindungsvermögen. Ich kann mich jedenfalls an nichts mehr erinnern.

Mein Todeserlebnis begann sehr wahrscheinlich im Moment des Stillstandes meines Herzens, das heißt nach dem völligen Zusammenbruch des Kreislaufes. Bei Beginn dieses klinisch toten Zustandes ging bei mir wie beim Theater ein Vorhang auf. Eine Vorstellung begann, welche mehrere Aufzüge, Etappen oder Phasen umfaßte. Ich habe drei Aufzüge miterlebt.

Phase I: Bewußtwerden des Todes
Plötzlich kam ich wieder zum Bewußtsein. Ich fühlte mich von einem beängstigenden, bedrückenden, eingeengten Zustand befreit. Erleichtert nahm ich das wiedererlangte Bewußtsein wahr: »Ich überlebte den Zusammenstoß.« Das war mein erstes Empfinden. Doch mein »Erwachen« war nicht wie erwartet, weil ich deutlich spürte: *Ich sterbe jetzt.*

Ich war sehr erstaunt darüber, daß ich das Sterben gar nicht als unangenehm empfand. Ich fürchtete mich überhaupt nicht vor dem kommenden Tod. Es war so natürlich, so selbstverständlich: daß ich jetzt am Sterben bin und *endlich* – ja, ich spürte endlich – daß ich sterbe und diese Welt verlasse. Während meines Lebens hätte ich nie daran gedacht, daß man so schön und so einfach vom Leben scheiden kann, daß man plötzlich nicht mehr verkrampft am Leben hängt.

Aufgrund des Unfalls mußte ich glücklicherweise nicht den langsamen Todeskampf durchmachen. Durch den Schock des Unfalls wurde mein Ich-Bewußtsein plötzlich vom materiellen Körper getrennt. Ich fühlte mich dadurch persönlich sehr erleichtert, fand diesen Zustand sehr schön, natürlich, kosmisch. Ich fühlte mich erlöst und hatte das Gefühl: »Endlich bin ich soweit.« Ich dachte ohne jegliche Angst: »Ich bin glücklich, daß ich nun sterbe.« Mit gewisser Neugierde wartete ich darauf, was noch passieren würde, wie dieser Sterbevorgang oder Todesprozeß weiter vor sich gehen würde. Ich war glücklich, gespannt und neugierig wie ein Kind vor Weihnachten.

Ich fühlte, daß ich schwebte und hörte gleichzeitig wunderschöne Klänge. Zu diesen Klängen nahm ich dazugehörende harmonische Formen, Bewegungen und Farben wahr. Irgendwie hatte ich das Gefühl, daß jemand mich ruft, tröstet, leitet in einen anderen Existenzbereich, wo ich nun als Neuling eintreten durfte. Doch ich sah niemanden. Ein göttlicher Friede und eine noch nie wahrgenommene Harmonie erfüllten mein Bewußtsein. Ich war restlos glücklich und fühlte mich durch keinerlei Probleme belastet. Ich war allein, kein Wesen der Erde (Eltern, Frau, Kinder, Freunde oder Feinde) störten meine göttliche Ruhe.

Ich habe oft darüber nachgedacht, ob mir damals irgendein irdisches Problem oder eine Person in den Sinn gekommen war, aber ich konnte mich an nichts und an niemanden erinnern. Ich war völlig allein, völlig glücklich und befand mich in einem noch nie erlebten harmonischen Zustand. Ich hatte nur ein deutliches Empfinden, ungefähr so, wie wenn man sagt: »Näher, mein Gott, zu Dir...« Ich schwebte immer näher zum Licht empor. Ich empfand immer größere Harmonie. Die Klänge der Musik wurden transparenter, stärker und schöner, überfluteten alles und wurden durch Farben, Formen, Bewegungen begleitet. Wirklich beschreiben kann man dies nicht. Man könnte es vielleicht annähernd mit dem Film *Fantasia* von Walt Disney vergleichen, in dem er versucht hat, die Stimmungen, die durch das Hören von Symphonien in seiner Seele aufkamen, in Farben, Formen und Bewegungen wiederzugeben.

Die Farben – brillant, kristallklar und leuchtend – erschienen gleichzeitig in Pastelltönen und waren unwahrscheinlich schön. Ich fand diese Farben, die ich in diesen Formen und Erscheinungen wahrnahm, so schön, daß ich sie seit jener Zeit bewußt suche und mich daher der Glasmalerei zuwandte. Die kristallklare Farbe des Glasmaterials bei der Bruchstelle, die von verschiedenen Seiten mit Licht überflutet wird, erinnert mich immer wieder an diese wunderschönen Farberscheinungen.

Phase II: Beobachtung des eigenen Todes
Dann fühlte ich, daß ich effektiv schwebte. Ich befand mich plötzlich über der Unfallstelle und sah dort meinen schwerverletzten, leblosen Körper liegen, ganz genau in derselben Lage, wie ich das später von den Ärzten und aus Polizeirapporten erfuhr. Ich sah die ganze Szene gleichzeitig von mehreren Seiten, deutlich und transparent. Ich sah auch ganz deutlich unseren Wagen und die Leute, die rings um die Unfallstelle standen, sogar die Kolonne, die sich hinter den herumstehenden Menschen aufgestaut hatte.

Die Leute scharten sich um mich herum. Ich beobachtete einen kleinen, festen etwa 55jährigen Mann, der versuchte, mich wieder zum Leben zurückzurufen. Ich konnte genau hören, was die Leute untereinander sprachen, das heißt eigentlich »hörte« ich es nicht, mein lebloser Körper lag unten auf dem Boden mit abgerissenen

Ohren. Doch ich konnte wahrnehmen, was die Menschen sagten oder dachten. Der Arzt kniete an meiner rechten Seite und gab mir eine Spritze, zwei andere Personen hielten mich an der anderen Seite und befreiten mich von den Kleidern. Ich sah, wie der Arzt meinen Mund mit irgendeinem Gegenstand – sehr wahrscheinlich mit einem Holzklotz – aufspreizte. Unter anderem konnte ich auch erkennen, daß meine Glieder gebrochen waren und sich rechts neben mir eine Blutlache ausbreitete.

Ferner beobachtete ich, wie der Arzt versuchte, mich auf künstliche Art zu beleben, und wie er feststellte, daß auch meine Rippen gebrochen waren. Er bemerkte: »Ich kann keine Herzmassage machen.« Nach einigen Minuten stand er auf und sagte: »Es geht nicht, man kann nichts machen, er ist tot.« Er sprach Berndeutsch und ein etwas komisches Italienisch.

Man wollte meinen Körper vom Straßenrand entfernen und fragte das anwesende Militär, ob irgendwo eine Decke sei, um meine Leiche zu bedecken, bis der Leichenwagen eintreffe. Ich habe über diese »blöde« Szene fast gelacht, weil ich wußte, daß ich lebe. Ich war nicht gestorben. Unten lag nur mein ehemaliger Körper.

Ich fand dies alles sehr komisch, aber keineswegs störend. Im Gegenteil: es machte mir geradezu Spaß, die Bemühungen dieser Leute mitansehen zu können. Ich wollte ihnen »von oben« zurufen: Hallo, ich bin hier, ich lebe! Laßt den Körper, wie er ist. Ich lebe! Ich fühle mich wohl! Aber sie verstanden mich nicht, und ich konnte keinen Ton von mir geben, da ich »oben« keine Kehle und keinen Mund hatte. Anschließend sah ich einen schlanken jüngeren Mann in schwarzer Badehose und barfuß mit einer kleinen Tasche in der Hand auf mich zurennen. Diese Person sprach Schriftdeutsch mit dem anderen Arzt. Mich interessierte diese Szene dann nicht mehr weiter, und deshalb schaute ich auch nicht genau zu.

Diese Person hatte mit dem Arzt einen Wortwechsel. Er kniete daraufhin zu mir nieder und untersuchte mich. Er gab mir eine Adrenalin-Spritze in die Herzkammer. Ich konnte das Gesicht dieses Mannes ganz gut in mich aufnehmen. Und tatsächlich, fünf Tage später kam ein Herr in mein Spitalzimmer in Bellinzona. Er trug einen normalen Straßenanzug. Ich erkannte das Gesicht aber sofort und begrüßte ihn in Schriftdeutsch mit »Guten Tag, Herr Doktor, warum haben Sie mir diese teuflische Spritze gegeben?« Er war verblüfft und fragte, wieso ich ihn erkannt habe. Ich erzählte es ihm. Wir wurden später gute Freunde.

Es war alles sehr interessant, diese schreckliche Szene zu sehen, wie nach einem Autounfall ein Mensch »unten« starb. Besonders interessant war, daß *ich* dieser Mensch selber war und ich mich von oben her als Zuschauer ohne Emotionen, ganz ruhig in einem himmlisch glücklichen Zustand beobachten konnte.

Dies war mein erstes vierdimensionales Erlebnis, nämlich als ich frei in zirka drei Meter Höhe über meiner Unfallstelle schwebte. Meine Sinnesorgane funktionierten alle gut, und mein Gedächtnis konnte alles registrieren. Ich konnte auch denken. Ich spürte kein Hindernis und keinen Schmerz.

Dann interessierte mich die Unfallstelle nicht mehr. Ich flog allein weiter, doch hatte ich das Gefühl, daß ich nicht allein war, sondern daß sehr gute Wesen mich umgaben. Alles war so beruhigend, harmonisch, wunderschön. Die Töne, die Lichtspiele wurden immer stärker und überfluteten mich und meine ganze Umgebung. Dann sah ich die Sonne irgendwo oben rechts. Ich flog deshalb schräg in diese Richtung weiter. Die Sonne wurde immer lichter, immer strahlender, immer pulsierender. Ich verstehe heute, warum so viele Menschen und Religionen die Sonne als Gottessymbol auffassen oder einen Sonnengott verehren.

Das Erlebnis des schwerelosen Zustandes und des freien Fluges hat mich so stark beeindruckt, daß ich nach meiner Genesung in einer Schweizer Pilotenschule das Privatpiloten-Brevet erwarb. Wenn es jetzt die Zeit erlaubt, fliege ich hoch über die in Nebel eingehüllten Täler, über die weißen Berggipfel in Südrichtung, über die Poebene bis zum Mittelmeer. Wenn die Sonne am Nachmittag rechts oben über mir steht, dann bin ich an mein Erlebnis wieder lebhaft erinnert, und ich fühle mich im kleinen Flugzeug frei und glücklich.

Phase III: Lebensfilm und Bilanz
Dann begann ein phantastisches vierdimensionales Theaterstück, das sich aus unzähligen Bildern zusammensetzte und Szenen aus meinem Leben wiedergab. Um irgendeine Größenordnung zu nennen, gab ich damals die Zahl 2000 an, die mir in Erinnerung geblieben ist. Die Zahl ist im Grunde genommen nicht wichtig. Jede Szene war abgerundet, das heißt, mit einem Anfang und einem Ende. Aber die Reihenfolge war umgekehrt. Der »Regisseur« hat seltsamerweise das ganze Theaterstück so zusammengestellt, daß ich die letzte Szene meines Lebens, das heißt meinen Tod auf der Straße bei Bellinzona zuerst sah, während die letzte Szene dieser Vorstellung mein erstes Erlebnis war, nämlich meine Geburt. So begann ich damit, meinen

Tod wiederzuerleben. Die zweite Szene zeigte mir die Fahrt über den Gotthard. Bei strahlender Sonne sah ich die kleinen weißen Schneekappen auf den Bergen...

Alle Szenen sah ich so, daß ich nicht nur Hauptdarsteller, sondern auch Beobachter war. Mit anderen Worten: Es hat sich ungefähr so abgespielt, als ob ich über dem ganzen Geschehen im vier- oder mehrdimensionalen Raum geschwebt wäre und von oben, von unten und von allen Seiten gleichzeitig das ganze Geschehen miterlebt hätte. Ich schwebte über mir selbst. Ich betrachtete mich von jeder Seite und hörte zu, was ich selber sagte. Ich registrierte mit allen meinen Sinnesorganen, was ich sah, hörte, spürte und auch was ich gedacht hatte.

Mein Gewissen wertete mein Handeln und meine Gedanken sofort aus und beurteilte mich selbst, ob diese oder jene Tat gut oder schlecht gewesen war. Es war sehr merkwürdig, daß harmonische, positive Erinnerungen auch in jenen Szenen auftauchten, die nach unserer gegenwärtigen Gesellschafts- oder Religionsmoral als schlechte Taten oder Sünden bezeichnet würden. Andererseits wurden viele im Erdenleben bewußt vollbrachte sogenannte »gute Taten« als negativ, als schlecht bewertet, wenn die Grundideen negativ und nicht harmonisch waren, zum Beispiel wenn die Tat Egoismus entsprang. Gut und Böse werden im Jenseits mit anderem Maßstab gemessen.

Das zweite merkwürdige Phänomen war, daß die durch diesen absoluten Maßstab als negativ beurteilten Szenen nach dem Urteil ausgelöscht worden sind. Es blieben nur diejenigen Szenen haften, während derer ich und alle Beteiligten glücklich waren: wo Harmonie nicht nur in mir selbst, sondern auch in der ganzen Umgebung herrschte.

Nach dieser phantastischen mehrdimensionalen Theatervorstellung über mein Leben kam eine Schlußbilanz, die von mir selbst abgefaßt wurde. Formulieren kann ich sie nicht mehr. Aber ich spürte, daß ich noch gute Chancen bekommen würde.

Dann hat mich das glücklich machende Licht noch einmal überflutet, die Musik der Sphären dröhnte wie eine vier-, fünf- oder mehrdimensionale Stereoanlage; alles war Licht, alles war Musik, alles war Schwingung! Die Sonne pulsierte, und ich spürte, daß die Sonne eigentlich Symbol des Urprinzipes, das Alpha und Omega, die Quelle aller Energien ist. Ich ahnte, daß dieses Prinzip *Gott* selber ist!

Was ich sah, war nicht einmal die Sonne, sondern eine sonnenartige, wunderschöne, warme, lichterfüllte Erscheinung. Alles schwang, alles pulsierte! Die Schwingungen meiner körperlosen Seele und meines Geistes begannen sich diesen harmonischen Schwingungen anzupassen. Ich fühlte mich immer glücklicher und wohler, je schneller mein Bewußtsein vibrierte und sich in dieser neuen Dimension enorm erweiterte.

Dann aber geschah das Schreckliche: Ich fiel in die schwarze Tiefe hinunter, und mit einem unheimlichen »Ruck« und »Schock« schlüpfte ich in meinen schwerverletzten Körper zurück. Plötzlich war alles Schöne weg. Ich spürte: ich mußte zurück. Ich kam wieder zum Wachbewußtsein. Ich wurde mit Gewalt durch die Kunst eines guten Arztes zurückgeholt. Dadurch hat meine Leidensgeschichte wieder begonnen. Seit dieser Zeit pflege ich ironisch zu sagen: »Das schönste Erlebnis meines Lebens war mein Tod«, oder anders ausgedrückt: »Ich war noch nie so glücklich in meinem Leben wie in meinem Tod.«

Alles, was ich vom Herzstillstand bis zur Rückkehr in diese Welt erlebte, sind für mich konkrete Tatsachen. Diese Erlebnisse sind keine Halluzinationen. Ja, im Todeskampf kann man Todesangst haben. Ich erlebte diese Angst auch zweimal in Todesgefahr. Da hat man Halluzinationen. Man sieht auch Bilder vom Leben, die aus dem Unbewußten hochdringen. Aber diese Bild-Halluzinationen haben keine plastische Ausdrucksweise und auch keine Reihenfolge. Ich würde diese Erscheinungen gegenüber dem Lebensfilm als flache Diapositiv-Projektionen bezeichnen. Und außerdem: der Lebensfilm ist unbedingt mit dem *Urteil* verbunden.

Zu diesem Urteil muß ich noch weiteres betonen: Ich selber fällte das Urteil. Nicht irgendein Gott oder astraler Richter. Nicht der allmächtige Gott von Michelangelo in der Sixtinischen Kapelle, nicht der im apokalyptischen Feuer erscheinende Richter von Johannes, nein. *Ich selber* hatte die Bilanz zu ziehen. Ich spürte klar, ob ich in dieser oder jener Situation richtig handelte oder mich richtig verhielt, das Problem richtig löste, eine Probe bestand oder nicht. Mit meiner plötzlich sehr sensitiv gewordenen Seele oder durch den göttlichen Funken konnte ich das Urteil verspüren. Was das Urteil betrifft, so ist dies eine der wichtigsten Erfahrungen vom Tod, die ich hier mit Bestimmtheit erkläre: *Ich beurteilte mich nicht nach irdischen Moralgesetzen, sondern nach dem kosmischen Harmoniegesetz der Liebe.*

Ich hatte lange Zeit im Spital untätig liegend nachgedacht, wie ich dieses Phänomen entziffern könnte. Warum habe ich eine Handlung als positiv beurteilt, wenn ich gegen die bestehenden moralischen, christlichen Gesetze und Gewohnheiten verstoßen habe? Andererseits: Warum verurteilte ich mich manchmal auch für sogenannte »gute Taten«, bei denen ich sogar gegen mich selbst Zurückhaltung, Enthaltung, eine Art von Askese geübt hatte?

Ich bin heute überzeugt, daß Taten *positiv* und als gut bewertet wurden, die durch selbstlose Liebe gelenkt wurden. Bei mir waren die Taten positiv, die mit guten Absichten ausgedacht und durchgeführt wurden und sich ohne Zwang abspielten. Wenn die Szene harmonisch ablief, das heißt wenn diese alle Beteiligten freiwillig und zustimmend erlebt haben und sich dabei wohl fühlten, wurde diese positiv beurteilt. Das gilt für alle Taten, mit denen ich allen Beteiligten Freude bereitet habe. Irgendwie war bei den positiven Szenen auch ein Faktor der geistigen Weiterentwicklung zu erkennen. Selbstlosigkeit, Liebe, zustimmende Freiwilligkeit, allgemeine Gerechtigkeit, guter Wille und Harmonie – das waren die Hauptmerkmale der positiven Taten.

Dagegen wurden als *negativ* die Taten oder Gedanken beurteilt, die einen böswilligen Ursprung beinhalteten, wie Haß, Rache, Neid, Machtgier, Geldgier, Habsucht, Eitelkeit, Eifersucht, Stolz usw. Weiterhin die Taten, die egoistisch interpretiert oder erlogen waren, Taten, die durch egoistische Hintergedanken erdacht wurden und mit denen ich anderen Nachteile oder Schaden zugefügt habe. Alle die Taten und Gedanken, die nicht offen und ehrlich waren, die dem anderen eine Falle stellten, und auch Taten, die hinterlistig waren. Negativ wurden diese Taten auch dann beurteilt, wenn sie für die Welt als »gut« erschienen. Schlecht waren die Taten, bei denen ich jemandem etwas aufzwang, sei es eine Handlung, Idee oder Meinung. Diese Taten stellten alle einen Eingriff in den Lebenslauf des anderen dar, eine Einschränkung des freien Willens einer Person. Ebenso dasselbe galt, wenn ich mich selbst – aus irgendwelchem Grund – vergewaltigt habe.

Anders ausgedrückt waren die Taten negativ beurteilt, bei denen ich aus egoistischen Beweggründen gegen die berechtigten Interessen anderer handelte, bei denen ich irgendwen schädigte, die Schwäche Dritter ausnützte, moralisch und finanziell von jemandem etwas erpreßte, das heißt, wenn ich nicht im Einklang mit der allgemeinen Liebe harmonisch handelte.

Ich habe mich sehr mit diesen Problemen beschäftigt und tue das auch noch weiterhin. Heute scheint es mir, daß die negativen Taten immer mein Versagen darstellten, bei denen es mir nicht gelang,

Proben zu bestehen oder mit Problemen der Vergangenheit fertig zu werden, und ich mich von diesen Belastungen nicht befreien konnte. Die Beurteilung entsprach nicht einem Rechtsspruch oder einer Verurteilung durch einen Richter. Die Beurteilung erfolgte durch mich selbst. Es war ganz seltsam: Ich spürte, daß das ganze Leben eine Probe war, voll von Problemen, Hindernissen und Hürden. Wichtig war, wie man diese Probleme im Sinne der Harmonie löste. Gelang mir das, so verspürte ich große Freude. Gelang es mir nicht, die Probe zu bestehen, so verspürte ich tiefes Bedauern über mein Versagen. Aber durch das Verspüren einer echten Reue öffnete sich die Tür der göttlichen Vergebung.

Dann wurden die Taten, die einen Verstoß gegen das Gesetz der Harmonie darstellten, ausgeblendet und verschwanden. Es blieben nur die positiven, glücklichen und harmonischen Taten als Gesamterlebnis, die ich alle wieder gleichzeitig erlebte. Man kann sagen – um mich mit einem Gleichnis der Schule zu bedienen –, daß man nur die guten Noten mitnimmt. Die schlechten Noten dagegen wirken etwa so: Diese Prüfung hast du nicht bestanden, deshalb wirst du die Prüfung wieder versuchen müssen. Und man wird dir eine gute Chance geben.

Lange habe ich über dieses Phänomen nachgedacht. Ich glaube heute zu erkennen: Gott-Prinzip ist das Absolute, Positive, Gute, Wir können es als absolute Liebe bezeichnen, wie es in der Bibel steht. Es lohnt sich, das immer wieder zu lesen und ebenso die gleichlautenden Aussagen des Konfuzius, Mohammed, des heiligen Franziskus, des Meisters Eckehart und anderer der vielen großen Meister, Gurus, Yogis und wie sie alle heißen. Meiner Meinung nach gibt es in dieser von Gott geschaffenen Welt kein Böse, wie es auch keine Finsternis gibt. Finsternis ist Mangel des Lichts. Böses ist Mangel des Guten. Wir sollten bewußt das Gute in uns, das Prinzip der Liebe aktivieren.

Jetzt habe ich keine Angst mehr vor dem Tode. Doch, ich habe Angst vor dem prämortalen Zustand, vor der Zeit, bis mein Herz wieder in Stillstand kommt. Mit anderen Worten: Ich – wie wir alle – habe Angst vor dem Leiden, vor dem Prozeß, der dem Tod vorangeht.

Aber der Tod selbst ist nichts Schreckliches, nichts Trauriges, Fürchterliches, sondern für den Sterbenden etwas Erhabenes. Wir müssen den Tod *bejahen,* wie wir das Leben bejahen. Der Tod ist ein natürlicher Bestandteil, die Ergänzung des Lebens. Der Tod ist nicht das Ende des Ich-Bewußtseins, sondern eine Station der Weiterentwicklung nach Abschluß einer Phase des Bestehens des Ich-Bewußtseins hier in dieser Welt.

Ich persönlich bin glücklich, daß ich nochmals sterben werde, und ich wünsche allen dasselbe schönste Erlebnis des Glücks im Tod, so wie ich es hatte. Aber bis dahin *bejahen* wir das Leben, füllen es mit *guten, positiven, fröhlichen, harmonischen* Taten aus.

Das Ziel des Lebens ist der Tod als Anfang in einem anderen Existenzzustand unseres Ich-Bewußtseins. *Unser Ziel ist, durch bestandene Prüfungen in jenem Zeitpunkt ein positives Gesamturteil zu erhalten, so daß wir das Leben nicht wiederholen müssen, sondern daß die Weiterexistenz unseres Ich-Bewußtseins in einem anderen, materielosen, fortgeschrittenen Zustand geschehen kann.*